언데드(Undead)의 영원한 회귀

김일영 지음

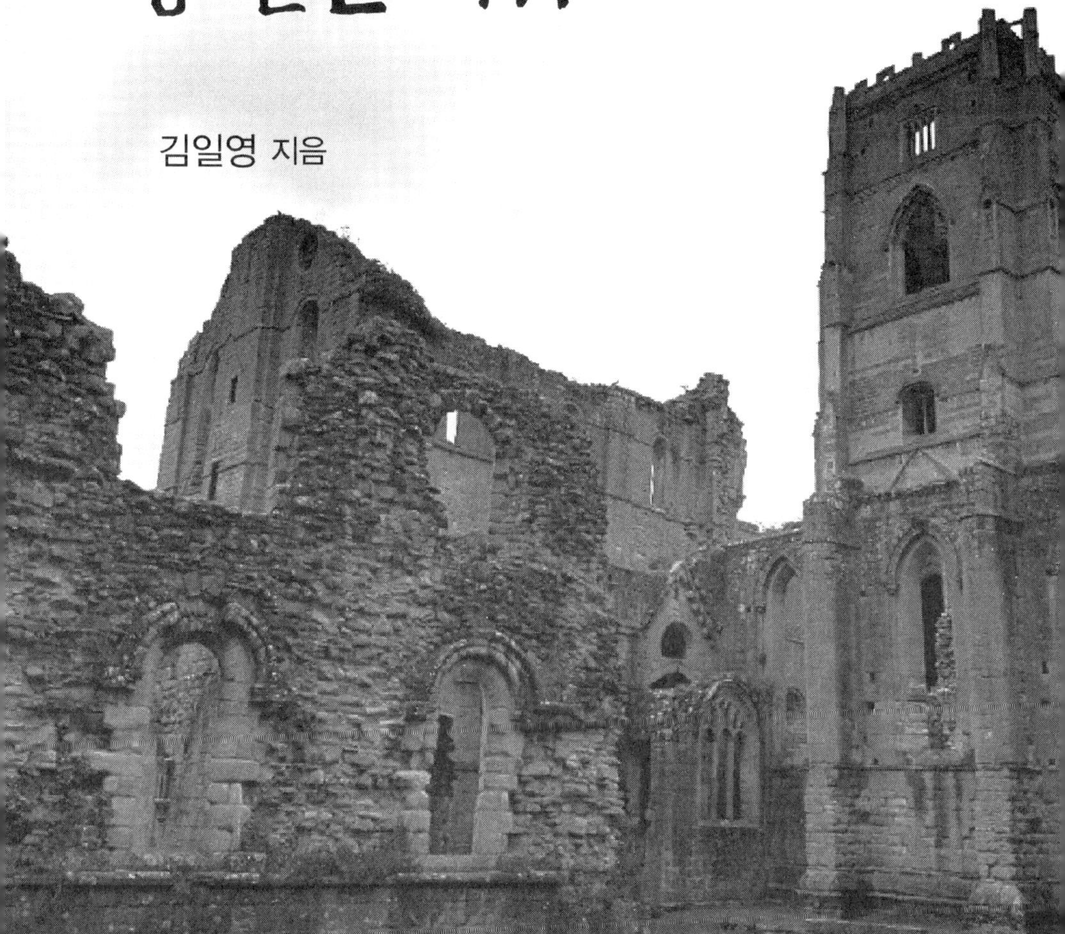

고딕소설에 나타난 증상으로서의 괴물/뱀파이어/좀비

신아사

이 저서는 2017년 정부(교육부)의 재원으로 한국연구재단의 지원을 받아 수행된 연구임(NRF-2017S1A6A4A01022177)

머리말

인류가 탄생한 이래로 두려움이란 인류에게 낯선 감정은 아니었다. 선사시대에 동굴에서 생활하였던 인류의 조상은 어두움 속에 있을지 모를 정체를 알 수 없는 적에 대한 두려움, 언제든지 자신을 공격할 수 있는 포식자에 대한 두려움을 겪어 왔다. 이러한 두려움의 대상을 인류는 늘 괴물이라는 하나의 포괄적 기표로 혹은 상징물로서 표현하여 왔다. 하지만 문명사회에 사는 인류에게도, 원시 시대의 인류처럼, 두려움은 익숙한 감정이며, 두려움의 대상으로서의 괴물 또한 익숙한 상징물이다. 문명사회에서의 인류 역시 다른 형태로 자신과 사회를 위협하는, 혹은 상징적 의미에서의 자신과 사회를 위협하는 괴물의 공격에 노출되어 있기 때문이다.

두려움의 대상으로서의 괴물은 우리 자신을, 더 나아가 사회를 이해하는데 중요하다. 우리가 두려워하는 것, 즉 괴물은 우리의 본 모습을 말해주기 때문이다. 이런 점에서 영어로 몬스터(Monster)인 괴물이 어원적으로 "경고한다", "보여준다"는 두 가지 의미를 갖고 있다는 사실은 시사하는 바가 크다. 우리가 두려워하여 감추어왔던 우리 자신의 보습, 더 나아가 사회에 내재한 근원적 모습의 체현(體現)으로서의 괴물은 우리와 사회에게 경고를 보내고, 우리와 사회의 본 모습에 대해 알려주는 상징물이기 때문이다.

두려움의 총체적 상징으로서의 괴물이 가진 이런 의미에 착안하여 본인은 한국 연구재단의 지원을 받아 2017년부터 삼 년여 동안 영문학에 나타난 여러 괴물을 주제로 연구하여왔고, 그 연구를 토대로 이렇게 한 권의 책을 내게 되었다. 하지만 이 과정에서 느끼게 된 것은, 연구의 내용과 결과물이 한없이 부족하고, 앞으로도 더 많은 연구가 필요하다는 사실이었다.

그러한 데에는 시간상, 그리고 지면상 연구의 범위와 내용이 제한적일 수밖에 없었던 이유도 있었다. 영미문학에 등장하는 괴물이 다양하고 많기 때문에 괴물의 범주를 제한하여야 하였으며, 또한 비슷한 유형의 괴물을 다룬 작품들이 많아 작품을 선택적으로 취해 연구를 진행할 수밖에 없었다. 많은 형태의 괴물과 많은 작품을 분석대상으로 삼으면 그만큼 각 작품과 괴물이 갖는 의미 분석은 피상적으로 될 수밖에 없기 때문이다. 따라서 본 저서는 19세기 낭만주의 시대에 쓰인 『프랑켄스타인』의 괴물, 19세기 말 『지킬 박사와 하이드』(Dr. Jekyll and Mr. Hyde)에 등장하는 하이드, 19세기 중반부터 현재에 이르기까지 여러 소설과 영화에 널리 등장하는 뱀파이어, 그리고 20세기 중반 이후부터 현재에 이르기까지 영화와 소설의 단골 등장인물이 된 좀비에 국한해 괴물에 관한 논의를 진행하였다.

하지만 이것도 쉽지 않은 작업이었다. 뱀파이어와 좀비가 등장하는 소설이 너무나도 많았고, 실제로 문학적으로나 문화적 의미에서 논의의 대상으로 삼을 만한 뱀파이어와 좀비 소설을 선택하는 것도 쉽지 않았기 때문이다. 따라서 우선적으로 문학적인 가치를 인정받은 뱀파이어와 좀비 소설을 선택하였고, 출판된 지 얼마 되지 않아 아직 평가가 제대로 이루어지지 않았지만, 괴물이 가진 사회적 함의를 잘 드러내고 있다는 생각에 『웜 바디스』(Warm Bodies)를 좀비 소설 중 하나로 선택하여 분석하였다.

이 저서를 집필하는 동안 우연한 상황이 벌어지기도 하였다. 2020년 3월 필자가 좀비에 관한 이 저서의 마지막 장을 쓰고 있었을 때, 전 세계적으로 코로나바이러스(Coronavirus) 1차 팬데믹이 시작되었고, 2020년 12월의 첫째 날, 필자가 이 머리말을 쓰고 있는 서재 앞 나무에 직박구리가 한가롭게 앉아 있는 이 순간엔, 코로나바이러스 3차 팬데믹이 시작되었다. 문학과 영화상에서 좀비가 좀비 바이러스에 감염된 인간, 더 나아가 감염률 100 퍼센트, 치사율 100 퍼센트로 전 인류를 위협하는 바이러스 자체의 상징으로 그려지고 있다는 점에서, 좀비는 지금 엄청난 감염력으로 전 세계적으로 번지며 인류를 위협하는 코로나바이러스와 매우 유사하다. 필자가 좀비에 관한 마지막 장을 쓰고 있었을 때, 그리고 저서의 머리말을 쓰고 있는 이 순간, 저서를 처음 기획할 때의 생각이 다시 떠오른 것은 이 때문이다. 문학 작품 속 괴물은 단순한 환상의 산물이 아니라 인간과 사회에 내재한 문제점을 보여주며, 인류에게 닥칠 수 있는 재앙을 시각적으로 경고하는 매개체라는 사실을, 코로나바이러스로 위협받는 현재의 전 세계 상황을 통해 다시금 생각하게 된 것이다.

비록 부족한 면이 많지만, 19세기부터 21세기에 이르기까지의 영문학상의 괴물이 갖는 사회적 함의를 나름대로 정리한 이 책이 세상에 나오는 데에는 여러분들의 수고와 노력이 있었다. 우선 원고를 읽고 독자의 입장에서 의견을 준 조영지 영문학 박사, 그리고 여러 차례에 걸쳐 원고를 꼼꼼히 교정하고, 책에 수록될 그림과 사진까지도 제시해 준 성균관 대학교 영문학과 박사 과정의 정나리 Abd에게 특별한 감사의 마음을 전한다. 또한, 이 책이 출판되기까지 변덕스러운 필자의 여러 차례의 요구에도 불구하고 편집 작업을 잘 마무리 해주신 신아사 남궁연 편집부장님, 그리고 무엇보다도 이 책의 의미를 알아주시고, 책이 세상 밖으로 나오도록 해주신 도서출판 신아사의 정현걸 사장님께도 특별한 감사를 드린다.

2020년 12월 새날을 기원하며
김일영

목차

1장

고딕 소설과 언캐니(Uncanny), 억압된 것의 회귀, 라캉적 실재(Real)와 증상(Symptom)으로서의 괴물

고딕 소설과 언캐니(Uncanny), 억압된 것의 회귀, 라캉적 실재(Real)와 증상(symptom)으로서의 괴물

고딕소설의 공포와 (과거의) 비밀

오트란토 성

영국의 고딕소설은 1764년 호레이스 월폴(Horace Walpole)의 『오트란토 성』(*Castle of Otranto*)에서부터 시작하여 1790년대에 폭발적으로 늘어나더니, 21세기 오늘날에 이르기까지 대중적인 문학 장르로서 끊임없이 이어져 오고 있다. 탄생된 이래로 고딕소설은 250년 이상을 이어져 오고 있지만, 그동안 소재와 주제, 형식면에서 고딕소설은 많은 변화를 보였다. 하지만 변화무쌍한 형태와 소재에도 불구하고 모든 고딕소설은 나름대로 특정 요소를 갖고 있다. 고딕적 상황이 연출되는 곳에는 "등장인물을 심리적으로나 육체적으로 붙어 다니며 괴롭히는 과거(때로는 최근)로부터의 어떤 비밀"(Hogle 2)이 숨겨져 있다는 것이다. 그리고 그 (과거의) 비밀로 인해 고통 받는다는 사실은 고통 받는 등장인물이 "스스로로부터 소외되고 분열되어 있으며 (과거의) 열정, 욕망, 그리고 환상을 더는 통제하지 못한다"(Botting 12)는 의미이기도 하다.

등장인물을 붙어 다니며 괴롭히는 (과거의) 비밀은 여러 형태로 나타난다. 과거의 비밀을 알고 있는 특정 인물일 수도 있고, 초자연적인 유령이나 환영, 악마, 혹은 괴물로 나타날 수 있다. 하지만 어떤 형태로 나타나던지 과거의 비밀은 과거의 욕망과 그 욕망에 대한 두려움을 담고 있어 무의식속에 묻혀있던 것이다. 즉 "깊은 두려움과 욕망"(Hogle 4)을 표현하는 고딕소설은 "매우 오래된, 어린 시절의 억압된 기억이나 충동, 자아의 오래된 지하계의 깊은 저장소로서의 무의식"(Hogle 3)과의 만남이 벌어지는 장소인 것이다. 따라서 고딕소설이 불러일으키는 기이하고 공포스런 감정은 과거의 비밀이 현재로 유령처럼 출몰하는 데에 따른 것이다. 이런 점에서 고딕소설의 공포는 "억압된 (과거의) 것의 회귀"에 의한 것으로 이는 정신분석학자 프로이트(Freud)가 명명한 "언캐니"(uncanny)와 밀접한 관계가 있다.

언캐니(Uncanny)

프로이트(1856-1939)

언캐니에 대한 논의는 여러 철학자와 심리학자들에 의해 이루어졌다. 처음 언캐니를 언급한 독일의 철학자 프리드리히 셸링(F. W. J. Schelling)은 1835년에 출판한 『신화의 철학』(*Philosophie der Mythologie*)에서 호머(Homer)의 명징성은 언캐니의 억압을 통해서 이루어졌다(Vidler 26 재인용)고 주장하였고, 독일의 철학자 니체(Nietzsche)는 『권력에

의 의지』(*The Will to Power*)에서 허무주의를 가장 언캐니한 것이라고 하였다. 언캐니를 심리학적 관점에서 처음으로 논의 한 사람은 에른스트 옌치(Ernst Jentsch)이었다. 오스트리아의 정신분석학자 프로이트(Sigmund Freud)에 따르면, 예치는 「언캐니의 심리학에 관해서」("On the Psychology of the Uncanny" 1906)란 논문에서 언캐니를 "지적 불확실성"(Freud 221)의 산물로 규정하면서 "자신이 놓인 환경에 대해 잘 인지하면 할수록 그 환경에 속한 대상과 사건에 관해 언캐니한 인상을 덜 받게 된다"(Freud 221 재인용)고 주장하였다고 한다. 그러면서 살아있는 사람처럼 생긴 인형 올림피아(Olympia)가 등장하는 호프만(E. T. A. Hoffman)의 「샌드맨」("Sandman")이 언캐니한 효과를 거둔 이유를 "이야기에 나오는 특정 인물이 사람인지 혹은 인형인지 독자가 확신하지 않게 하였기 때문이다"(Freud 227 재인용)라고 설명한다.

프로이트 자신도 언캐니를 설명하면서 호프만의 「샌드맨」에 초점을 맞추었지만, 언캐니의 주요 요인으로 올림피아라는 이름을 가진 인형을 들었던 옌치와는 달리, 올리비아와 사랑에 빠진 나다니엘(Nathaniel)이 어린 시절부터 갖고 있던 생각, 즉 샌드맨에게 "눈을 강탈당할 거란 생각"(Freud 230)이 그에게 언캐니한 감정을 불러일으키는 주요 요인이라고 설명한다. 그리고 그 두려움이 언캐니하게 된 것은 눈 상실에 대한 두려움을 나다니엘에게 가져다줄 수 있는 상황이 반복적으로 일어나는데 기인한다고 주장한다. 즉 프로이트는 언캐니의 주요 요인으로 "같은 상황의 반복"(Freud 236)을 들고 있는 것이다.

"그렇지 않았다면 아무런 일도 아닌 것을 언캐니한 분위기로 감싸는 것은 바로 비자발적인 반복"(Freud 237)이라고 주장하면서 프로이트는 길을 잃어 방황하다가 결국 같은 곳으로 몇 번이나 갔던 과거의 경험을 말한다. 그러면서 두려운 일 혹은 두려운 상황이 아니더라도 반복적으로 발생하면 언캐니를 느끼게 되는 것은 이 반복이 "운명적이고 피할 수 없는"(Freud 237) 무언가를 시사하는 것으로 느껴지게 하기 때문이라고 설명한다.

언캐니를 구성하는 반복의 모티브는 단순한 상황이나 사건에만 국한되는 것은 아니다. 도플갱어(doppelganger) 혹은 더블(double)의 관계에 있는 사람들에게서도 반복의 모티브를 찾아볼 수 있기 때문이다. 흔히 텔레파시라고 하는 정신 작용 때문에 한 사람이 다른 사람의 생각을 읽고 공유하는 경우, 한 사람이 가진 지식과 감정, 경험을 다른 사람이 동시에 공유하는 경우, 더 나아가 두 사람 간의 생김새도 유사한 경우, 우리는 이들을 더블이라고 부르는데, 더블 관계에 있는 사람들은 자신과 상대방 사이에서 정체성의 혼란을 겪으며 공포를 느끼게 된다. 이런 점에서 모든 반복은 언캐니를 불러일으키는 것이다.

여기서 더 나아가 프로이트는 언캐니의 특징과 성격을 보다 구체적으로 설명하기 위해 "언캐니"라는 용어의 어원을 파고든다. 영어 "언캐니"(uncanny)는 프로이트가 사용한 언어인 독일어로 보자면 "unheimlich"에 해당한다. 이 독일어 "unheimlich" 는 "집에 속하는, 낯설지 않은, 친숙한"(Freud, "Uncanny" 222)의 의미를 가진 독일어 "heimlich" (영어로는 homely, 즉 "가정의" 혹은 "집의" 의미)의 반의어다. 따라서 "unheimlich" 즉 언캐니는 친숙하지 않고 본래의 것이 아닌, 다시 말해 낯설고, 이질적인 것의 의미를 갖고 있는 것이다. 하지만 프로이트는 "heimlich"(homely)란 단어의 이중적 의미를 지적한다. heimlich는 "가정" 혹은 "집"과 관련된 것이기에 친숙하고 편안하다는 의미를 가지고 있지만, 동시에 "감추어지고 보이지 않는" 것의 의미도 내포하고 있다는 것이다. 집이란 친숙하고 편안하지만 외부의 시선으로부터 무엇인가 은폐할 수 있는, 비밀스러운 공간일 수도 있기 때문이다. 즉 "heimlich"(가정의/집의)라는 용어는 친숙함과 비밀스러움, 더 나아가 낯섦을 동시에 내포하고 있어, "이[heimlich]는 이와 반의어인 unheimlich와 마침내 합치된다"(Freud 226). 뒤집어 말하자면 unheimlich(uncanny)라는 용어에 친숙함과 비밀스러움, 더 나아가 낯설음이란 의미가 공존하고 있다는 것이다. 언캐니가 친숙하면서도 낯설음, 친숙하면서도 공포를 주는 감정을 지칭하게 된 이유는 바로 여기에 있다. "언캐니는 감추어지고 비밀로 남아있어야 하는데 노출된 모든 것에 대한 이름이다"(Freud 224 재인용)라는 프리드리히 셸링(Friedrich Wilhelm Joseph Schelling)의 말을 프로이트가 인용한 것도 같은 맥락인 것이다.

감추어진 것은 익히 잘 알고 있던 것이다. 그런데 감추어졌던 것이 노출되었을 때 어떻게 그것을 낯설게 느끼게 되는 것일까? 그리고 그것이 노출되었을 때, 왜 우리는 공포를 느끼게 되는 것일까? 즉 친숙하면서도 낯설 수 있고, 또 그 친숙한 것이 공포를 불러일으킬 수 있는가? 이에 대한 답은 정신분석학에서 주요 개념으로 다루는 억압에 대한 고찰에서 찾을 수 있다.

억압과 언캐니

프로이트는 친숙한 것을 낯설게 만드는 정신 작용으로 억압을 들며, 억압과 언캐니의 관계를 이렇게 설명한다. "이 언캐니는 사실 새롭거나 이질적인 것이 아니라 친숙하고 마음속에 오랫동안 자리 잡던 것으로, 단지 억압의 과정을 통해 마음으로부터 소외된 것이다" (Freud 241). 억압이 친숙한 것을 우리의 마음으로부터 소외시켜 낯설게 느껴지게 하였다는 프로이트의 이 말은 "언캐니를 경험하는 것은 미지로 나아가는 모험이 아니라 잃어버린 무엇인가로 사실상 돌아가는 것이다"(Towheed 24)라는 타우히드의 말과도 통한다. 언캐니는 오랫동안 우리가 알고 있었지만 억압을 통해 의식에서는 사라져 버린 것, 따라서 의식의 관점에서는 잃어버린 것이기에, 언캐니를 느끼는 것은 잃어버린 것을 다시 만나게 될 때 느끼는 감정과 같은 것이기 때문이다.

프로이트가 정신분석의 기반으로 삼고 있는 "억압"은 왜 일어나는 것인가? 그리고 그 억압된 것을 다시 접하였을 때 왜 언캐니를 느끼게 되는 것인가? 이를 살펴보려면 억압이 왜 일어나며 그 기능은 무엇인지 정신분석학적 관점에서 살펴보아야 한다.

치료차 환자에게 과거의 일을 기억하도록 하려던 중 프로이트는 환자의 과거의 기억이 의식 속으로 진입하는 것을 막아, 무의식속에 가두어두려는 어떤 힘이 있다는 사실을 알게 되었고, 이를 "억압"이라고 명명하였다. 프로이트에 따르면 이 억압은 의식의 주체에게 받아들여질 수 없는 것, 따라서 불안을 일으킬 수 있는 것이 의식 속으로 들어오는 것을 막고, 이를 무의식 속에 가두는 일종의 방어기제이다. 즉 본능이 충족되기를 요구할 때, 자아는 그 본능을 위험인자로 간주하여 이를 억압을 통해 "무의식"에 가둔다는 것이다. 따라서 억압된 기억을 의식으로 끌어들이는 것, 혹은 억압된 것을 기억하는 것은 쉽지 않은 일인 것이다.

하지만 억압된 본능은 무의식 속에서도 그 힘을 유지하고 있어, 새로운 요인이나 환경이 조성될 때, 잠시 동안이라도 억압에서 벗어나 의식으로 귀환한다. 이때 주체는 친숙한 느낌과 낯선 느낌을 동시에 수반하는 언캐니를 느끼게 되는 것이다. 회귀되는 것은 오래전부터 알고 있었던 친숙한 것이지만, 금지된 것이기에 낯설게 느껴지며 동시에 공포심을 주기 때문이다. 따라서 회귀하는 억압된 것은 흉가집의 유령과도 같으며, 억압된 것의 회귀가 언캐니를 자아내는 이유는 유령이 출몰하는 흉가집이 공포를 자아내는 이유와 같은 것이다. 언캐니는 죽음의 세계에서 현세로 귀환한, 혹은 저승에서 돌아온 레브넌트(revenant) 혹은 언데드(undead)가 불러일으키는 감정과 같기 때문이다.

문명과 억압

1929년에 출판된『문명속의 불만』(*Civilization and Its Discontents*)에서 프로이트는 문명사회를 형성하는데 억압을 필수적인 것으로 보았다. 프로이트에 따르면 모든 인간은 자신의 본능 특히 근친상간에 대한 욕망을 포함한 성적 본능과 공격성을 만족시키려 한다고 한다. 하지만 사회는 개인과 개인 사이, 가족 사이의 조화로운 관계를 유지하기 위해 이러한 공격적이며 폭력적인 본능을 억압하고, 사회 규범에 따르기를 요구한다고 한다. 성적 욕망이나 살인 충동과 같은 원시적 본능은 사회에 위협이 되며, 사회의 근간을 흔들기 때문이다. 따라서 문명은 살인이나 강간 혹은 근친상간에 대한 욕구를 포함한 성적 충족을 만족시키기 위한 행위를 금지하는 법을 만들고, 이 법을 위반한 개인에게 벌을 주어 사회에 순응하도록 한다는 것이다. 즉 문명은 개인의 원시적인 욕망, 특히 성적 욕망을 억압하며, 동시에 이를 승화시켜 사회적으로 더 높은 목표를 지향하게 함으로써, 스스로의 존립이 가능하게 되었다는 것이다. 따라서 사회에 속하기 위해 자신의 욕망이 억압 혹은 억제되어야 한다는 사실에 사회 구성원들은 늘 문명에 대해 불만을 갖게 된다고 프로이트는 설명하고 있다.

라캉의 상징계, 실재와 억압

『문명속의 불만』에서 프로이트는 문명의 형성 조건으로 개인의 원시적인 욕망, 특히 성적 욕망의 억압을 들었다. 문명이란 원시적인, 하지만 결코 사라지지 않는 본능과 욕동(drive)의 충족을 포기시키거나, 억압함으로써만 가능하다고 생각했기 때문이다. 프로이트의 이런 생각은 프랑스의 정신 분석가이자 철학자인 자크 라캉(Jacques Lacan)을 통해 계승된다. 하지만 라캉은 억압을 수반하는 문명과 본능 혹은 욕망의 관계를 자신이 만들어낸 개념인 "상징계"(the symbolic order)와 "실재"(the real) 사이의 관계를 통해 설명한다. 문명과 상응하는 개념으로서의 상징계와 개인의 본능, 욕망과 상응하는 개념으로서의 실재와의 관계에서도 억압의 관계를 찾을 수 있기 때문이다. 이를 위해 라캉이 말하는 상징계는 무엇을 말하며, 어떤 특성을 갖고 있는지, 그리고 라캉의 실재는 무엇을 말하며, 어떤 특성을 갖고 있는지, 그리고 이들 사이의 관계에 대해 살펴볼 필요가 있겠다.

라캉의 정신분석학의 삼위체를 이루는 것은 상상계(Imaginary), 실재, 상징계, 세 가지다. 이 세 가지 영역은 서로 연결되어 모두 함께 기능하며 인간의 정신세계를 구성하지만, 이 영역은 동시에 형성된 것은 아니다. 라캉에 따르면 인간은 태어났을 때 의식적이든 무의식적이든, 인지된 것이든 상상에 의한 것이든 간에, 전적으로 이미지로 구

라캉의 삼위체

성된 상상계 속에서 산다고 한다. 그러다 생후 6개월에서 18개월 사이, 아이는 거울에 비친 자신의 모습을 보고 이를 단순한 이미지가 아니라, 자기 자신으로 "오인"(misrecognition)하게 되는데, 이것이 최초로 자아에 대한 개념이 시작되는 거울단계라고 말한다. 이 거울단계는 오인이 수반되는 단계지만, 자아를 의식하고 더 나아가 상징계로 진입하여 주체로 탄생되는 예비 단계로서의 의미가 있다고 라캉은 설명한다.

라캉의 거울 단계: 아이가 거울 이미지를 자신과 동일시 하는 단계

상상계를 거쳐 주체로 탄생하기 위해 진입해야 하는 상징계는 단순한 이미지가 아니라, 상징이란 말이 암시하듯 언어와 그 언어를 본떠 구조화된 체계로, 사회의 또 다른 이름이다. 사회의 구조는 상징적이며, 따라서 사회란 상징이나 기호를 통해 서로 타인과 소통을 하고 정해진 규율에 따라 관계를 형성하는 협약의 영역이기 때문이다. 따라서 라캉학자 호머(Homer)의 말처럼 "우리는 언어 속으로 태어나는 것이다"(Homer 44). 상징계는 상징, 기호 등의 언어적 구조를 갖고, 언어로 운영되는 사회 시스템이고, 사회는 언어의 교환을 통한 의사소통이 전제되어야 하기 때문이다.

상징계는 또한 우리가 거부할 수 없는 영역이다. 우리는 언어 속, 즉 상징계/사회 안에서 태어나기도 하지만, 우리의 "주체는 상징계 안에서 형성되고 언어에 의해서 결정되기 때문이다"(Homer 44-45). 즉 타인과의 관계 속에서 형성 혹은 부여되는 정체성을 얻기 위해, 즉 정체성을 갖춘 "완전한 인간이 되기 위해서 우리는 상징계에 종속되어야 하는 것이다"(Homer 44). 그렇다면 상징계에 종속된다는 것, 혹은 상징계에 진입한다는 것은 어떠한 의미이고 어떠한 과정을 거쳐야 하는가? 라캉은 "오이디푸스 콤플렉스"(Oedipus complex)란 개념을 도입하여 이를 설명한다.

상징계에 진입하기 이전에 어린아이는 상상계에 머문다. 이 상상계에서 아이는 자신과 늘 가까이 혹은 함께 있는 어머니를 자신과 구분하지 않고, 하나의 통합된 존재로 생각한다. 즉 아이는 어머니와 자신은 한 몸, 더 나아가 어머니는 자신의 것이라고 생각하며, 자신과 어머니가 하나의 개체를 이루고 있다는 환상에 빠진다. 따라서 상상계의 아이에게는 자신과 구분되지 않는 어머니와의 관계만 존재할 뿐이다. 이때 라캉이 말하는 오이디푸스 콤플렉스는 폐쇄적 이중적 관계인 아이와 어머니와의 관계를 깨뜨리고, 이들 이외의 제 3자의 존재를 인정하게 함으로써, 아이를 사회적 관계 속으로 진입시킨다. 즉 오이디푸스 콤플렉스는 아이를 상상계에서 벗어나 언어와 기호를 통해 타자와의 관계가 형성되는 상징계로 진입하게 하는 것이다.

오이디푸스 콤플렉스가 상징계로의 진입을 유도하기 위해 사용하는 기제로 라캉은 "아버지의 이름"(Name-of-the-Father)을 드는데, 이 "아버지의 이름"의 근원적인 작동 기제는 금지와 억압이다. 에반스(Dylan Evans)의 지적처럼 "아버지의 이름"은 "금지의 역할"(Evans 119)을 함으로써, 즉 상징계/사회에 위협이 되는 것을 억압하고 금지함으로써 상징계를 유지하는데, "아버지의 이름"이 금지되고 억압하는 것은, 프로이트가 말한 인간의 가장 강력한 성욕인 근친상간에 대한 욕망, 즉 유아가 자신과 한 몸이라고 생각하는 어머니에 대한 욕망이다. 따라서 아이를 상징계로 진입시키는 오이디푸스 콤플렉스와 "아버지의 이름"은 프로이트가 말하는 문명을 가능하게 하는 결정적인 역할을 하는 것이다. 호머는 이를 다음과 같이 설명한다. "프로이트에게 오이디푸스 콤플렉스는 문명, 종교, 도덕과 예술의 기원을 나타낸다. 문명과 문화가 발전할 수 있었던 것은 어머니에 대한 근친상간적 욕망을 억압하고 승화함으로써만 가능하다. 따라서 아버지의 이름은 근친상간에 대한 금지와 상징적 법과 연관이 있는 것이다"(Homer 57).

프로이트에 따르면 원시 상태에서 문명 혹은 문화로의 이전은 근친상간을 포함한 성적 욕구를 통제함으로써 가능한데, 이때 성적 욕구의 억제에 의해, 혹은 성적 욕구의 억제를 주도하기 위해 양심이나 초자아(superego)가 출현한다고 한다. 즉 인간의 근원적인 욕망인 성욕, 특히 근친상간에 대한 욕망을 금지 혹은 억압하는 초자아는 사회를 가능하게 하는 필수적 요인인 것이다. 따라서 프로이트의 초자아는 라캉의 "아버지의 이름"인 셈이고, 이 이름에 의해 상징계가 형성될 수 있기 때문에, 프로이트의 초자아가 있는 곳은 바로 라캉의 상징계이며, 이 상징계[1]는 프로이트가 말하는 법과 질서에 의해 유지되는 문명사회인 것이다. 이런 점에서 문명을 형성하기 위해서 원초적인 욕망, 특히 근친상간에 대한 욕망의 억압이 필수적이란 프로이트의 말과 상징계는 근친상간에 대한 욕망을 억압함으로써만 존속될 수 있고, 상징계 안에서는 그런 욕망이 허용될 수 없다는 라캉의 말은 같은 매락에서 이해될 수 있는 것이다.

---

1) 에반스(Evans)는 상징계를 문화의 영역이라고 다음과 같이 말한다. "이것[상징계]은 자연이라는 상상계와 반대되는 문화의 영역이다"(Evans 202).

억압된 것으로서의 라캉적 실재

"아버지의 이름"이 금지 혹은 억압하는 것은 프로이트가 말하는 성적 욕망으로 단순히 설명할 수 없다. 라캉은 상징계가 "아버지의 이름"으로 억압하는 것을 "실재"의 개념으로 설명한다. 즉 라캉의 실재는 상징계에 진입하기 위해 우리가 포기해야 하는 것, 상징계가 허용하지 않기에 상징계 밖으로 밀려날 수밖에 없는 것을 말하는 것이다. 이런 의미에서 실재는 문명을 형성하고 상징계 내의 주체가 되기 위해 억압되고 금지되는 우리의 또 다른 자아이며, 상징계 내에서의 주체를 분열된 상태(주체는 상징계에 진입하기 위해, 자신의 일부를 포기하였기 때문에, 분열된 상태로 있을 수밖에 없다)로 존속하게 하는 요인인 것이다. 주체는 상징계에서만 존재하지만 상징계 밖의 실재에도 우리의 흔적은 남아있기 때문이다. 하지만 라캉은 실재를 상징계에 의해 억압되고 배제된 대상으로만 생각하지는 않는다. 금지는 욕망을 만들어내고(금지하면 금지된 것에 대한 욕망이 생겨나기 마련이다), 그 금지된 것이 주체를 충족시켜 줄 수 있을 거란 믿음 때문에, 억압되어야 할 욕망의 체현(體現)인 실재는 동시에 욕망의 대상이 되기 때문이다.

실재의 이런 이중적인 속성은 상징계와의 복합적인 관계를 통해 제시된다. 우선 라캉은 실재를 규정하는 데 있어 서로 상충되는 듯한 발언을 한다. 라캉은 실재를 상징계에 의해 배제된 혹은 버려진 "찌꺼기"(caput mortuum, Fink 27), 상징계 밖에 있는 이물질 혹은 타자로 간주하면서도, 동시에 실재를 "상징계를 구성하는 빈 공간 혹은 환상의 핵"(Breu 268)으로 보았기 때문이다. 즉 라캉은 실재를 상징계 밖에 존재하는 것으로 보면서도, 동시에 상징계 내에 빈 공간 즉 결핍의 형태로, 상징계의 중심에 존재한다고 본 것이다.

전자는 실재를 상징계에 포함되지 못한 하위대상으로서 수동적 위치에 두고 있지만 후자는 실재를 상징계의 "결핍의 체현(體現)"(Žižek 192)으로 보며, 상징계의 구멍/공간 혹은 결함을 드러내는 실체로 보고 있다. 이와 관련하여 실재가 상징화, 즉 언어화 될 수 없다는 사실을 설명하는 방식도 두 가지로 나뉜다. 실재는 상징계에 속하지 않기 때문에 당연히 상징화 즉 언어나 기호로 표현될 수 없는 것이다. 이는 실재를 상징계의 결핍으로 보는 관점에서도 마찬가지다. 실재는 상징계 내에 결핍으로 존재하기에 당연히 상징화, 즉 언어로 표현될 수 없기 때문이다.

하지만 실재가 언어화, 기호화 될 수 없다는 사실도 실재의 측면에서 보면 수동적인 관점과 능동적인 관점에서 볼 수 있다. 실재를 단순히 언어화 할 수 없다는 것은 실재가 의식의 세계인 상징계에 포함되어 있지 않기 때문에 의식과 지식의 영역에서는 알 수 없는 것이라고 말할 수 있지만, 지젝의 표현처럼 실재를 "상징화를 거부하는 단단한 핵"(Žižek 82)으로 본다면, 실재는 상징계에 종속되기를 거부함으로써 상징계의 한계를 드러내는 것으로 볼 수 있는 것이다. 실재를 보는 관점의 차이는 있지만 이 두 시각의 공통점은 실재는 여전히 언어와 의식의 범위를 넘어선 것, 상징화 될 수 없는 것이라는 점은 틀림없다. 호머는 상징화할 수 없는 실재에 대해 이렇게 말한다. "언어를 통해 변형될 수 없는 잔여물이 항상 있다. 이 초과물, 즉 라캉이 X라고 부르는 것이 실재다"(Homer 84).

상징계가 실재를 배척하고 억압하는 것은 이를 상징화 즉 언어로 길들이고 언어로 표현할 수 없어서다. 이는 실재가 상징계의 배척을 받은 것이면서도 동시에 상징계에 종속되기 거부하는 실체라는 의미가 된다. 따라서 실재는 상징계에 진입 시 상징계를 혼란에 빠트릴 수 있다. 실재는 "주체의 상징적 세계의 균형"(Žižek 192)을 무너뜨리고, 핑크(Fink)의 말처럼 상징계의 존립의 근거가 되는 "법의 부드러운 작동"(Fink 83)을 멈추게 할 수 있기 때문이다. 즉 실재는 억압되기 전 주체가 갖고 있던 친숙한 것이지만, 상징계에 의해 배척된, 즉 타자화된 낯선 것이다.

실재의 친숙하면서 동시에 낯선 측면을 라캉은 자신의 조어인 "외밀함"(extimacy)[2]이라는 용어로 표현한다. 실재는 "아버지의 이름"으로 억압되기 이전에 주체가 갖고 있던 주체의 일부로서 친숙한 것이지만, 상징계에 의해 배제되어 상징계 바깥으로 밀려난, 낯선 이물질과도 같기 때문이다. 이를 실재의 두 가지 속성을 통해 다시 설명하자면, 실재는 상징계 안에 결핍으로 존재하며, 동시에 상징계 너머의 "초과물"로도 존재하기 때문에, 즉 상징계의 내부자이면서 동시에 외부자이기 때문에, 라캉은 실재의 속성을 "친밀한 외부 혹은 외밀함"(the intimate exteriority or 'extimacy', Lacan, *Seminar 7*, 139)으로 설명한 것이다.

바로 이 외밀함 때문에 실재는 프로이트가 말하는 억압된 욕망이 귀환할 때 생겨나는 언캐니를 불러일으킨다. 외밀한, 즉 친숙하면서 낯선 실재가 상징계로 출현할 때 상징계는 위협을 느끼게 되기 때문이다. 실재가 주체에게 즐거움과 공포를 동시에 주는 이유도 여기에 있다. 실재는 억압 이전의 주체에 내재한 욕망으로서 주체에게 즐거움과 쾌락을 가져다주지만, 금지된 욕망이기 때문에 공포를 동시에 불러일으키기 때문이다.

프로이트가 언급한 "억압된 것의 회귀"는 실재의 속성을 통해서도

---

2) ex는 라틴어로 "외부" 혹은 "바깥", "intimacy"는 친숙함이란 의미다. extimacy란 용어는 ex란 접두어에 intimacy의 "in"을 제거한 뒤 합친 것으로 라캉은 이를 외적으로 친밀함, 즉 "외밀함"의 의미로 사용하였다.

발견할 수 있다. 실재는 상징계에 의해 축출 혹은 억압당하고 있지만 "그 자리에 남아있는 것"(Lacan, *The Purloined Poe* 40), "길거리의 뱉어진 껌처럼 신발에 붙어 있는 것"(Lacan, *The Purloined Poe* 40)이다. 상징계가 아무리 추방하고 억압하여도 실재는 상징계의 결핍의 체현(體現)으로서 늘 그 자리, 즉 상징계의 중심에 자리하고 있는 것이다. 따라서 아무리 실재를 몰아내려한다 해도 상징계가 근본적으로 결핍되어 있는 한, 실재는 늘 그 자리에 있거나, 프로이트가 말한 "억압된 것의 회귀"처럼, 그 자리로 돌아오는 것이다. 따라서 실재가 늘 귀환하는 상징계 내의 틈, 결핍은 "유령이 출몰하는 공간"(Gary Farnell 113)과도 같으며, 실재의 귀환은 늘 언캐니를 불러일으키는 것이다.

억압된 것/실재의 귀환으로서의 증상

억압된 본능은 억압이란 기제로 인해 정상적으로 그 욕구를 만족시킬 방법을 갖지 못한다. 따라서 끊임없이 돌아오려고 하는 본능은 억압에 의한 차단을 피해 간접적 혹은 대리 충족의 길을 모색하는데, 그것은 바로 증상이라는 형태를 통해서라고 프로이트는 설명한다. 즉 "신경증의 인지할 수 있는 증후"(Evans 203)인 증상은 "억압된 것의 회귀"(Return of the repressed)의 체현인 것이다. 즉 억압을 통해 무의식에 억류되어 있는 것이 의식으로 진입할 때, 혹은 상징계에 의해 억압되었던 라캉의 실재가 상징계로 진입할 때, 증상(symptom)이 모습으로 나타나는 것이다. 따라서 프로이트와 라캉은 증상의 의미를 파악하면 환자의 억압된 욕망을 알 수 있다고 하는 것이다. 즉 라캉은 증상을 환자의 무의식 혹은 실재를 말해주는 언어와 같은 것으로 간주한다.

"증상은 언어처럼 구조되어 있기 때문에 증상은 언어의 분석으로 완전히 해소될 수 있다"(Lacan, *Écrits* 59).

하지만 증상은 억압된 본능 혹은 실재를 있는 그대로 드러내지는 않는다. 상징계의 주체는 억압된 것 혹은 실재에 대한 강한 거부감을 갖고 있기 때문에, 억압된 욕망은 변형된 형태로, 즉 증상의 형태로 귀환한다. 따라서 라캉은 "증상은 주체가 자신의 것으로 인식하지 않는 것으로, 주체가 생각하기에 실재에서 온 분명치 않은 수수께끼 같은 메시지다"(Lacan, *Seminar 8*, 149)라고 말하는 것이다. 즉 억압된 것의 귀환으로서의 증상은 실재의 변장한 메시지이기 때문에 증상은 해석해야 할 암호인 것이다.

증상과 언캐니의 체현(體現)으로서의 괴물

"과거의 비밀" 혹은 프로이트적인 "억압된 것의 귀환"이자 라캉적 실재의 메시지인 증상, 혹은 언캐니의 체현(體現)으로서 자주 등장하는 존재는 괴물(monster)이다. 하지만 괴물은 특정한 형태와 특성을 가진 존재는 아니다. 괴물이라는 말을 들을 때 특정한 모습을 떠올리지 못하는 것은 이 때문이다. 즉 괴물은 특정한 기의를 갖고 있지 않으면서도 공포와 혐오감을 불러일으키는 "비정상적인" 존재의 통칭인 것이다. 이런 괴물이 어떻게 증상이나 언캐니의 체현이 될 수 있는지는 일반적으로 괴물이라고 부르는 대상들의 특징을 살펴보면 짐작할 수 있다.

우선 괴물이 "실재에서 온 분명치 않은 수수께끼 같은 메시지", 무엇인가를 알려주는 메시지로서의 증상이 될 수는 근거는 "monster"(괴물)의 라틴어 어원에서 찾을 수 있다. "괴물"(monster)이라는 단어의 라틴어 어원에 대해 스캇 풀(Scott Poole)은 이렇게 설명한다.

> 라틴어로 monstrum이라는 단어는 영어로 monster라는 용어를 제공한다. monstrum은 '나타나는 것' 혹은 스스로 드러내는 것(영어로 'demonstrate'(보여주다)라는 단어는 monstrum에 뿌리를 두고 있다)이다. Monstrum은 또한 '경고하다'를 의미하며, 징조나 징후의 개념과 관련이 있는 라틴어 monere와 관련이 있다. (Poole 5)

어원상으로 볼 때 괴물은 위협을 가함으로써 공포를 불러일으키는 존재이기 때문에 위험과 연관된 메시지 혹은 고대 로마의 철학자 키케로 (Marcus Tullius Cicero)의 말처럼, 앞으로 다가올 재앙이나 현 사회의 문제점을 나타내는 초자연적 기표다. 따라서 무엇을 경고하기 위한 하나의 증상, "수수께끼 같은 메시지", "교리(敎理) 해설자를 찾는 상형문자"(a glyph that seeks a hierophant, Cohen 4)로서의 괴물은 해석이 필요한 문화의 색인과도 같다. 괴물은 괴물을 탄생시킨 시대의 불안이나 문제점을 나타내는 "환치물"(Cohen 4)이기 때문이다.

괴물은 정상이 아니며 정상과는 아주 다른, 따라서 위협적인 대상이다. 따라서 괴물은 "육화된 다름"(difference made flesh, Cohen 7)으로 이물질 혹은 절대 융화될 수 없는 "근원적인 타자"(radical alterity, Cohen 7)를 지칭하는 것이다. 그 어떤 공감대나 공통점도 없는 괴물이 사회에 위협이 되는 존재, 따라서 사회로부터 축출되어야 할 대상으로 간주되는 것은 이 때문이다.

하지만 괴물은 반드시 본질적으로 괴물인 것은 아니다. 괴물이란 용어는 실제로 비정상적인 존재가 아니라, 자신과는 다른 것을 배제 또는 억압하고, 억압을 정당화하기 위한 임의적인 기표, 더 나아가 다름 그 자체를 나타내는 기표에 불과한 것이다. 가부장적 사회에서 순종적이어야 할 여성으로서의 젠더(gender)를 무너뜨린 사람을 메두사(Medusa), 마녀 혹은 뱀파이어 등의 이름으로 부르고, 세계대전 당시 독일과 전쟁을 벌이던 미국의 징병 모집 광고에 독일 병사를 뱀파이어로 지칭한 것도 같은 맥락으로 이해할 수 있다. 즉 괴물은 자신과 다른, 혹은 자신과 구별되기를 원하는 대상을 타자로 만들고, 억압을 정당화하는데 이용되는 기표이자, "금지의 매체"(Cohen 15)다. 이런 점에서 괴물은 괴물을 만든 사회/문화의 문제점을 보여주는 증상을 그 몸으로 구현하고 있는, 증상의 체현(體現)인 것이다.

증상의 체현으로서의 괴물은 억압된 것 혹은 실재의 귀환이 동반하는 언캐니를 불러일으킨다. 더 나아가 괴물은 그 자체로 증상인 동시에 라캉적 실재이자 언캐니의 체현이기도 하다. 이는 괴물이 언캐니를 불러일으키는 실재와 같은 속성을 갖고 있다는 사실을 통해서 제시된다. 일반적으로 괴물은 절대적 다른 대상을 지칭하는 용어이지만, 실제로 괴물은 명확하게 무엇이라고 명명할 수 없는 존재다. 상징계 중심에 "결핍" 혹은 "빈 공간"으로서 존재하면서, 동시에 상징계 밖에 존재하는 라캉의 실재처럼, 괴물은 이것 아니면 저것이라는 "이분법으로 나타낼 수 없는 경계 선상의 존재"(Shildrick 54)다. 즉 범주가 불분명한 괴물은 어떤 분류체계에도 "포함될 수 없으며, 궁극적으로 알 수도 없는"(Shildrick 13) 존재, 언어화될 수 없어 라캉이 "X"라고 칭한 실재인 것이다.

실재이자 언캐니를 불러일으키는 억압된 것을 칭하는 X는 "명명할 수 없는 것" 이외에도 지식 혹은 인식의 밖에 있는 대상을 가리킨다. 언캐니(uncanny)의 "캐니"(canny)가 "켄"(ken)에서 파생된 것이고,

"ken"이란 영어 단어가 "이해", "지식", "지식의 범위"를 의미한다는 점을 고려해 볼 때, 언캐니는 이해와 지식의 범위 안에 있지 않는 대상을 접할 때, 느끼는 감정이라는 사실을 짐작할 수 있다. 즉 명명할 수 없고, 어떠한 분류체계에 속하지 않는 괴물은 실재처럼 지식의 범위 밖에 존재하기 때문에 괴물은 더욱더 언캐니하다. 언캐니를 불러일으키는 고딕소설에 "범주 상으로 간극에 있고, 모순적이며, 불완전하거나 형태가 없는 경계 선상의 괴물"(Carroll 41)이 등장하는 것은 바로 이 때문이다.

경계 선상에 있는 모호한 존재인 괴물은 "구분의 취약성"(Shildrick 63)과 경계를 긋는 분류체계의 불완전성과 허구성을 드러내며, 더 나아가 이분법적 사고를 기반으로 한, "경계와 정상에 대한 근본적인 재고"(Cohen 6)의 필요성을 드러낸다. 이것도 되면서 동시에 저것도 될 수 있는, 경계 선상의 괴물은 이분법적 논리의 문제점을 자신의 존재 자체로 보여주기 때문이다. 따라서 괴물은 경계 짓기를 통해 정상과 비정상을 결정하고, 이에 근거하여 가치 체계를 결정하는 사회/문화를 "붕괴시키는 힘"(Shildrick 13)을 갖고 있는 것이다.

괴물이 억압되어야 하는 이유도 여기에 있다. 상징계에 위협이 되는 실재가 상징계에 의해 억압되듯이, 문명의 존립에 위협이 되는 본능이 억압되듯이, 사회/상징계를 유지하는데 필수적인 경계를 위협하는 괴물은 억압되어야 한다. 하지만 괴물이 억압되어야 하는 이유는 사회/상징계와의 관계 속에서만 찾을 수 있는 것은 아니다.

주체가 되기 위해선 "경계"가 필요하다. 상징계와 사회가 경계를 필요로 하듯, 타자와 나를 구분하는 데에서 주체가 출발하기 때문에, 주체의 확립을 위해선 "경계"가 필요한 것이다. 따라서 억압된 것(실재)의 귀환으로서의 괴물, (상징계 안에서) 주체로서의 나의 경계를 확실히 하기 위해 포기한 나의 부분인 괴물은 억압되어야 하는 것이다.

이러한 괴물에 대해서 우리는 이중적 태도를 보인다. 억압된 욕망의 체현이자 실재의 체현인 괴물은 두려움과 욕망의 대상이다. 억압에서 벗어난 괴물은 환상 속에서 우리의 욕망을 대신 실현해 줌으로써, 대리 만족의 즐거움을 가져다준다. 괴물이 등장하는 고딕 문화에 대한 갈구가 시대가 바뀌어도 늘 있었던 이유는 여기에 있다. 우리(의 억압된 욕망)는 괴물이라는 몸을 빌려 억압에서 해방되는 자유로움을 느낄 수 있기 때문이다. 하지만 괴물은 근본적으로 공포스러운 존재다. 경계 긋기를 통해 유지되는 상징계로부터 주체의 위치를 부여받는 우리는 경계를 무너뜨리는 금지된 욕망의 체현인 괴물, 더 나아가 주체를 위협하는 괴물에 대해 공포와 혐오감을 느낄 수밖에 없는 것이다.

괴물이 억압된 욕망의 귀환 즉 언캐니의 체현이라는 사실은 괴물이 그 모습을 바꾸어서도 늘 귀환한다는 사실에서도 알 수 있다. 괴물은 금지된 욕망으로서 타자처럼 취급되지만 나의 부분으로서 나와는 결코 분리될 수 없다. 따라서 실재가 상징계의 중심에 "결핍"의 형태로 존재하듯, "부재"의 형태(즉 나에게 없는 것처럼 보이는 형태)로 존재하는 괴물은 "부재"(억압을 통해 마치 부재한 것처럼 보인다)에서 벗어나 그 모습을 드러내고자 한다. 괴물이 등장하는 고딕소설이 탄생한 이래로 현재까지 이어지고 있다는 사실은, 괴물은 늘 우리 안에 존재해 온, 절대 사라질 수 없는, 영원히 귀환하는 우리의 욕망이자 모습이라는 점을 보여준다. 즉 저승에서 돌아온 레브넌트(revenant) 혹은 언데드(undead)처럼 괴물은 내 "안의 들어있는 흔적"(Shildrick 63)으로서 영원히 회귀하는 우리의 억압된 욕망인 것이다.

하지만 괴물은 정해진 모습을 갖고 있지 않은 무정형의 존재로 시대마다 각기 다른 모습으로, 각기 다른 이름을 갖고 등장한다. 괴물을 사회적, 역사적 상황에 비추어 해석해야 하는 이유는 여기에 있다. 시대의 증상으로서의 괴물은 괴물을 낳은 시대의 "결핍" 혹은 시대가 두려워하여, 억압하고자 하는 것의 체현이기 때문이다. 따라서 괴물을 통해 괴물이 등장한 시대와 사회에 대한 이해를 도모할 수 있다. 괴물이 괴물인 것은 본래부터 괴물이어서가 아니라, 내가 혹은 사회가 괴물로 만들었기 때문이다. 즉, 괴물을 통해 내/사회 안의 무엇이 괴물화 되었는지, 더 나아가 내/사회가 두려워하는 것이 무엇인지 알 수 있는 것이다. 괴물은 독자적으로 존재하는 것이 아니라 사회/내가 만든, 거울에 비친 사회/나의 모습이기 때문이다. 괴물을 통해 사회가 가진 배타적인 담론이 무엇인지 유추할 수 있는 이유는 여기에 있다.

인용문헌

Botting, Fred. *Gothic*. London and New York: Routledge, 1996.

Breu, Christopher. "Disinterring the real: Dodie Bellamy's The Letters of Mina Harker and the late-capitalist literature of materiality'". *Textual Practice* 26(2012): 264-90.

Carroll, Noell. *The Philosophy of Horror: Or, Paradoxes of the Heart*. New York and London: Routledge, 1990.

Cohen, Jeffrey Jerome. Ed. *Monster Theory*. Minneapolis and London: University of Minnesota Press, 1996.

Evans, Dylan. *Dictionary of Lacanian Psychoanalysis*. London and New York: Routledge, 1996.

Farnell, Gary. "The Gothic and the Thing". *Gothic Studies Text* 11.1 (2009): 13-123.

Fink, Bruce. *The Lacanian Subject*. New Jersey: Princeton University Press, 1995.

Freud, Sigmund. *The Standard Edition of the Complete Psychological Works of Sigmund Freud. Vol. 17*. Trans and Ed. Strachey, James. London: The Hogarth Press, 1955.

Hogle, Jerrold. Ed. *The Cambridge Companion to Gothic Fiction*. Cambridge: Cambridge University Press, 2002.

Homer, Sean. *Jacques Lacan*. London and New York: Routledge.

Lacan, Jacques. *Écrits*. Paris: Seuil, 1966.

........*The Ethics of Psychoanalysis, 1959-1960 : The Seminar of Jacques Lacan Book 7*. Jacques-Alain Miller. Ed. New York: W. W. Norton & Company, 1986.

........*The Purloined Poe: Lacan, Derrida and Psychoanalytic Reading*. J.P. Muller and W. J. Richardson. Eds. Baltimore, MD: The Johns Hopkins University Press, 28-54.

........*Transference: The Seminar of Jacques Lacan, Book VIII*. Jacques-Alain Miller. Ed. Bruce Fink. Trans. Malden, M. A: Polity Press, 2015.

Poole, W. Scott. *Monsters in America: Our Historical Obsession with the Hideous and the Haunting*. Texas: Baylor UP, 2011.

Shildrick, Margrit. *Embodying the Monster: Encounters with the Vulnerable Self*. London: Sage Publications, 2001.

Towheed, Shafquat. "R. L. Stevenson's Sense of the Uncanny: 'The Face in the Cheval-Glass'". *ELT* 42.1(1999): 23-38.

Vidler, Anthony. *The Architectural Uncanny: Essays in the Modern Unhomely*. MIT Press, 1992.

Žižek, Slavoj. *The Sublime Object of Ideology*. London and New York: Verso, 1989.

2장

아브휴먼(Abhuman)으로서의 괴물의 타자성과 사회 증상으로서의 괴물: 매리 셸리의 『프랑켄스타인』(*Frankenstein*)

매리 셸리(Mary Shelley, 1797-1851)

아브휴먼(Abhuman)으로서의 괴물의 타자성과 사회 증상으로서의 괴물: 매리 셸리의 『프랑켄스타인』(*Frankenstein*)

매리 셸리(Mary Shelley)의 생애와 『프랑켄스타인』(*Frankenstein*)의 창작 배경

1797년 런던에서 태어난 매리 셸리의 아버지는 무정부주의자이자, 영국 낭만주의의 사상적 토대를 마련한 윌리엄 고드윈(William Godwin)이었으며, 그녀의 어머니는 여성 스스로가 독자적으로 사고하고 행동하기를 촉구하는 『여성의 권리에 대한 옹호』(*A Vindication of the Rights of Woman* 1798)를 남긴, 영국의 최초의 여성주의자 울스톤크라프트(Mary Wollstonecraft)였다. 하지만 매리는 어머니 울스톤크라프트가 자신을 낳고 열흘 뒤, 산욕열로 세상을 떠나, 가정부이자 유모의 손에 자라는 바람에 어머니의 사랑은 받지 못하였다.

윌리엄 고드윈(1756-1836)과
매리 울스턴크래프트(1759-1797)

어머니의 사랑은 받지 못했지만 매리는 아버지 고드윈으로부터 많은 교육적 혜택을 받았다. 고드윈은 매리를 직접 가르쳤고, 경우에 따라서는 가정교사를 두어 매리의 공부를 지도하게 하였다. 또한 매리는 고드윈의 집을 수시로 방문하던 당시 유명 사상가들이나 시인들, 가령 영국의 대표적인 낭만주의 시인인 코울리지(Samuel Taylor Coleridge)와 같은 시인을 만난 덕분에 문학에 대한 꿈을 키워나갈 수 있었다.

그러던 중 매리는 고드윈의 사상을 흠모하여 그의 집을 자주 찾아왔던 영국의 대표적인 낭만주의 시인 셸리(Percy Bysshe Shelley)를 만나게 된다. 이내 이들은 연인관계로 발전하였지만 셸리는 당시 이미 결혼한 상태였기 때문에 이들의 사랑의 행로는 순탄할 수 없었다. 결국 1814년 7월 이들은 프랑스로 사랑의 도피를 하다가 자금 부족으로 다시 영국으로 귀환하게 되는데 이때 매리는 셸리의 아이를 임신한 상태였다고 한다.

1815년 3월 예정일 보다 두 달 먼저 태어난 매리와 셸리의 아기가 사망하자, 프랑켄스타인이 만든 괴물처럼 이름조차 지어주지 못한 아기의 죽음으로, 매리는 한동안 우울증에 시달렸으며, 차가워진 아이의 시신을 불 앞에서 비벼, 도로 살려내는 꿈을 꾸곤 하였다고 한다(죽은 이를 살려내고 싶은 그녀의 욕망은 시체에게 생명을 불어넣는 시도를 한 프랑켄스타인을 연상시킨다). 하지만 매리는 곧 다시 임신을 하게 되고, 자신의 아버지 이름을 딴 둘째 아이 윌리엄을 1816년 1월에 출산하게 된다.

1816년은 매리의 이름을 온 세상에 알리는 획기적인 일이 벌어진 해였다. 이해 5월 셸리와 매리는 스위스 제네바(Geneva) 호수 근방에 있는 빌라를 임대해, 당대 대표적인 영국의 낭만주의 시인 바이런(George Gordon Byron)과 바이런의 주치의 폴리도리(John William Polidori)와 같이 시간을 보내게 된다. 이때 바이런의 제안에 따라 초자연적인 이야기를 구상하게 되는데, 이것이 1818년 1월에 출판된『프랑켄스타인』으로 발전되었던 것이다.

1816년 12월 셸리의 아내 헤리엣(Harriet)의 자살로, 법적으로 홀몸이 된 셸리는 매리와 그해 12월 결혼을 하게 된다. 결혼 후, 건강 악화와 채무에 시달렸던 셸리 부부는 1818년 3월 이태리로 건너가 생활하였지만 여러 불운을 겪는다. 그해 9월에는 딸 클라라(Clara)를, 1819년에는 아들 윌리엄을 잃었고, 1822년 7월에는 귀가하던 남편 셸리의 배가 투스카니(Tuscany) 연안에서 폭풍을 만나 뒤집혀, 셸리가 익사하고 말았던 것이다.

1823년 영국으로 돌아온 매리는 셸리의 시를 편집하여, 1824년에는 셸리의 『유고 시 선집』(*Posthumous Poems*)을, 1839년에는 셸리의 『시작』(*Poetical Works*)을 각각 출판하였고, 뒤이어 셸리가 쓴 에세이, 편지, 산문을 엮어 출판함으로써 셸리를 대중들에게 널리 알렸다. 하지만 매리는 자신의 작품 창작에도 열의를 보였다. 매리는 1826년에 출판한 『최후의 인간』(*The Last Man*)을 필두로 『퍼킨 워벡의 행운』(*Perkin Warbeck*, 1830), 『로도어』(*Lodore*, 1835) 그리고 『포크너』(*Falkner*, 1837) 등의 소설을 출판하였던 것이다. 그러다 1839년에 걸린 뇌종양으로 사지를 잘 사용하지 못하던 매리는 1851년 결국 53세의 나이로 체스터 스퀘어(Chester Square)에서 숨을 거두게 된다.

창작 배경

1816년 5월 매리는 새 어머니가 데려온 딸 클레어 클레어몽(Claire Clairmont), 그리고 후에 남편이 된 셸리와 함께 제네바로 여행을 떠나게 된다. 이곳에서 이들은 바이런을 만나 같이 여름을 보내기로 하였기 때문이었다. 먼저 제네바 호수(Lake Geneva) 근방에 도착한 매리와

제네바 호수

셸리 일행의 뒤를 이어 바이런도 그의 주치의인 폴리도리와 함께 제네바에 도착하여, 이들은 함께 숙소를 정하고, 그곳에서 생활을 공유하였다.

그러던 어느 날, 며칠 동안 내리는 비로 거처에 머물 수밖에 없었던 이들은 18세기 과학자들이 하던 실험과 죽은 생물을 살리고 시체에 생명을 불어 넣었다고 전해지는 에라스무스 다윈(Erasmus Darwin)에 대한 이야기를 하였다고 한다. 그러다 여기에 힌트를 얻어, 당시 유령 이야기를 읽고 있던 바이런이, 유령 이야기를 누가 가장 잘 쓰는지 시합하자는 제안을 하고, 이들은 각자 한 가지씩 초자연적인 이야기를 지어내기로 한다.

이 제안을 하였던 바이런은 뱀파이어에 관한 이야기를 구상하였지만 중도에 포기하였고, 셸리도 자신의 어린 시절을 소재로 이야기를 구상하려다 곧 포기하였다고 한다. 하지만 바이런과 셸리가 나누던 생명 원리에 대한 대화를 떠올리며, 삶과 죽음의 경계에 대한 문제에 골몰하였던 매리는 신체 부위를 조합해 생명을 불어넣는 이야기를 쓰기로 결심한다. 처음 매리는 이를 소재로 단편소설을 쓰려하였지만, 남편 셸리의 제안에 따라 후에 이야기를 확장하여 자신의 최초의 장편소설『프랑켄스타인』을 출판하게 되었던 것이다.

페미니즘과 마르크시즘의 관점에서 본『프랑켄스타인』

일반적으로 이 작품을 보는 시각은 크게 두 가지로 나누어진다. 우선 페미니즘의 관점에서 이 작품을 분석하는 일단의 비평가들이 있다. 멜로즈(M. K. Mellors)는 이 작품에서 여성의 역할이 거의 전무하며 동시에 여성들이 모두 죽음을 맞이한다는 점에 주목하여, 이 소설을 여성을 거부하는 남성 위주의 소설로 평가한다. 사실 멜로즈의 말처럼 이 작품에는 여자들이 대부분 죽거나 부재한다. 주인공인 빅터 프랑켄스타인(Victor Frankenstein)의 어머니는 엘리자베스(Elizabeth)를 간호하다 병에 옮아 세상을 떠났고, 빅터의 집에서 일하던 저스틴(Justine)은 누명을 쓰고 살인죄로 교수형 당하였으며, 엘리자베스 자신도 프랑켄스타인이 만든 괴물에 의해 살해를 당한다. 심지어 괴물의 부탁을 받아 프랑켄스타인이 만들던 여자 괴물도 프랑켄스타인 자신에 의해 해체된다.

작품에서 여성이 부재하거나, 여성이 하는 역할이 거의 없다는 사실은 괴물의 출산조차도 남성인 프랑켄스타인의 주도로 이루었다는 점에서 상징적으로 제시된다. 심지어 괴물을 창조한 뒤, 정신적 고통에 시달리던 프랑켄스타인을 위로하고 그의 곁에서 힘이 되어준 사람은 후에 그의 아내가 된 엘리자베스가 아니라, 프랑켄스타인의 단짝 친구인 클러밸(Clerval)이라는 사실은 이 소설이 남성 위주의 사회상을 보여주고 있다는 주장에 어느 정도 정당성을 부여한다.

마르크시즘 관점에서 이 작품을 해석하는 비평 역시 주류를 이룬다.

몬태그(Warren Montag)는 작품에 등장하는 괴물의 모습과 그의 상황이 마치 19세기에 수적으로 확산된 노동자 계급과 유사하다며, 괴물의 탄생을 노동 계급의 탄생으로 해석한다. 프랑코 모레티(Franco Moretti)도 같은 맥락에서 괴물의 의미를 찾는다. 그는 기형적인 모습의 괴물이 겪는 사회적 고립과 학대에 주목하면서, 괴물을 프롤레타리아 계급과 동일시하며 괴물이 사람들로부터 겪는 소외를 자본가에 의한 노동자의 소외로 보았다.

프랑켄스타인의 괴물

프랑켄스타인하면 일반적으로 떠올리는 것은 괴물을 만든 과학자가 아니라 괴물이다. 그만큼 이 작품의 중심을 차지하는 존재는 괴물인 것이다. 하지만 이 작품의 괴물은 그 이전 고딕 소설에 나오는 괴물과는 근본적으로 다른 점이 있다. 기존의 괴물은 대부분 초자연적인 존재거나 외부에서 온 괴물이지만 『프랑켄스타인』에 등장하는 괴물은 프랑켄스타인(Frankenstein)이 직접 만든 것이기 때문이다. 더 나아가 자신이 만든 피조물에 이름을 붙여주지 않고 단지 "괴물"(monster)이라고 프랑켄스타인이 지칭했다는 사실은 이 작품이 분명 괴물에 관한 이야기며, 괴물은 인간/사회가 만드는 것이란 점을 분명하게 보여준다. 따라서 이 작품에 등장하는 괴물을 통해 괴물을 만든 사회에 대한 이해를 도모할 수 있는 것이다.

아브휴먼(Abhuman)으로서의 괴물

프랑켄스타인이 자신의 실험실에서 만든 괴물은 인간이지만 동시에 인간과는 다른 특성을 갖고 있다. 괴물은 2미터 40센티미터의 엄청난 키에, 혹독한 북극의 추위도 잘 견디며, 알프스의 눈과 얼음이 덮인 지역에서도 "초인과 같은 속도"[3]로 달릴 수 있다. 또한 총에 맞아도 치명상을 입거나 죽는 것이 아니라 상처만 생길 뿐이며, 상처의 회복 속도도 엄청나게 빠르다. 이런 점에서 프랑켄스타인의 괴물은 온전한 사람이 아니라 아브휴먼(abhuman)이다.

아브휴먼의 아브(ab)는 "..로부터", 혹은 "...에서 벗어난"이란 의미이며, 휴먼(human)은 말 그대로 "인간"이라는 의미다. 따라서 아브휴먼은 인간에서 유래되었으면서도, 인간에서 벗어난(다른) 존재를 지칭할 수 있다. 즉 아브휴먼은 인간과 비슷하면서도 인간과는 다른 존재를 일컫는다. 이 아브휴먼이란 용어는 영국의 환상문학 작가 호지슨(William Hope Hodgson)이 1912년에 출간한 『밤의 대지』(*The Night Land*)에서 처음 사용되었다. 이 소설에 등장하는 아브휴먼은 다른 종과의 결합을 통해 형성된, 혹은 변화된 환경조건에 적응하기 위해 진화한 존재들이다. 이들은 외모나 성격 면에서 어느 정도 인간의 특징을 갖고 있으면서도 인간과 다른, 모호한 존재다. 이런 점에서 사람도 동물도 아닌, 혼합된 정체성을 가진 프랑켄스타인이 만든 괴물은 아브휴먼이다. 아브휴먼은 인간으로서의 확고한 경계를 갖고 있지 않은, 경계 간의 존재이기 때문이다.

괴물이 아브휴먼이라는 사실은 그의 탄생 배경을 살펴보면 짐작할

---

3) Mary Shelley, *Frankenstein* (Penguin Books, 1992), p. 101. 앞으로 이 책에 대한 인용은 괄호 안에 쪽수만 명기하겠음.

수 있다. 프랑켄스타인은 괴물의 몸을 만들 재료를 구하기 위해, 무덤과 "시체 안치소"(55)를 뒤지고, 심지어 "해부실"(55)과 "도살장"(55)까지 드나들며, 사람과 동물의 신체 부위와 뼈를 모은다. 여기서 주목할 점은 괴물을 만드는 재료가 사람과 동물의 시체라는 점이다. 즉 괴물은 죽은 시체로 만든 살아있는 존재며, 그의 몸은 사람과 동물의 신체 부위로 구성된 것이다. 이런 점에서 괴물은 동물과 인간의 경계에 있는 존재며, 더 나아가 삶과 죽음의 경계에 있는 "살아있는 시체"(Hurley, *Routledge Companion to the Gothic* 138)다. 따라서 그는 태생적으로 "삶과 죽음의 경계" (Mellors 1)를 위반한 "경계 선상의"(Asma 40) 존재, 즉 아브휴먼인 것이다.

경계 선상의 존재로서의 괴물은 몸의 내부와 외부의 경계마저 분명치 않다. 프랑켄스타인이 괴물에 사용할 피부를 제대로 구하지 못하는 바람에, 괴물의 몸 내부에 있어야 할 "근육과 정맥"(58)은 외부로 노출되었고, 몸속에 있어야 할 누액 역시 밖으로 흘러나온다. 신체 내부와 외부의 경계가 무너져, 내부의 몸이 외부로 노출된 프랑켄스타인의 괴물은 이런 점에서 언캐니를 불러일으킨다. 셸링의 말처럼 감추어지고 비밀로 남아있어야 하는 것이 외부로 노출되었기 때문이다.

이처럼 무너진 경계를 체현하는 괴물은 자연 질서에 위배되는 존재이기도 하다. 어머니의 몸에서 출생한 것이 아니라 남성 과학자에 의해 실험실에서 만들어진 괴물은 태생적으로 자연 질서를 위반한 괴물이 될 수밖에 없다. 그는 남성과 여성의 성의 경계를 위반했을 뿐만 아니라, 조물주로서의 신의 경계까지 무너뜨리고 탄생했기 때문이다. 따라서 괴물은 구분과 경계를 통해 유지되는 상징계가 허용할 수 없는 존재다. 이런 사실은 괴물을 만든 프랑켄스타인이 괴물에게 아무런 이름도 지어주지 않는다는 사실을 통해 짐작할 수 있다.

이름은 "상징계 안에 주체의 자리"(Fink 53)를 정해주는 지표다. 라캉이 말하는 "아버지의 이름"(name-of-the-father)은 아이의 욕망을 금지하고 억압함으로써, 아이를 상징계에 진입시키는 기제로서, 아버지가 가진 이름을 의미하기도 한다. 주체가 되기 위해선 "아버지의 이름"을 통해 상징계에 진입한 뒤, 이 "아버지의 이름"을 부여받아야 한다. 따라서 이름, 보다 정확히 "아버지의 이름"을 부여받지 못한다는 것은 상징계에선 존재하지 않는다는 의미며, 따라서 정체성이 없고, 주체도 될 수 없다는 의미가 된다. 이름은 이름을 준 사람과의 관계를 설정하는 것이고 주체는 이름을 준 (대)타자와의 관계를 통해 형성되기 때문이다.

프랑켄스타인의 괴물도 이름이 갖는 이러한 의미를 알고 있다. 따라서 빅터 프랑켄스타인의 막내 동생 윌리엄(William)이 괴물에게 자신의 "아버지의 이름"이 프랑켄스타인이라고 했을 때, 자신을 만든 프랑켄스타인으로부터 아무런 이름도 물려받지 못한 괴물은 엄청난 분노를 휩싸여 윌리엄을 살해했던 것이다.

아버지의 이름은 물려받지 못했지만, 괴물은 여전히 상징계/사회로 진입하여 자신의 정체성을 갖고 싶어 한다. 그 방법으로 그가 택한 것은 "신과 같은 과학"(Godlike Science)인 언어다. 인간이 언어를 통해 소통하고 언어를 통해 타인과 관계를 형성한다는 사실을 드레이시(De Lacey) 집 건너편에 위치한 허름한 오두막에 몰래 거주하면서 알게 되었기 때문이다. 괴물은 이 오두막에 난 작은 틈으로 드레이시 가족의 생활을 관찰하면서 인간 사회의 규율을 배우며 언어를 배워 이들과 교감할 수 있는 상징계로의 진입을 꿈꾼다. 하지만 괴물은 이들의 언어를 습득한 뒤, 앞을 못 보는 드레이시에게 우선 접근하여 자신의 존재를 알리는데 성공하지만, 그의 흉측한 모습으로 인해, 뒤이어 들어온 드레이시의 아들 펠릭스(Felix)와 아가사(Agatha)에 의해 내쫓긴다.

상징계, 즉 인간 사회를 구성하는 언어는 배웠지만, 그의 흉측한 모습 때문에 상징계라는 관계망에 진입하는데 실패하였던 것이다.

정체성이란 근본적으로 타자와의 관계를 통해 결정되기 때문에, 괴물은 상징계 진입에 실패한 뒤, 적어도 자신을 인지하고 인정할 수 있는 상대로서 여자 괴물을 원하게 된다. 여자 괴물과의 관계를 통해 적어도 자신의 정체성을 만들어 나갈 수 있을 거란 생각에서였다. 하지만 괴물의 요구에 따라 여자 괴물을 만들던 중, 프랑켄스타인은 자신이 만든 괴물들이 장래에 인간 사회를 위협할 수도 있을 거란 생각에 만들고 있던 여자 괴물을 "파괴"한다.

이에 괴물은 극도의 절망에 빠지며, 이에 대한 보복으로, 자신처럼 프랑켄스타인을 고립시키기 위해, 프랑켄스타인의 관계망을 형성하는 그의 가족과 친구를 살해하기 시작한다. 프랑켄스타인의 막냇동생을 살해했던 괴물은 뒤이어 프랑켄스타인의 절친한 친구 클러밸을 살해하고, 마지막에는 프랑켄스타인과 결혼한 엘리자베스도 살해한다. 이어서 극도의 슬픔에 빠져있던 프랑켄스타인의 아버지도 세상을 떠나는 바람에, 이제 홀로 남게 된 프랑켄스타인은 아무런 인간 관계망이 없는 괴물과 같은 처지에 놓이게 된다.

절대적 타자(Other)로서의 괴물

상징계, 즉 관계망 속에 진입하지 못하여 어떤 정체성도 가질 수 없는 괴물은, 괴물이라는 호칭이 암시하듯 모든 사람에게 배척받는 절대적 타자가 된다. 하지만 절대적 타자로서의 괴물, 괴물이 상징하는 타자(성)는 여러 측면에서 살펴볼 수 있다. 마르크시즘의 관점에서 이 작품을 보는 프랑코 모레티는 기거할 곳도 없어 숲이나, 버려진 남의 집 헛간에서 기숙하며, 먹을 것 하나 제대로 없어, 열매나 견과류 등을 먹고 살아갈 수밖에 없는 괴물을, 자본가에 의해 착취당하는 프롤레타리아 노동자 계급으로 보며, 기득권층인 자본가 계급이 이들에 대해 가진 혐오감을 절대적 타자로서의 괴물을 통해 표출하고 있다고 본다.

절대적 타자로서의 괴물은 또한 정치적 관점에서도 볼 수 있다. 당시 영국의 보수적인 시각에서 보자면 괴물은 사회체제를 위협하는 정치적 급진주의자들을 상징할 수도 있다. 1830년대에 급격하게 일어났던 민주주의로의 개혁, 혹은 노동자의 권리를 주장하는 움직임에 대해 당시 보수적인 언론매체들이 프랑켄스타인의 괴물이라고 칭했던 것은 바로 이런 맥락에서였다. 하지만 누구보다도 사회 개혁가로서 보수진영으로부터 괴물처럼 취급된 인물은 바로 매리 셸리의 부친 윌리엄 고드윈이다. 고드윈은 1798년 일어났던 프랑스 혁명 직후, 『정치적 정의』(*Political Justice*)를 써, 사유재산을 부정(否定)하고 생산물의 평등 분배에 입각한 정의실현을 주장하며, 사회란 궁극적으로 인간을 억압하기 때문에, 어떠한 형태의 통치기구도 없어야 한다는, 소위 말해 무정부주의의 소신을 폈다.

따라서 『프랑스 혁명에 관한 고찰』(*Reflections on the Revolution in France*, 1790)에서 프랑스 대혁명의 여파에 대한 우려를 표방하며, 프랑스인의 봉기를 괴물로 묘사하였던 에드먼드 버크(Edmund Burke)의 관점에서 볼 때, 고드윈은 분명 "괴물" 같은 존재였다. 하지만 버크 이외에도 여러 보수진영 인사들 역시 고드윈의 급진주의 사상에 대한 우려를 표했다. 당시 보수적 시각을 대변하였던 『반 자코뱅 리뷰』(*Anti-Jacobin Review*)는 고드윈의 사상을 괴물이 낳은 것으로 보았고, 영국의 비평가이자 소설가인 토마스 드 퀸시(Thomas de Quincey)도 고드윈을 프랑켄스타인에 의해 창조된 괴물과도 같다고 하였기 때문이다.

타자로서의 괴물은 인종적인 관점에서도 살펴볼 수 있다. 값싼 노동력을 확보하고자 아프리카에서 강제로 데려온 흑인 노예들은 당대 영국인에게는 상당히 낯설고 흉측하게 보였다. 따라서 이들 흑인 노예의 수가 점점 증가하자, 영국인들은 이들로부터 얻어낸 값싼 노동력은 생각지 않고, 이들의 수가 늘어나는 것을 두려워하기 시작했다. 괴물의 요청에 따라 프랑켄스타인이 만들던 여자 "괴물"을, 프랑켄스타인 자신이 거의 완성단계에서 파괴한 것은 이 때문이다. 프랑켄스타인은 괴물에게 여자 배우자가 생기면 결국 이들이 자손을 낳고, 그 자손들의 숫자가 점차 늘어, 인간 사회를 위협하게 될까 두려웠던 것이다.

이렇듯 프랑켄스타인의 괴물은 노동자 계급 같은 사회 약자로서, 혹은 외부에서 진입한 외부인으로서 타자의 상징이다. 괴물이 상징하는 타자가 누구로서의 타자인지는 이를 바라보는 시각마다 다를 수 있지만, 공포와 두려움의 대상으로서의 괴물은 분명한 타자다. 이런 점에서 (프랑켄스타인이 만든) 괴물은 당대 영국인들 더 나아가 모든 인간이 가진 두려움의 대상으로서의 타자를 상징하는 것이다.

또 다른 자아(Alter Ego)로서의 괴물

겉으로 보기에 프랑켄스타인과 괴물은 화합할 수 없는 서로 이질적인 존재처럼 보인다. 하지만 가장 혐오스럽고 이질적인 존재로, 사라지기를 바라는 괴물만큼 프랑켄스타인과 닮은 존재는 없다. 비평가 레오 브로디(Leo Braudy)의 말처럼 "모든 창조된 존재는 창조자의 또 다른 모습이 될 가능성을 또한 갖고 있기 때문이다"(Braudy 117).

알프스 산맥

우선 둘 간의 유사성은 자연의 아름다움과 숭엄함에 전율을 느낀다는 점이다. 프랑켄스타인은 막냇동생 윌리엄이 살해당했다는 편지를 받고는 절망감에 빠져, 집으로 향하던 도중 자연의 아름다움에 위안을 받는다. "나[프랑켄스타인]는 호수를 바라보았다. 물은 평온하였고 주변은 고요했다. 그리고 자연의 궁전인 눈 덮인 산은 변하지 않았다. 이 고요함과 천상의 모습이 점차 나의 기운을 찾아주었다"(76). 윌리엄의 살인자로 억울한 누명을 쓰고 저스틴이 교수형 당했을 때에도 프랑켄스타인은 너무나도 괴로운 나머지 슬픔을 잊기 위해 알프스 산으로 향한다. 자연이 자신의 고통을 덜어주고 정신적 치유를 할 수 있으리라는 생각에서였고, 실제로 프랑켄스타인은 숭엄한 자연에서 신의 모습을 느끼며 위로를 받는다. "거대한 산과 사방을 둘러싼 절벽, 바위 사이를 흐르는 강물 소리, 세차게 폭포가 내리는 소리는 전능한 강력한 존재에 대해 말하고 있었다. 나는 자연력을 창조하고 지배하는 강력한 존재보다 하위의 존재는 두려워하지 않을 것이며, 그런 존재에게는 더는 굴복하지도 않을 것이다"(97).

프랑켄스타인의 괴물도 태어나자마자 자연의 아름다움을 인지하기 시작한다. 처음으로 나무들 사이로 떠오른 달을 본 괴물은 이를 "일종의 경이로운 감정으로"(106) 응시하며, "작은 날개가 달린 동물의 목청에서 나오는... 기분 좋은 소리"(106), 즉 새소리를 듣고는 즐거워한다. 괴물은 더 나아가 프랑켄스타인처럼 자연 속에서 위안을 얻는다. 봄이

영국 시인 존 밀턴의 『실낙원』의 사탄

되어 기온이 올라, 피어나는 꽃과 푸른 잎을 보자, 괴물은 신이 창조한 삼라만상이 아름답다고 느끼며 자신의 "고독과 추한 모습"(142)을 잠시나마 잊고는 행복감에 젖어 들고, "심지어는 그러한 기쁨을 준 축복받은 태양을 향해 감사의 마음으로 내 축축한 눈을 들어 올린다"(142).

자연에 대한 사랑과는 대조적인 측면에서도 둘 간의 공통점을 찾아볼 수 있다. 이 둘은 극도의 고통스러운 상황에서 너무나도 비슷한 반응을 보이기 때문이다. 괴물이 자신의 절친한 친구 클러밸과 동생 윌리엄 그리고 아내 엘리자베스를 살해하자, 괴물에 대한 분노가 극에 달한 프랑켄스타인은 괴물에 대한 복수심으로 고통에 시달리며 자신의 상황을 "지옥"에 비유한다. "나는 악마의 저주를 받아, 내 안에 영원한 지옥을 갖고 다닌다"(207). 자신이 바로 지옥 그 자체이기 때문에 자신은 영원히 지옥으로부터 벗어날 수 없다고 하는 프랑켄스타인의 이 말은 17세기 영국 시인 존 밀턴(John Milton)의 『실낙원』(*Paradise Lost*)의 사탄이 지옥에 떨어진 뒤 하는 말과 유사하다. 그런데 흥미로운 사실은 『실낙원』을 통해 말을 배운 프랑켄스타인의 괴물도 인간들에게서 뿐만 아니라 자신을 만든 프랑켄스타인에게서 조차 배척당하자, 증오심에 불타, 자신의 상황을 이와 비슷하게 표현하였다는 점이다. "나는 대 악마처럼 내 안에 지옥을 품고 있다"(138). 괴물은 대악마 즉 사탄처럼 자신 안에 지옥이 있다고 말함으로써 자신은 영원히 지옥 같은 상황에서 벗어날 수 없음을 한탄하고 있는 것이다.

서로에 대한 증오심으로 이 둘은 서로 대척점에 있는 것 같지만, 사실상 괴물은 프랑켄스타인의 분신 같은 존재다. 작품 말미에 프랑켄스타인이 죽자, 괴물이 그의 죽음을 슬퍼하면서 자신도 프랑켄스타인을 따라 죽음의 세계로 가겠다고 한 것은, 자신의 존재를 가능케 했던 (괴물을 만들었다는 의미에서 뿐만 아니라, 그의 존재를 인지하는 유일한 존재로서의 의미이기도 하다), 자신의 또 다른 자아가 사라졌기 때문이다. 이런 점에서 프랑켄스타인과 괴물은 창조자로서의 아버지와 피조물로서의 아들의 관계를 넘어 도플갱어(doppelganger)의 관계인 것이다. 즉 프랑켄스타인이 싸우고자 하는 괴물은 바로 자신으로, 괴물은 프랑켄스타인의 또 다른 자아인 것이다.

사회적 증상으로서의 괴물

19세기는 과학이 급속도로 발전한 시기로, 특히 화학에 대한 관심이 고조된 시기였다. 당대 사회사상가로 이름을 떨친 매리의 부친 윌리엄 고드윈의 집에는 문학가, 철학자, 사회사상가, 과학자 등 사회 각계의 저명인사들이 많이 찾아왔는데, 그중에는 1808년에 산화칼슘과 산화수은의 전기분해를 통해 칼슘을 발견한 유명 화학자 험프리 데이비 경(Sir Humphrey Davy)도 있었다. 데이비 경의 방문을 계기로 화학에 많은 관심을 갖게 된 매리는, 데이비 경의 저서를 탐독하였고, 이 소설에 등장하는 화학 교수를 통해, 데이비 경의 저서에서 읽은 화학적 지식을 말하기까지 하였다.

이처럼 과학에 많은 관심을 가졌으면서도 매리는 과학의 부작용 혹은 문제점에 대해서도 생각했던 것 같다. 과학이 인간을 무지에서 벗어나게 해 자유와 선택권을 줄 수도 있지만, 해가 될 수도 있다는 생각을 매리는 가졌던 것이다. 매리의 이러한 생각은 프랑켄스타의 비극적 삶을 통해 제시된다.

프랑켄스타인은 어머니의 죽음을 목격한 뒤, 죽음과 생명의 경계를 무너뜨려 생명 창조의 위업을 달성함으로써 인류에 공헌하겠다는 생각을 품는다. 하지만 생명 창조에 대한 그의 열망으로 인해 모든 것을 비밀에 부치고 연구에 몰두하였던 그는 "동료와의 교감"(intercourse of my fellow-creatures 71)으로부터, 더 나아가 가족과 친구로부터 고립된다. 하지만 그가 더욱 고립되는 상황은 막상 생명 창조에 성공하여, "괴물"을 만들어 낸 다음에 벌어진다. 시신을 연결해 만든 "괴물"이 막상 생명을 얻어 눈을 뜨는 모습에 프랑켄스타인은 경악하고 달아나는데, 더 큰 문제는 괴물의 존재에 대해 그 누구에게도 말하지 못하며, 혼자서 이를 감당해야 하는 절대적 고립 상태에 빠졌기 때문이다. 인류에 공헌한다는 의도로 과학적 지식을 추구하였지만 결국 이로 인해 프랑켄스타인은 소중한 가족과 단절되었고, 더 나아가 앙심을 품은 괴물에 의해 가족 모두를 잃게 된 것이다.

프랑켄스타인과 괴물의 이야기를 독자들에게 전달하는 월튼(Walton) 선장 또한 프랑켄스타인과 같이 과학적 지식을 추구하는 이상주의자다. 자신의 누이에게 보내는 편지에서 밝히듯, "다른 사람들의 발자국이 없는 땅"(16) 즉, 남들이 가지 않은 미지의 세계에 대한 열망을 품고 있는 월튼은 북극으로 가는 최단 항로를 개척하고, 나침반의 바늘을 움직이는 신비로운 힘의 비밀을 밝혀, 인류에 공헌하고자 한다. 하지만 그의 이상은 프랑켄스타인의 경우와 마찬가지로, 다른 사람들을 위험에 빠뜨리는 결과를 낳는다. 북극으로 항해하던 그의 배가 얼음 속에 갇히고, 식량도 부족하게 되어, 선원들의 목숨이 위태롭게 되었던 것이다.

이때 북극에서 괴물을 쫒다가 월튼 선장의 배에 승선하게 된 프랑켄스타인은 월튼 선장의 과학적 지식의 추구가 위험할 수 있으며 자신과 동료들에게 재앙이 될 수 있음을 이렇게 말한다. "내[프랑켄스타인]가 일찍이 그랬던 것처럼 당신[월튼]도 지식과 지혜를 쫒고 있구려. 당신의 소망을 이루는 것이, 내 경우에서처럼, 당신을 무는 뱀이 되지 않기를 간절히 바라오"(31). 여기서 더 나아가 프랑켄스타인은 월튼에게 자신의 이야기에서 교훈을 얻을 것을 촉구하며, 과학적 지식의 추구가 결국은 고통으로 이어질 것이란 예언을 한다. "내 모든 추측과 희망은 아무것도 아닌 것이 되었소. 전능을 꿈꾸었던 대천사처럼 나는 영원한 지옥에 묶였소"(214).

결국 월튼은 프랑켄스타인의 설득으로 북극으로의 항해를 포기하고, 고항으로 배를 돌러, 위기에 처했던 동료 선원과 자신의 목숨을 구하는데, 바로 이것이 매리 셸리가 전하고 싶은 주요 메시지 중 하나다. 과학이 설령 인류를 위한 것일지라도 동료 혹은 가족을 위험에 빠지게 하거나, 그들로부터 고립되게 한다면, 과학적 지식의 추구는 재앙이라는 것이다.

과학적 지식의 추구가 불러오는 재앙과 더불어, 과학은 자연의 순리를 거스르고 생명에 대한 존엄성마저 무너뜨리는데, 이런 사실은 프랑켄스타인이 만든 괴물을 통해 제시된다. 19세기에 들어와 더욱 가속화된 과학은 자연을 정복의 대상이자 변화의 대상으로 간주하며, 자연 세계에 없는 것, 가령 새로운 기계와 같은 것을 만들어내는 것에 대해 자부심을 가졌다. 프랑켄스타인이 만든 괴물은 바로 당시의 과학과 기계문명에 대한 신봉, 그리고 과학에 대한 자부심의 결과물이었던 것이다. 이러한 사실로부터 우리는 프랑켄스타인이 자신이 만든 괴물에 대하여 갖는 태도를 유추해 볼 수 있다.

프랑켄스타인은 자신이 만든 것은 생명체가 아니라 생명체의 모습을 한 물질에 지나지 않는다고 생각하였던 것이다. 따라서 만들고 있던 여자 괴물을 없앨 때, 그는 마치 제작 중이던 기계를 해체하듯, "파괴한다"(destroy)란 용어를 사용하였고, 여자 괴물의 몸을 조각내어 바다에 뿌렸던 것이다. 생명체를 하나의 기계로 보는 이런 시각은 19세기 당시 널리 퍼지기 시작했던 생리학의 영향이 컸다고 브로디는 다음과 같이 설명한다. "인간 생리학에 대한 지식이 늘어남에 따라, 어느 점에서 보자면, 인간이 기계일 수 있다는 가능성이 좀 더 자세히 연구되고 있었다"(Braudy 123).

프랑켄스타인이 자신의 창조물, 즉 괴물에 갖는 이러한 태도는 당대 사회가 괴물이 대변하고 있는 타자를 어떻게 보고 있는지 보여준다. 타자는 생명을 가진 존엄한 존재가 아니라, 위협 시 언제든 제거되고, 사라져야 할 대상에 지나지 않는 것이다.

인용 문헌

Asma, Stephen. *On Monsters: An Unnatural History of Our Worst Fears*. New York: Oxford UP, 2009.

Braudy, Leo. *Haunted: On Ghosts, Witches, Vampires, Zombies and Other Monsters of the Natural and Supernatural Worlds*. New Haven and London: Yale University Press, 2016.

Fink, Bruce. *Lacanian Subject*. Princeton: Princeton University Press, 1995.

Mellor, Anne K. "Frankenstein, Radical Science, and the Yellow Peril." *Nineteenth-Century Context* 23(2001):1-28.

Montag, Warren. "The Workshop of Filthy Creation: A Marxist Reading of *Frankenstein*." *Frankenstein*. Ed. Smith, Johanna. Boston: St. Martin's, 1992.

Moretti, Franco. *Atlas of the European Novel 1800-1900*. Ed. Bowers, Fredson. New York: Harcourt Brace Javanovich, 1900.

Shelley, Mary. *Frankenstein*. Penguin Books, 1992.

Spooner, Catherine and McEvoy, Emma. Eds. *The Routledge Companion to Gothic*. London and New York: Routledge, 2007.

3장

세기말에 나타난 주체와 젠더의 경계 붕괴 및 정체성의 위기

세기말에 나타난 주체와 젠더의 경계 붕괴 및 정체성의 위기

빅토리아 시대 런던

흔히 빅토리아 시대(Victorian Age)의 시작으로 간주되는 1830년대 이후 영국은 산업혁명의 전성기를 맞아 경제적으로 가장 부강한 나라가 되었고, 19세기 중엽부터는 영국의 수도 런던이 세계에서 가장 번성하는 도시가 되었다. 또한 이 시기에 영국은 식민지 확장을 통해 세계 도처에 지배력을 늘려갔으며 영국 상선은 전 세계를 누볐다. 이처럼 영국이 대외적으로 팽창하며 경제적으로 번영을 이루자, 부를 쌓고 사회적으로 영향력을 행사할 수 있는 위치에 오르게 된 영국의 중산층들은 자신들의 위상을 더욱 공고히 하고자, 도덕적 결함이 없고, 남에게 존경받는 것을 최우선시하는 신사의 상을 만들어내고, 그것을 자신들의 정체성의 근간으로 내세운다.

이와 관련하여 19세기 영국인들은 인간의 본질과 인간의 정체성에 대해서 확고한 견해를 갖고 있었다. 인간의 정체성은 고정적이고 단일한 것이기 때문에, 사회적 기준, 가령 사회적 계급이나 교육 수준 혹은 직업 등등을 통해 나타낼 수 있다고 생각하였던 것이다. 하지만 19세기 후반에 들어와, 인간의 정체성이 과연 고정적이고 단일화된 것인지, 혹은 만물의 영장이라고 칭송되는 인간이 본질적으로 동물과 다른 것인지에 대한 논란과 더불어 전통적인 인간의 정체성/주체에 대한 회의가 일어난다.

역설적으로 이런 회의의 밑바탕에는 도덕성과 체면을 중시하는 소위 빅토리아니즘(Victorianism)이 있다. 영국 중산층들은 자신들의 계급과 정체성을 보다 공고히 하기 위해 엄격한 규칙과 규범을 내세우고, 이 규칙과 규범이 자신들의 정체성을 보장하고, 설명해 줄 것이라 믿었다. 그리고 규범에 어긋나는 것 혹은 규범이 금지한 것을 "억압"하고 배척함으로써 자신들의 평판과 사회적 위상을 유지할 수 있다고 생각하였다. 심지어 이들은 가장 사적인 공간인 부부생활에서도 순결과 "건전한" 성의 중요성을 강조하면서 부부간의 성행위 체위까지 정하고 이를 따르도록 종용하였던 것이다.

하지만 도덕과 체면을 무엇보다도 중시하며 사회 규범을 따를 것을 강조하였던 빅토리아 시대의 영국인들은 금욕과 정숙을 근간으로 하는 자신들이 세운 규범을 실제로는 따르지 못하였다. 이는 그 어느 시대보다도 빅토리아 시대에 매춘행위가 광범위하게 이루어졌고 수많은 매음굴이 생겨났다는 아이러니컬한 사실을 통해서도 입증된다. 빅토리아 시대에는 상류층을 상대로 하는 고급 클럽에서부터 중간계급의 매춘부들이 일하는 매음굴, 그리고 노동자 계층이 출입하는 싸구려 매음굴이나 술집, 심지어 소녀 매춘부들만 있는 특화된 매음굴에 이르기까지 여러 종류의 매음굴이 탄생했고, 여기서 수많은 매춘행위가 벌어졌던 것이다.

이런 매춘의 확산은 성병의 만연으로 이어졌고, 따라서 영국 정부는 성병의 만연을 막기 위해 1864년 첫 번째 전염병 법안(Contagious Disease Acts)을, 1866년에는 두 번째, 1869년에는 마지막 전염병 법안을 통과시킨다. 이 법안에 따라 집창촌에 있는 모든 여성들은 나라에서 실

윌키 콜린즈(1824-1899)

시하는 성병 검사를 의무적으로 받아야만 하였는데, 이는 당시 성병 문제가 국가 차원의 조처가 필요할 만큼 얼마나 심각하였는지를 보여주는 것이다.

빅토리아 시대의 영국인들은 자신들이 내세운 정숙과 순결함에 근간한 규범을 매춘행위뿐만 아니라 다른 형태로도 어기고 있었다. 매음굴을 찾지 않더라도 많은 빅토리아 시대 영국인들은 기독교에서 허용하지 않은 성 규범을 비일비재하게 어겼다. 한 예로 사회 저명인사들이나 유명 작가들이 자신들의 배우자 이외에 다른 여성들과 성적 접촉을 하는 일은 흔한 일이었다. 빅토리아 시대의 대표적인 소설가 찰스 디킨스(Charles Dickens)는 거의 20년 동안 공공연하게 애인을 두고 있었고, 디킨스와 가까운 동료 작가이자 당시 인기 소설가였던 윌키 콜린즈(Wilkie Collins)도 평생 결혼하지 않은 채, 여러 여성과 동거만 하였다. 하지만 이런 일은 공공연한 비밀로, 이를 통해 우리는 당시 신사인 척하는 계층이, 자신들이 내세운 규범 아래 세운 도덕적인 신사의 상이 허구라는 사실을 스스로 인식하고 있음을 알 수 있는 것이다.

빅토리아 시대의 영국인들은 인간의 원초적 본능과 욕망을 죄악시하며 이를 억압하고 타자화함으로써 자신들이 내세운 도덕적 기준을 지기려 히였다. 하지만 이는 그들을 스스로(자신들의 욕망으로)부터 소외시키는 결과를 낳았고, 결국엔 그들의 억압된 욕망이 은밀하면서도 공공연하게 드러났던 것이다. "억압"이란 용어가 함축하듯 억압된 것은 결국 회귀하기 마련이기 때문이다. 이러한 현상은 신사를 이상으

"집안의 천사"로서의 여성의 모습

로 삼는 빅토리아 시대의 중산층 남성들뿐만 아니라, 빅토리아 시대의 가부장적 사회하의 여성들에게도 나타난다.

빅토리아 시대의 이상적 여성상은 코번트리 패트모어(Coventry Patmore)가 1854년에 쓴 시에서 언급한 "집 안의 천사"(angel in the house)다. 남편에게 복종하고 가족에게 헌신적이며, 모성애 넘치는 여성의 대명사인 "집안의 천사"는 이상적 여성만이 아니라 "진정한 여성"(proper lady)을 가리키는 용어가 되었다. 즉 "진정한 여성" 혹은 "정상적인" 여성이라면 누구나 다 "가정의 천사"가 되어야 하며, 이 여성상에서 벗어나는 여성은 "비정상적인" 여성으로, 죄악시되었다.

빅토리아 시대의 이런 여성상은 다분히 남성 중심적 이데올로기의 산물이었지만 당시 여성들은 이를 여성성의 기준으로 삼아, 가정의 천사로서의 덕목에 위배되는 모든 것을 억압함으로써, 이 여성상에 자신을 맞추려 하였다. 하지만 억압된 것은 반드시 귀환하듯이, 억압을 전제로 한 이 여성상을 위반하고, 이에 반란을 꾀하는 여성들이 문학 작품에 등장하기 시작한다. 그것은 바로 1860년대에 영국에서 한창 유행하였던 소위 선정 소설(sensation novel)이다.

당시 가장 큰 인기를 누렸던 대표적인 선정 소설은 브래던(M. E Braddon)의 『레이디 오드리의 비밀』(*Lady Audley's Secret*)이다. 이 소설의 여주인공 루시 그래샴(Lucy Grasham) 혹은 레이디 오드리(lady Audley)는 가는 곳마다 모든 사람들에게 칭송받는 여성이다. 그녀는 오드리 코트(Audley Court)의 모든 소작인과 가난한 이웃에게 친절하고 관대할 뿐만 아니라, 남편 오드리 경의 아내로서, 대내외적으로 완벽한 아내의 역할을 수행하는 전형적인 "집안의 천사"다. 하지만 문제는 그녀가 본래 남편이 있음에도 불구하고 이를 감춘 채, 다시 결혼하는 이중혼을 저질렀으며, 이를 알게 된 본래의 남편 조지(George)와 그녀의 과거를 조사하는 오드리경의 조카 로버트(Robert)를 살해하려 하였다는 것이다. 결국 이러한 사실이 밝혀지는 바람에 그녀는 오드리 경으로부터 모든 권한을 물려받은 로버트에 의해 광인으로 몰려, 정신병원에 격리 감금되어 최후를 맡는다.

결말은 루시의 비극으로 끝이 났지만, 작가 브래던은 루시를 단순히 악녀로 그리지 않았다. 원래의 남편이 말도 없이 떠나 아무런 연락도 주지 않은 상태에서, 루시가 살기 위해 이중혼을 선택할 수밖에 없었다는 점을 보여주며, "집안의 천사"는 여성의 실제 모습이 아니라, 여성들을 억압하고 통제하기 위한 방편이라는 사실을 작가는 암시하고 있기 때문이다. 이러한 사실은 루시가 저지른 이중혼과 신분 위장, 더 나아가 살인 시도는 실제로 당시 종종 나왔던 신문기사 내용이었으며, 당시 법정에서도 이와 유사한 사건을 많이 다루었다는 점에서도 입증된다. 많은

19세기 유럽에서는 양 다리를 벌리고 자전거를 타는 것 자체가 여성적이지 못하다고 간주되어, 자전거를 타는 것이 신여성의 상징으로 그려졌다

빅토리아 시대의 여성들이 남성들이 부여한 이 이상적 여성상에 대해 억압을 느끼며 내심 반발하고 있었다는 것은 브래던의 이 소설이 많은 중산층 여성들의 폭발적인 호응을 얻어 베스트셀러가 되었다는 사실에서 직접적으로 엿볼 수 있다. 가부장적 여성상에 대한 잠재적 거부감은 1870년대에 서서히 사회적으로 대두되기 시작하였던 소위 "신여성"(new woman)의 출현을 통해서 보다 구체화되며 표면으로 드러난다.

신여성은 빅토리아 시대의 이상적 여성상인 "집안의 천사"의 일종의 반명제다. 신여성들은 가정 안에 머물며 남편에 종속되는 것을 미덕으로 여기는 "집안의 천사"로서의 여성상을 거부하고, 자전거도 타고, 담배도 피우며, 고등교육을 받고 전문직을 추구하는, 사회적으로도 왕성한 활동을 하고자 하는 여성들이다. 또한 이들은 자유로운 성 교제를 옹호하며, 남성으로부터 분리된 자신만의 독립적인 정체성을 주장하면서, 여성에게 부여된 사회적 제약을 거부하였다. 이로 인해 당시 가부장적 사고를 가진 보수주의자들은 신여성들을 반도덕적, 반종교적이라고 비난하였고, 심지어 사회에 위협적인 존재로 간주하였다. 당시 여성성의 기준이 되는 "집안의 천사"의 관점에서 볼 때, 신여성들은 젠더의 경계를 넘어 남성의 영역을 침범한 "비정상적인" 따라서 "괴물"과 같은 존재였던 것이다.

19세기에는 남성만이 바지를 입을 수 있다고 생각하였기 때문에 바지를 입은 여성은 여성적이지 못한 신여성으로 간주되었다.

젠더의 경계를 넘은 것은 신여성뿐만

이 아니었다. 남성 간의 동성애도 남성에 대한 전통적 개념을, 혹은 빅토리아 시대가 내세운 남성성을 위반하는 것이었다. 빅토리아 시대 초기에 동성애 문제는 처음에는 도덕적으로만 비난받았다. 하지만 동성애가 점차 사회 문제가 되자, 동성애는 1895년에 형법 수정안 통과와 함께 법적 처벌의 대상이 되었다. 남성 동성애자로서 그 첫 번째 처벌 대상이 된 사람은 당대를 풍미하였던 작가 오스카 와일드(Oscar Wilde)였다. 그는 젊은 남자와 동성애 관계를 맺었다는 이유로 유죄 판결을 받고 수감생활을 하게 되었던 것이다. 하지만 동성애자는 단순히 범죄자로서만 취급받은 것은 아니었다. 당시 영국인들은 남성과 여성의 경계를 허문 동성애자를 "비정상적인 성"을 가진 사람, 사회로부터 격리되어야 할 "변태" 혹은 정신이상자로 보았던 것이다.

이러한 "비정상적인 성", 남성과 여성의 경계의 무너뜨린 신여성과 동성애자들에 대한 거부감과 반발로, 빅토리아 시대의 많은 과학 담론은 "규범의 안정성을 확고히 하고, 이질적인 것이 무엇인지 정하고, 이것과 거리를 두기 위해, 인간 본성 안에 있는 퇴폐적이고 범죄적인 것, 비정상적인 것을 규정하고 이를 범주화하기 위한 도구"(*Cambridge Companion*)를 마련하기 위해 각 분야에서 분류체계를 만들기 시작하였다. 즉 이들은 "인종과 자연 세계, 인간 성욕의 유형, 여러 등급의 비정상과 기타 병상(病狀)을 구분하고 이에 등급을 매기기 위한 시도"(Hurley 26)를 하였던 것이다.

하지만 과학 분야의 이런 시도는 오히려 범주화라는 것이 얼마나 인위적인가를 드러내 보여주었다. "남성과 여성, 남성성과 여성성에 대한 엄격한 이분법적 이해에 근거한 인간의 정체성"(Hurley 9)을 연구하고자 하였던 성과학은 남성과 여성이라는 두 가지 범주에 속하지 않는 제3의 성이 있다는 사실을 알게 되었고, 이에 따라 무엇을 "정상적인" 성이라 할 수 있을지의 문제와 이분화 된 성의 범주화에 문제점이 있음을 알게 되었다. 즉 이원론적 분류체계는 정상과 비정상을 구분해야 하는 본래의 역할을 더 이상 할 수 없게 되었던 것이다.

19세기 중반 이후부터 서서히 시작되는 사회 규범의 붕괴와 이에 근거한 성 정체성의 붕괴, 더 나아가 정상과 비정상의 기준에 대한 모호함은 인간 정체성에 대한 기존의 인식에 변화를 가져온다. 여기에 더해 인간 정체성에 대한 재고를 촉구하게 된 또 다른 과학 분야가 있었는데, 그것은 인간의 의식과 인간 존재 자체에 대한 새로운 패러다임을 가져온 신경병학, 심리학과 다위니즘(Darwinism)이다.

19세기 중반부터 시작하여 19세기 말에 많은 주목을 받게 된 심리학은 인간의 의식이 단일한 것이 아니라, 이중적 더 나아가 다중적이라는 사실에 주목한다. 19세기 영국의 정신과 의사 제임즈 프리차드(James Prichard)는 지적으로 정상적인 사람도 도덕적으로는 비정상일 수 있다는 가설을 세우며, 도덕적 비정상은 "자연스러운 감정, 애정, 성향, 기질, 습성, 도덕적 성향, 자연적 충동 등이, 지적 결함이란 특별한 이상 징후 없이 병적으로 도착"(Rosner 28)한 결과로, 이 도덕적 비정상의 증상은 평상시에는 정상이지만 별 이유 없이, 별다른 외부 자극 없이, 갑자기 반사회적 행동을 저지를 때 나타난다고 주장하였다. 즉 그의 도덕적 비정상 이론은 인간에겐 논리적으로 설명할 수 없는 이중적인 면이 있기 때문에 인간의 주체는 불안정할 수밖에 없음을 시사하는 것이다.

인간에겐 의식하는 자아와 의식하지 못하는 자아가 있다고 주장하는 정신분석 이론 또한 인간 주체에 대한 기존의 개념을 흔들었다. 현대 신경병학의 창시자로 신경병학과 심리학에 많은 영향을 끼친 프랑스의 샤르코(Jean Martin Charcot)와 그의 제자이자 동료인 피에르 자네(Pierre Janet)는 히스테리에 접근할 수 있는 방법으로 최면을 이용하였는데, 이들은 최면을 통해 인간에게는 의식 이외의 또 다른 의식, 즉 잠재의식 또는 무의식이 있다는 사실을 밝혀내어, 주체가 단일한 것이 아니라 이중적임을 밝혀내었다.

좌뇌 우뇌 이론가들도 인간의 자아가 근원적으로 이중적이라는 주장을 편다. 오스트리아 해부학자인 프란츠 요제프 갈(Franz Joseph Gall)은 인간의 인지 능력과 행동이 뇌의 특정 부위에 국한된다는 국재성(localization) 이론을 주장하며, 두개골의 돌출부를 검사하면, 그 사람의 성격, 지적 능력 등을 알아낼 수 있다는 소위 골상학을 창시하였다. 그의 이 이론은 후에 영국의 빅토리아(Victoria) 여왕의 주치의이기도 하였던 홀란드(Sir Henry Holland)에 의해 영국에 도입되었고, 후에 이 두 개의 두 뇌 이론은 두 개의 인격 이론으로 발전된다.

두 개의 두 뇌 이론에 근거한 두 개의 인격 이론에 따르면 좌뇌는 논리와 언어적 능력을, 우뇌는 감성적, 본능적, 무의식적 영역을 담당한다고 한다. 이런 가설하에 홀란드는 한 인간에게는 두 개의 인격이 공존한다고 보았고, 두 뇌가 서로 균형이 맞지 않을 경우, 정신 이상이 발생한다고 주장하였다. 예를 들어 "이중 (혹은 다중) 인격 장애는... 이성적 행동을 관장하는 좌뇌를 압도할 정도로 우뇌가 지나치게 커진 결과"(Stiles 886)라는 것이다. 즉 두 뇌 이론은 근본적으로 인간은 이중인격일 수밖에 없으며, 따라서 주체란 고정적이고 단일한 것이 아님을 기본 명제로 삼고 있는 것이다.

인간의 기원을 연구한 다위니즘은 인간의 정체성이 단일한 가에 대한 의문을 더욱 강하게 제시한다. 인간의 기원을 동물에서 찾은 다위니즘은 인간과 문명을 진화의 산물로 보고 있는데, 이는 역으로 만물의 영장으로서의 인간의 우월성은 근원적인 것이 아님을 시사한다. 즉

「미터 스퀘어(Mitre Square)에서 발견된 훼손된 시체」-1888년 10월 『삽화가 있는 경찰 신문』(*The Illustrated Police News*)에 실린 잭 더 리퍼 관련 기사의 삽화

인간과 동물의 차이는 단지 진화에 의해 결정된 것이기 때문에, 인간과 동물의 경계는 절대적이 아니며, 따라서 "단일하고 확고한 경계를 갖는 인간의 주체성"(Hurley 3)은 사실상 불가능하다는 것이다.

진화론을 주장한 다위니즘은 역으로 인간이 퇴화(devolution)할 가능성도 있음을 시사한다. 인간이 동물에서 진화하였다면 다시 동물로 되돌아갈 수 있을 거란 생각에서였다. 이러한 견해는 19세기 말 영국에서 목격된 여러 부정적인 상황을 통해 힘을 얻게 된다. 1888년 영국의 이스트 엔드(East End)에서는 잭 더 리퍼(Jack the Ripper)라는 별칭을 얻은 살인마에 의한 연쇄살인과 이를 모방한 흉악 범죄가 일어났으며, 산업화의 여파에 따라 수많은 슬럼가가 형성되었고, 매춘과 동성애가 광범위하게 퍼지기 시작하였다. 이런 일련의 "사회악" 혹은 "일탈"을 목격한 당시 빅토리아 사람들은 문명사회가 원시 상태로 퇴보하고 있는 것은 아닌가 하는 두려움에 휩싸이게 되는데, 이런 생각에 힘을 실어준 것은 당시 유행하기 시작한 범죄 인류학이었다.

범죄 인류학은 "'타고난 범죄자'로서 알려진, 정상에서 벗어난 개인

「화이트홀 미스터리(The Whitehall Mystery)-노만 쇼(The Norman Shaw)빌딩 지하에서 발견된 여성 상반신」-1888년 10월 『삽화가 있는 경찰 신문』(*The Illustrated Police News*)에 실린 잭 더 리퍼 관련 기사의 삽화

들을, 격세(隔世)유전에 의한 형질을 가진 개체들(atavist), 즉, 원시인들과 같은 행동을 하고 원시인들의 골상상의 특징을 가진 종으로서 격세 유전한 개체"(Hogle 196)들로 본다. 즉 범죄 인류학은 과거의 인간은 폭력적이고, 자신의 사악한 본능을 억제하지 못한다고 보았기 때문에, 과거의 인간, 즉 야만인은 현시점에서는 범죄자와 같다고 보았던 것이다. 이탈리아의 정신의학자이자 범죄 인류학의 창시자인 롬브로소(Cesare Lombroso)의 관점에서 본다면, 범죄자는 원시시대에 태어났더라면 정상인이었겠지만, 너무 늦게 태어나, 현시대와 맞지 않는 존재, 즉 과거 인간으로 회귀한 "격세 유전한 존재", 즉 시대착오적 존재다. 따라서 범죄 인류학의 관점에서 범죄자는 원시적 인간으로의 귀환의 결과이며, 달갑지 않은 조상의 유산을 상속한 결과물인 것이다.

이처럼 범죄 인류학은 폭력적이거나 본능적인 것을 현대 문명이나 현대 인간에게 내재한 속성으로 보지 않고, 원시 사회나 원시적 인간만이 가진 과거의 유물로 보았다. 하지만 이런 과거의 특질이 현대 문명사회에서도 나타날 수 있다는 점은 그것이 현대 사회에 내재해 있으며, 최소한 "초창기 발전 단계에 속하던 현상들이 진전된 문화 내에서도 지속될 수 있다"(Mighall 139)는 사실을 나타내는 것이다.

사회적, 문화적 쇠퇴에 대한 두려움의 근거로 작동하는 진화론과 범죄 인류학은 인간과 동물의 경계, 더 나아가 인간의 정체성/주체가 확고하지 않을 수 있다는 두려움을 낳으며, 고정적이고 단일한 인간 정체성에 대한 전통적 믿음의 붕괴를 야기한다. 많은 세기말 문학이 "인간의 본질에 대한 문제"(Punter 1)를 제기하고 있는 이유도 여기에 있다. 세기 말 사람들은 문명인 안에 퇴화된 과거의 인간이, 보다 정확히 말하자면, 억압된 자아가, 프로이트가 말하는 억압된 본능처럼, 혹은 라캉의 실재처럼, 늘 본래의 자리로 회귀한다는 사실을 알고 있었던 것이다. 회귀할 때의 모습이 문명과 문명을 유지하는 경계를 무너뜨리는 범죄자, 비정상인, 혹은 괴물로서라도 말이다.

인용 문헌

Hogle, Jerrold. Ed. *The Cambridge Companion to Gothic Fiction*. Cambridge: Cambridge University Press, 2002.

Hurley, Kelly. *The Gothic Body: Sexuality, Materialism, and Degeneration at the fin de siecle*. Cambridge: Cambridge UP, 1996.

Mighall, Robert. *A Geography of Victorian Gothic Fiction: Mapping History's Nightmares*. Oxford: Oxford University Press, 1999.

Punter, David. *Literature of Terror. Vol. 2.* London and New York: Longman, 1996.

Rosner, Mary. "'A total Subversion of Character': Dr. Jekyll's Moral Insanity." *Victorian Newsletter* 93(1998):27-31.

Stiles, Anne Stiles. "Robert Louis Stevenson's *Jekyll and Hyde* and the Double Brain." *SEL* 46.4 (2006): 879-900.

4장

『지킬 박사와 하이드 씨의 기이한 사례』에 나타난 실재/아브젝트(Abject)의 귀환과 아브휴먼으로서의 전통적 정체성의 해체

로버트 루이스 스티븐슨(Robert Louis Stevenson, 1850-1894)

『지킬 박사와 하이드 씨의 기이한 사례』에 나타난 실재/아브젝트(Abject)의 귀환과 아브휴먼으로서의 전통적 정체성의 해체

인간 정신에 대한 탐구 소설[4]

1886년 1월에 출판된 스티븐슨(Robert Stevenson)의 『지킬 박사와 하이드 씨의 기이한 사례』(*The Strange Case of Dr Jekyll and Mr Hyde*)는 당시 35세의 작가에게 엄청난 상업적 성공을 가져다주었다. 작품이 출판된 그해 9월에 3만 9천권이 팔렸고, 19세기 끝 무렵에는 250만권이나 팔렸기 때문이다. 하지만 작품에 대한 당시 비평가들의 평가는 상반된 것이었다. 철도역에서나 팔릴 싸구려 선정적 소설로 보는 시각도 있었지만, 1886년 1월 말 『더 타임즈』(*The Times*)의 리뷰처럼 "폭발적인 영감을 받아 단숨에 써 내려간, 직관적인 심리 연구의 섬광"이 느껴진다며 이 작품을 "아주 정교한 사색의 결과물"(Flayling 119 재인용)이라고 극찬한 평도 있었다.

작품의 평가에 대한 반응은 이처럼 달랐지만, 작품이 다루는 주제에 관해선 대체로 일치된 견해를 보였다. 작품의 원고를 처음으로 읽어본 비평가 앤드류 랑(Andrew Lang)은 "더블"이라는 관점에서 작품을 분석하며 지킬(Jekyll)과 하이드(Hyde)를 인격의 이중성을 나타내는 매개

4) 이 장은 2019년 성균관 대학 『인문과학』 72집에 발표한 「『지킬 박사와 하이드 씨의 기이한 사례』에 나타난 이중적 소외, 억압된(소외된) 욕망(실재)의 귀환과 분열된 주체」에서 부분적으로 발췌 수정하고 여기에 새로운 내용을 첨가하여 작성하였다.

지킬과 하이드

물로 보았다. 그 뒤 많은 사람들이 인격의 이중성을 말할 때 "지킬과 하이드"란 표현을 사용하게 된 것처럼, 이는 이 작품을 바라보는 전형적인 시각이었다. 이런 시각의 연장으로 비평가들은 이 작품을 선과 악의 투쟁을 다룸으로써 윤리의식을 고취하는 텍스트로도 간주하였다. 이러한 사실은 많은 목사와 성직자들이 자신들의 설교에 이 작품을 언급하였다는 점에서도 드러나는데, 바로 이런 계기로 이 작품은 일반 대중에게 더욱 알려지게 된다.

이 작품을 인간의 이중성과 인간에 내재한 선악의 투쟁으로 보는 관점은 법적 관점이나 의학적 관점에서 이 작품을 분석하는 것과 그 궤를 같이한다. 작품의 주인공 지킬과 그의 동료 래넌(Lanyon) 박사는 의사이고, 주요 화자로서 이 "사례"를 기록한 어터슨(Utterson)이 변호사란 사실은 법적, 의학적 시각에서 이 사건을 볼 수도 있음을 시사하기 때문이다. "사례"(case)란 말은 "환자", 혹은 환자가 앓는 "병"을 지칭할 수도, 법정 "사건"을 의미할 수 있기 때문이다. 즉 이 소설은 어느 범죄 사건에 대한 기록이자 정신 이상을 겪고 있는 어느 환자의 "사례연구"(case study)로도 볼 수 있는 것이다.

래넌 박사가 하이드를 만난 장소가 그의 상담실에서였다는 사실, 그리고 하이드를 만났을 당시를 기록한 그의 글이 마치 사례연구서와 같은 어조로 쓰였다는 사실, 게다가 지킬이 자신으로부터 하이드를 분리하는 실험과 그 과정을 자세히 묘사한 기록으로 작품이 끝난다는 사실은, 이 작품을 "지킬의 심리학적 사례연구"(Scholar 42)로 볼 수 있는 근거가 되는 것이다.

이 작품을 법적 "사건"으로 볼 수 있는 근거 또한 작품에서 찾아볼 수 있다. 회고록, 편지, 증언, 신문기사 투의 보고서로 구성된 이 소설은 마치 어떤 사실을 입증하기 위해 작성된 일종의 진술서처럼 보인다. 특히 소설에 나오는 증언이 래넌 박사와 지킬 박사의 회고록으로 구성되었다는 점, 그리고 이 모든 것을 취합하여 알린 사람이 어터슨이란 변호사란 사실은 이 작품에서 다룬 내용을 법적 관점에서 볼 수 있음을 시사한다. 따라서 의학적 사례와 법적 사례로 작품에 접근한다면, 하이드와 지킬의 관계는 협박자/범죄자와 피해자의 관계로, 하이드로 변해 기이한 행동을 하는 지킬은 병에 걸린 환자로 볼 수 있는 것이다.

하지만 과학자이자 의사인 지킬과 래넌이 이 "사례"를 해결하지 못하였으며, 어터슨도 법적으로 이 사건을 규명하지 못했다는 점에서, 이 사건은 영원한 미궁 속에 남게 된다. 이는 지킬의 이야기가 단순히 하나의 의학적 사례(case)나 법적 사건이 아니기 때문이다. 소설의 제목이 이 소설을 하나의 범죄 사례나 정신병의 한 사례로 보도록 유도하고 있는 것 같지만, 실제로 작품이 다루고 있는 문제는, 특정 개인의 문제가 아니라, 모든 인간의 문제, 즉 인간 주체란 왜 근원적으로 분열될 수밖에 없는가에 대한 문제와 주체를 분열하게 만든 사회적 억압의 문제인 것이다.

상징계와 빅도리아 시대

작품의 주요 등장인물은 세 사람(하이드를 포함시키면 네 사람)이다. 이중 우선하여 거론해야 할 인물은 지킬 박사다. 그는 영국 빅토리아 시대의 신사 계급을 대변하는 인물로, 당시 사회의 주요 직책을 다 갖고 있다. 그는 "의학박사, 민법학 박사, 법학 박사, 왕립학회 회원"[5]으로서 이성과 과학을 대표하는 엘리트 계급이다. 지킬 박사와 같은 학교 출신이자 동료인 래넌 박사도 당시 사회의 규범과 질서를 옹호하는 인물이고, 이 두 사람과 같은 대학 출신이자, 주요 화자인 어터슨은 변호사란 그의 직업이 말해주고 있듯이, 법과 질서를 옹호하는, 라캉의 용어로 설명하자면, 상징계를 지지하고, 상징계를 대변하는 전형적인 영국 신사 계급이다.

이 "사례"의 전모를 알려주는 중심인물이기도 한 어터슨은 잘 웃지 않고, "말할 때 있어 차갑고 말수가 적으며, 당혹스러워하고, 감정 표현에 주저하는"(5) 인물이다. 그는 자신의 감정이나 의사 표현을 잘 하지 않을뿐더러 남의 사생활 또한 존중하여, 그 내막을 알려하거나 보려 하지 않는다. 따라서 작품 내내 그는 지킬의 문제점과 그의 이해할 수 없는 태도와 행동을 보면서도, 이를 언급하거나 타인에게 말하려 하지 않는다. 타인의 명성에 흠이 될 수 있는 것은 절대 말하지 않는 것이 빅토리아 시대의 신사로서 그의 신조이기 때문이다. 따라서 하이드가 살해 도구로 사용한 지팡이가 자신이 지킬에게 선물한 것이란 사실을 알게 되었을 때도, 그는 이 사실을 자신과 동행한 경찰에게 말하지 않았고, 하이드와 지킬 사이에 모종의 관계가 있다는 사실을 알게 되었을 때도, 이를 자신의 가까운 친척이자 친구인 엔필드(Enfield)에게도 말하지 않으려 하였던 것이다.

남의 사생활을 중시하고 남에게 피해를 줄 가능성이 있는 말은 철

---

5) Louis Stevenson, *The Strange Case of Dr Jekyll and Mr Hyde and Other Tales of Terror* (Penguin Books, 2002). p. 11. 앞으로 이 책에 대한 인용은 괄호 안에 쪽수만 명기하겠음.

저히 하지 않으려는 어터슨의 이런 성격은 자기 집 창가에 앉아있던 지킬의 모습이 갑자기 변하는 것을 목격하고는, 이 사실을 다른 사람에게는 비밀에 부칠 것을 암묵적인 신호를 통해 엔필드에게 제시하는 장면에서도 엿보인다. "어터슨은 마침내 고개를 돌려 자신의 동료[엔필드]를 바라보았다. 그들 둘 다 창백해졌다. 그들의 눈에는 똑같은 공포가 서려 있었다. 하지만 엔필드는 단지 매우 심각하게 고개를 끄덕이고 아무 말 없이 다시 걸었다"(36).

어터슨은 빅토리아 시대가 이상으로 삼았던 신사의 덕목, 즉 존경받을 만한 품행을 실천하려는 인물이다. 그가 남의 사생활을 존중하고, 사적인 비밀을 캐묻지 않으려는 것도 신사가 지켜야 할 도리라고 생각하였기 때문이다. 이는 엔필드의 경우도 마찬가지다. 처음 하이드를 만난 엔필드는 하이드가 밟고 지나간 아이에 대한 보상금으로, 지킬이 서명한 수표를 가지고와, 하이드와 지킬 사이에 모종의 관계가 있다는 사실을 짐작할 수 있었지만, 가까운 사이인 어터슨에게도 "이것을 다시는 언급하지 않기로 합시다"(10)라는 말로 더 이상 거론하지 말자는 제안을 할 정도로 남의 사생활을 존중하는 인물이다.

사생활을 존중해 주는 빅토리아 시대의 전형적인 신사 어터슨은 자기 자신에 대해서도 무척 엄격하다. 그는 와인을 좋아하지만 와인을 탐닉하는 것을 죄악시하여 혼자 있을 땐, 늘 진(gin)을 마시고, 연극 보는 것을 좋아하지만 20년 동안 극장에 가지 않는다. 이처럼 자신의 욕망을 억누르며 자신을 철저히 통제하는 어터슨은 빅토리아 시대의 이상적인 신사이 상을 지키려는, 전형적인 상징계적 인물인 것이다.

상징계의 경계의 붕괴

상징계적 인물인 지킬과 어터슨이 거주하는 런던은 문명화된 도시로서 전형적인 라캉적 상징계다. 문명/상징계는 위험한 본능/실재를 억압하거나 배척함으로써 존립하기 때문에, 런던이란 문명/상징계에는 본능/실재가 들어설 자리가 없다. 하지만 라캉의 말처럼 실재는 늘 상징계 내에 "결핍" 혹은 "균열"의 상태로 존재하기 때문에, 런던이란 문명/상징계에도 균열은 존재하기 마련이다. 스티븐슨은 상징계의 균열을 문명화된 런던 한가운데 있는 소호(Soho)라는 지역을 통해 상징적으로 제시한다.

어터슨은 커루(Carew) 경의 살해범으로 지목된 하이드의 거처가 있는 소호를 경찰과 함께 찾아가는데, 이때 그가 본 소호의 모습은 다음과 같다.

> 당시는 아침 아홉시 경이었다... 커다란 초콜릿 색깔의 관 덮개가 하늘을 덮었다... 어터슨은 놀라운 정도로 여러 색깔의 황혼을 보았다. 왜냐면 이곳은 저녁 끝자락처럼 어두웠기 때문이다... 진흙투성이의 길과 단정히 않은 차림의 통행자들, 한스러운 어둠의 재 침범에 대항하기 위해, 끄지 않았거나, 다시 켠 램프가 있는 소호의 이 황량한 지역은 변호사가 보기엔 악몽에 나오는 어떤 도시처럼 보였다. (23)

19세기 영국의 소호 거리

19세기 영국의 소호 거리

여기서 묘사된 소호는 19세기 최고의 문명국가로서의 영국 혹은 문명도시로서의 런던에 대해 기대하던 것과는 정반대의 모습이다. 이곳에서는 아침이 밤처럼 어둡고, 죽음의 상징인 관 덮개가 하늘을 덮었으며, 진흙투성이의 지저분한 길과 남루한 통행자들이 돌아다닌다. 밝은 문명사회의 대표 격인 런던 중심부에 이런 음침하고 죽음의 분위기를 풍기는 장소가 있다는 것은 런던이 상징하는 상징계 내의 균열로서 소호가 자리하고 있는 것을 보여준다. 이러한 사실은 어터슨이 하이드의 거처에 도착했을 때, 보다 극명하게 드러난다.

> 적혀있는 주소지에 마차가 멈추었을 때 안개가 약간 걷혔다. 그러자 더러운 거리와 싸구려 술집, 싸구려 프랑스 식당과 탐정소설의 1회작을 파는 책가게, 문간에 몰려있는 누더기 옷을 입은 많은 아이들, 아침술을 마시기 위해 손에 열쇠를 들고 나온, 여러 나라에서 온 여자들이 보였다... 여기가 바로 헨리 지킬이 총애하는 사람의 집이었다. (23)

싸구려 술집과 음식점, 누더기 옷을 입은 아이들이 몰려있고 아침부터 술을 마시러 나온 여자들이 있는, 빈곤에 찌들고 퇴폐적인 분위기가 감도는 소호가 법과 질서로 유지되는 런던이라는 상징계 안에 결핍/균열이 있음을 보여주고 있는 것이다. 즉 가장 문명화된 런던이란 도시 자체에 원시적 악이 자리하고 있음을, 19세기 중반 당시 매춘 지역으로 널리 알려진 소호[6]를 통해 작가는 이야기하고 있는 것이다. 이런 의미에서 하이드가 거주하고 있는 런던 안의 소호는, 구체적으로 말하자면, "존경받을 만한 런던에 대한 소호의 관계는, 지킬 안에 있는 하이드의 지형학적 복제인 것이다"(Mighall 151). 즉 문명화된 런던 안에 퇴폐적이고 무질서한 소호가 있듯이, 상징계적 인물인 지킬 안에 난폭하고 통제할 수 없는 하이드가 있는 것이다.

주체에 내재한 균열

런던이라는 상징계가 이처럼 분열되어 있는 것처럼 작품의 주인공이자 상징계를 대변하는 지킬도 분열되어 있다. 그는 "현자와 선한 사람들의 존경"(55)을 받기 좋아해, 자선 사업과 선행을 많이 하며, 신앙심도 매우 깊은, "예의범절의 극치"(9)다. 이런 점에서 지킬은 존경받을 만한 미덕을 갖추는 것을 최고의 덕목으로 삼았던 빅토리아 시대의 신사상을 실천하고 있는 전형적인 상징계적 인물이다. 하지만 그가 베푸는 선행은 마음에서 우러났다기보다는 "소위 좋은 일이라는 것을 하는 사람 중의 하나"(9)가 되기 위한 것이다.

주체의 분열: 지킬과 하이드의 공존

6) 에크로이드(Ackroyd)는 소호가 19세기 중반에 매춘을 하는 남녀들이 많은 지역이었다고 설명하고 있다. "이 지역의 여자 남자 매춘부들은 19세기 중반에 잘 알려져 있었다"(the female, and male, prostitutes of the area were well known by the middle of the nineteenth century 527).

이런 지킬에게도 이와 상반되는 욕망이 있다. 어터슨의 말처럼 젊은 시절 "거칠었던"(17) 지킬은 "가만히 있지 못할 정도로 환락적인 기질"(55)을 갖고 있어서, 젊은 시절 "일탈의 행위"(55)를 하였다고 한다. 하지만 "평판과 체면에 대해 신경질적으로 강박관념"(Fernandez 363)을 갖고 있던 지킬은, 젊은 시절에 저질렀던 "일탈의 행위"를 "거의 병적인 수치스러움"(55)으로 바라보며, 자유분방한 삶에 대한 자신의 욕망을 "억압"하려 한다.

하지만 억압된 욕망은 늘 귀환하듯이 젊은 시절 그를 일탈로 이끌었던 욕망은 다시 찾아와 그를 유혹한다. 이에 지킬은 자신의 평판을 지키면서도 동시에 자신에게 내재된 욕망을 충족시킬 방법으로 자신으로부터 하이드를 추출하여 그에게 자신이 아닌 다른 인격을 부여한다. 자신이자 자신과는 다른 하이드를 통해 지킬은 자신의 욕망을 실현하면서 동시에 지킬로서의 자신의 상징계/사회 내에서의 위치를 확보하고 싶었던 것이다.

지킬이 자신의 욕망을 실현하기 위해 한 이런 시도에는 외형이, 즉 타자에게 보이는 모습이 인간의 정체성을 대변한다는 믿음이 자리하고 있기 때문이다. 즉 타자가 보는 자신의 모습, 즉 거울에 비친 자신의 모습이 자신의 정체성을 대변한다고 생각하였기 때문에 지킬은 자신의 본질이 무엇이든 간에 지킬로서의 외형만 유지한다면 아무 문제없다고 생각하였던 것이다. 그가 자신의 실험실에 온몸을 비추는 체경을 갖다 놓고, 자신이 하이드에서 지킬의 모습으로 돌아왔는지 확인하려던 것도 이 때문이다.

지킬의 이런 시각은 정체성과 상징계와의 관계 하에서 살펴볼 수 있다. 라캉에 따르면 인간의 주체 혹은 정체성은 "대타자"(Other)라고도 불리는 상징계에 의해 주어지기 때문에 타자가 어떻게 보느냐가 정체성을 결정한다. 실제로 이 작품에서도 타자의 눈에 비친 모습이 그 대상의 정체성을 결정한다는 사실은 20년 동안 지킬의 집사 노릇을 해왔던 풀(Poole)을 통해서 나타난다. 기존에 사용하던 약을 더 이상 만들 수 없어, 지킬의 모습으로 돌아오지 못한 하이드가, 외부의 시선을 피해 가면을 쓰고 실험실에 은둔하고 있었을 때, 하이드를 우연히 목격하게 된 풀은, 그가 지킬이 아니라고 어터슨에게 이렇게 단언한다. "저것은 내 주인이 아닙니다. 그것은 사실입니다"(41).

"주인의 사회적 정체성을 유지하는데 있어서 집사로서의 풀의 중요성"(Poole's significance as butler in the maintenance of the master's social identity, Fernandez 367)은 풀이 (대)타자/상징계로서의 시각을 대변하기 때문이다. 즉 풀(타자)에게 보이는 모습이 바로 지킬의 정체성인 것이다. 따라서 풀이 하이드의 모습을 한 지킬을 보았을 때, 그는 지킬이 아닌 것이다. 이런 의미에서 풀이 여태까지 본 지킬은, 진정한 의미의 지킬이 아니었던 것이다.

이런 점에서 지킬은 근원적으로 스스로로부터 분열된 존재다. (대)타자의 시선만이 정체성을 결정하기 때문에 하이드로 상징되는 자신의 욕망을 억압함으로써 자신을 스스로로부터(자신의 욕망으로부터) 소외시켰기 때문이다. 즉 모든 주체는 스스로에게서 소외된, 따라서 분열된 상태로 있게 되는 것이다. 이런 의미에서 지킬/하이드가 자신의 실험실에 갖다 놓은 거울은 타자의 시각을 대변하는 상징물로서, 지킬이 하이드로서의 자신의 본 모습으로부터, 혹은 스스로로부터 소외되었다는 사실을 시각적으로 보여주는 매개물인 것이다.

집 구조를 통해 제시되는 지킬의 균열

지킬이 스스로에게 소외됨으로써 분열되었다는 사실은 그가 거주하는 집의 구조에서도 나타난다. 지킬의 집은 앞면이 두 개로, 그 집에 진입하는 방법은 앞의 양쪽에 난 문을 통해서다. 하지만 그 양쪽의 앞면은 그 생김새가 지킬과 하이드처럼 판이하게 생겼다. 지킬이 들어가는 집의 앞면은 초라한 주변의 집들과는 달리, 온전하며 "부와 안락한 분위기"(16)를 풍기지만, 하이드가 사용하는 출입구가 있는 집의 앞면, 즉 "지킬 박사의 집으로 들어가는 뒷문"(35)이 있는 앞면 아래층에는 "오랫동안 내버려 둬 더러운 자국"(6)만 있으며, 창문도, 초인종도 노커도 없다.

이 집의 구조와 집 양쪽의 상이한 모습은, 하이드는 지킬의 이면으로서, 사회적으로 존경받는 지킬과는 달리 추하고 남에게 내세우기엔 부끄러운 지킬의 어두운 면의 상징이라는 사실을 시사한다. 이는 하이드가 출입하는 앞면 일 층엔 창문도, 초인종도 노커도 없다는 점을 통해서 제시된다. 창문이 없기 때문에 하이드의 거주 공간은 아무도 들여다 볼 수 없고, 노커나 초인종이 없기 때문에 하이드를 호출할 방법이 없기 때문이다. 이런 점에서 미갈(Mighall)의 지적처럼 "하이드의 이 특별한 문은 지킬의 상황을 보여주는 건축상의 등가물이다"(Mighall, *Strange Case* xxxiii). 동시에 "두 개의 앞면을 가진 지킬의 집"(Towheed 29)은 지킬과 하이드는 분리된 존재가 아니라 서로 연결되어 있으면서도, 동시에 분열되어 있음을, 즉 지킬은 분열된 주체로 존재하고 있음을 상징적으로 보여주고 있는 것이다.

지킬 박사의 집으로 들어가는 뒷문을 사용하는 하이드는 지킬의 이면으로서 감추어지고 밖으로 드러내지 않고자 하는 지킬의 억압된 욕

약을 마시고 하이드가 된 지킬

망 혹은 상징계에 의해 억압받고 배척되는 실재의 상징이다. 이런 점에서 지킬이 화학 약품을 통해 억압으로부터 해방시킨 하이드는 억압된 욕망의 회귀이며 라캉적 실재의 상징계로의 진입을 보여준다. 스티븐슨은 하이드가 지킬의 실재의 상징이라는 사실을 하이드가 갖고 있는 여러 속성을 통해 제시한다.

하이드의 두드러진 특징은 그가 언어로 표현될 수 없는 존재라는 점이다. 하이드를 만난 사람들은 모두 그를 묘사하는 데 있어 어려움을 겪으며, 그를 설명할 말을 찾지 못한다. 이들은 한결같이 하이드를 "어떤 것"(something)이라고 지칭하며, 하이드에게는 말로 표현할 수 없는 "어떤 것"이 있다고 말한다. 하이드를 처음으로 언급한 엔필드는 "그[하이드]의 외모에는 잘못된 어떤 것, 기분 나쁜 어떤 것, 진짜 혐오스러운 어떤 것"(10)이 있다고 하였고, 자신의 거처를 찾아온 하이드를 만난 래넌 박사는 하이드에겐 "비정상적이고 꼴사나운 무언가"(52)가 있다고 말함으로써, 하이드가 정상은 아니지만, 왜 정상이 아닌지 명확히 이야기 할 수 없는 기이한 존재라는 사실을 암시한다. 이는 하이드를 직접 만나기 전, 어터슨이 꿈에서 본 하이드의 모습에서도 제시된다. "심지어 그[어터슨]의 꿈속에서조차 그것은 얼굴이 없었다. 아니 당혹스럽게도 그의 얼굴은 그의 눈앞에서 녹아버렸다"(13). 하이드의 얼굴을 볼 수 없었던 어터슨은 하이드를 명확히 뭐라고 묘사할 수도, 어떻게 생겼다고 말을 할 수도 없다. 뭐라고 규정할 수 없고, 말로 표현, 즉 언어화할 수도 없는 하이드는 이런 점에서 상징화/언어화 될 수 없는 상징계 밖의 존재, 즉 라캉적 실재와도 같은 것이다.

상징계는 실재를 배척하고 억압함으로써 유지되기 때문에, 실재와 상징계는 서로 적대적인 관계에 있으며, 실재가 상징계에 진입할 때 상징계는 혼란에 빠지게 된다. 하이드가 라캉적 실재의 체현이라는 사실은 커루 경의 살해를 통해 제시된다. 사회적으로 존경받는 커루 경은 국회의원으로서 법과 사회를 대변하는 인물, 즉 라캉의 "아버지의 이름"과 동일시되는 상징계적 인물이다. 따라서 상징계에 의해 억압받는 실재의 상징으로서의 하이드는 상징계를 대변하는 커루 경에 대한 증오심을 가지고 있을 수밖에 없기 때문에, 커루 경을 별다른 이유 없이 살해한 것이다. 여기서 더 나아가 하이드는 지킬이 특별히 존중하는 "성스런 책"(pious work)에 지킬의 필체로 "놀랄 정도의 신성모독적인 말"(46)을 쓰고, 지킬 아버지의 초상화까지 태움으로써 법과 권위, 그리고 상징계의 상징으로서의 아버지에 대한 거부감을 노골적으로 드러낸다.

커루 경을 지팡이로 살해하는 하이드

실재로서의 하이드가 상징계에 진입하는 것은 프로이트의 억압된 것의 귀환에 해당한다. 따라서 억압된 것의 귀환이 불러오는 언캐니를 하이드는 몸으로 체현하는데, 이는 하이드가 친숙하면서도 낯선 존재란 점을 통해서 제시된다. 그가 친숙하면서도 낯선 언캐니적인 존재란 사실은 어터슨과 엔필드가 창가에 앉아있던 지킬과 이야기를 나누던 중, 지킬이 갑작스럽게 낯선 인물로 변하는 것을 목격하는 장면에서 제시된다.

지킬이 두문불출하며 어터슨이 만나러 찾아가도 만나주지 않자, 어터슨과 엔필드는 지킬의 집 밖에 서서 창가에 앉아있던 지킬을 바라보며 말을 건넨다. 그러던 중 지킬은 갑자기 웃음을 지우고, "아래에 있던 두 신사의 피를 얼어붙게 할"(36) 정도의 공포와 절망스런 표정을 짓는다. 어터슨은 더 이상 구체적으로 이야기는 하지 않았지만, "잠시 본 것만으로도 충분했다"(36)는 말로 지킬이 하이드로 변화하는 모습을 잠깐이나마 목격하였다는 사실을 암시한다. 타우히드(Towheed)는 이 장면이 어떻게 해서 언캐니를 불러일으키는지 다음과 같이 설명한다.

> 그들은[어터슨과 엔필드] 지킬이 변화하는 과정을 '단지 잠시 동안이지만' 보았다. 하지만 그것은 이 두 사람으로부터 '상응하는 공포'를 불러일으키기에 충분하였다. '창가에서의 사건'은 친숙한 것과 낯선 것이 구분이 되지 않는 언캐니가 벌어지는 놀랍고도 인위적인 현장이다.(30)

어터슨에게 지킬은 학교 다닐 때부터 알고 지낸 친숙한 인물이다. 하지만 그런 친숙한 지킬이 자기 집에서 너무나도 다른 인물로 변함으로써 그 친숙함은 너무나도 낯선 것으로 변하게 된다. 즉 지킬이라는 친숙한 존재 안에 너무나도 낯선 하이드가 존재한다는 것을 직접 목격함으로써 어터슨은 엄청난 언캐니를 경험하게 된 것이다. 언캐니는 친숙함 속에 내재한 낯섬 혹은 낯선 것에 내재한 친숙함을 볼 때 느끼는 감정이기 때문이다. 어터슨은 이러한 언캐니를 "마지막 밤"(last night)에서 다시 경험하게 된다.

지킬의 실험실에 지킬 대신 낯선 이방인이 거주하고 있다고 의심하는 지킬의 집사 풀의 제안에 따라, 어터슨과 풀은 지킬의 실험실 문을 부수고 그 안으로 들어간다. 이때 이들이 목격하게 되는 실험실의 내부 장면은 전형적인 언캐니를 불러일으킨다.

> 조용한 램프 빛이 비추는 작은 방이 눈앞에 보였다. 불은 타오르고 있었고 난로에서 달각달각 소리를 내고 있었다. 주전자는 작게 소리를 냈고, 한 두 개의 서랍이 열려 있었는데, 테이블 위에 서류가 가지런히 놓여있었다. 불 가까이에는 차를 마실 도구가 놓여있었다. 아주 조용한 방이라고 말할 수 있을 것이다. 화학 약품으로 가득 찬 유리 달린 장이 없었다면, 이곳은 그날 밤 런던에서 가장 평범한 곳이었을 것이다. 그 한가운데 몹시 뒤틀리고 여전히 경련을 일으키는 남자의 신체가 놓여있었다. 그들은 발끝으로 가까이 다가가 그 신체를 돌려 에드워드 하이드의 얼굴을 바라보았다. (44)

지킬의 방은 보통의 가정집과 다를 바가 없다. 어느 일반 집에서처럼 지킬의 방 난로에는 장작이 타고 있었고, 차 마실 준비로 주전자에는 물이 끓여지고 있었으며, 찻잔이 준비되어 있었다. 서류가 가지런히 놓인 것으로 보아, 차를 마시면서 서류 작업을 하려던 중이었다는 사실을 짐작할 수 있다. 하지만 이 너무나도 평범하고 친숙한 이 방에 쓰러져 있는 하이드의 시신은 언캐니를 불러일으킨다. 언캐니는 집처럼 친숙하면서도 비밀스럽고도 낯선 것이 불러일으키는 감정이기 때문이다. 즉 억압된 욕망의 귀환으로서의 하이드는 언캐니의 체현(體現)이기도 한 것이다.

하이드는 본래부터 지킬이 갖고 있던 억압된 욕망이자 실재이지, 외부로부터 온 괴물이 아니다. 달림플(Dalrymple)의 말처럼 "그 악은, 그

것이 우리 모두의 내부에 있는 것처럼, 덤벼들 기회를 기다리며, 그[지킬]의 내부에 이미 존재하고 있었다." 지킬이 하이드를 불러낼 때 사용한 "화학 약품은 악을 창조한 것이 아니라, 미덕이 그것을 여태까지 감금할 때 사용한 사슬로부터 그것을 풀어준 것이다"(Dalrymple 27). 지킬 자신도 이러한 사실을 인식하고 있었기 때문에 약품을 복용 후 "오랫동안 갇혔던 나의 악마가 포효하면서 나왔다"(64)라고 말하였던 것이다.

하이드를 원시적 인간의 상징, 혹은 그의 등장을 격세유전에 의한 과거 인간으로의 회귀로 보는 시각이 있다. 원시시대의 인간을 폭력적, 반사회적이라고 보며, 문명사회의 기준에서 볼 때 범죄성을 지니고 있다고 보는 범죄인류학의 관점에 따라 미갈(Mighall)은 하이드를 "격세유전적인 인물"(Mighall, *Geography* 150)로 간주하며, 하이드의 "원숭이 같은" 외모와 폭력성을 퇴화이론의 관점에서 설명한다. 즉 하이드로 지킬이 변모한 것은 그가 "격세유전적인 귀환"(atavistic return), 과거 인간으로 "복귀"(reversion)한 결과라는 것이다.

하지만 하이드를 과거 인간의 상징으로만 보는 시각은 본래의 인간의 모습이 억압된 욕망의 형태로 현재 인간에게도 여전히 남아있다는 사실을 간과한 것이다. 하이드는 과거 인간의 모습이 아니라 억압된 욕망으로서 현재에도 여전히 지킬과 공존하는 실재이기 때문이다. 즉 하이드는 억압된 실재의 귀환이지 과거 인간으로의 복귀를 나타내는 것이 아니다. 다시 말하면 과거로의 복귀가 아니라 과거화 된, 즉 억압된 실재의 귀환이 하이드의 모습으로 이루어진 것이다.

아브젝트(Abject)로서의 하이드

억압된 과거의 회귀란 면에서 하이드는 프랑스 철학자 크리스테바(Julia Kristeva)가 말하는 아브젝트(abject)이기도 하다. 크리스테바에 따르면 유아는 처음 자신과 어머니를 하나의 몸으로 간주하여 어머니와 자신간의 구별을 하지 않는다고 한다. 이는 마치 어머니의 자궁에 있는 태아와 어머니의 몸이 구분되지 않는 것과 마찬가지일 것이다. 하지만 자아/주체를 갖기 위해 유아는 자신과 하나의 몸을 형성한다고 생각하던 어머니와 자신을 구분하여야 하는 상황에 이른다. 독자적인 주체가 되기 위해서는 어머니의 자궁에서 나와 어머니와 구분되는 자신만의 몸을 가져야 하기 때문이다. 크리스테바 식으로 표현하자면 어머니를 자신으로부터 내쳐야만 아이는 자신의 자아/주체를 가질 수 있다는 것이다. 자신과 한 몸으로서의 어머니는 독자적인 자신만의 몸을 가져야 하는 아이의 몸의 경계를 위협, 더 나아가 아이의 주체를 위협하기 때문이다.

따라서 아이는 주체를 갖기 위해서 자신의 몸이기도 한 어머니의 몸을 거부하여야 하는데, 그 거부 대상을 크리스테바는 아브젝트(abject)로 지칭한다. 이런 의미에서 아이가 주체가 되기 위해 거부하는 아브젝트는 바로 어머니(의 몸)인 것이다. 즉 유아는 자신의 주체를 세우기 위해, 자신의 일부였던 아브젝트(어머니)를 자신의 주체를 위협하는 타자, 즉 타자화함으로써 자신으로부터 축출하는 것이다. 이런 점에서 아브젝트(어머니)를 거부 혹은 배척함으로써 형성되는 크리스테바의 주체는 아버지의 세계인 상징계 안에서 주어지는 라캉적 주체와 통하며, 또한 크리스테바의 아브젝트는 라캉의 실재와도 통한다. 실재를 거부함으로써 주체가 될 수 있는 상징계로 진입할 수 있듯이, 아브젝트를 거부하여야만 주체가 될 수 있기 때문이다.

아브젝트(abject)란 단어의 뜻은 본래 "비굴한", "비천한"이란 의미를 가지고 있다. 하지만 크리스테바가 말하는 아브젝트(abject)는 이와는 관련 없이, 주체란 의미의 서브젝트(subject)와 객체 혹은 대상이란 의미의 오브젝트(object) 사이에 존재하는 대상이다. 따라서 크리스테바는 아브젝트를 주체(subject)도 아니며, 주체와 반대되는 객체(object)도 아니라고 말한다. 이러한 아브젝트는 나의 일부이면서도 타자화되어 추방된 것, 즉 주체와 객체의 경계선에 있는 나이자 "내가 아닌 것"이다. 마치 주체가 되기 위해 내가 버린 (나와 한 몸이었던) 어머니의 몸처럼, 아브젝트는 나였지만, (어머니와 분리된) 현재의 나에게는 더 이상 내가 아닌 것이다.

크리스테바는 주체가 되기 위해 "나는 나 자신을 추방한다, 나는 나 자신을 내뱉는다. '내가' 나 자신을 세우려는 움직임 내에서 나는 내 자신을 내친다"(Kristeva 3)라고 말한다. 내가 추방하는 것은 나와 구분이 되지 않던 어머니이기 때문에, 어머니를 추방하는 것은 바로 나 자신을 추방하는 것이고, 나 자신을 세운다는 것은 나의 주체를 만들어간다는 의미인데, 이를 위해선 나와 한 몸이자, 곧 나였던 어머니를 내쳐야만 하는 것이다. 즉 아브젝트인 "어머니"를 거부하여야만 "아버지의 이름"이 대변하는 라캉의 상징계적 주체가 될 수 있다는 것이다.

아브젝트는 이런 점에서 "중간자, 모호함, 복합적인 존재"(Kristeva 4)로 이러한 아브젝트에 대해 주체는 양가적인 태도를 갖는다. 아브젝트는 배척해야 할 대상으로 혐오감을 주지만, 또한 주체의 일부이기에 동시에 애착도 느끼는 것이다. 단지 주체로서의 경계를 확고히 하기 위해 억압 또는 배척할 수밖에 없지만, 과거 자신과 분리되지 않던 한 몸(어머니와 자궁 속 태아가 분리되지 않듯이)이었을 때의 쾌락을 아브젝트는 가져다주기 때문이다.

이런 점에서 하이드는 아브젝트와 같다. 우선 그는 문명사회가 받아들일 수 없는 지킬의 억압된 혹은 배척해야 할 자아로 지킬이라는 주체의 경계 선상에 있는 존재다. 그는 아브젝트처럼 지킬을 대변하는 주체도 아니지만 지킬과 아무 관계없는 객체도 아니다. 그는 지킬의 일부이면서도 지킬의 주체를 위협하는, 즉 지킬의 주체와 객체 사이에 있는 혐오스러운 존재다. 하지만 하이드는 자신의 욕망을 대신 실현해 주는 지킬의 일부이기에 지킬은 하이드에 대한 열망을 갖고 있다. 하이드가 커루 경을 살해한 뒤, 지킬은 하이드를 포기하겠다고 하면서도 하이드의 옷을 버리지 않고, 하이드가 거주하는 소호의 집도 처분하지 않는 것은, 지킬이 하이드에 대해 혐오감을 느끼면서도 여전히 그에 대한 욕망을 갖고 있기 때문이다. 라이트(Wright)의 지적처럼 "그는 [지킬] 에드워드 하이드가 되는 것을 좋아하고"(Wright 256), 더 나아가 "그[지킬]는 하이드를 사랑한다"(Wright 257). 하이드로 변할 때 지킬은 "더 젊고, 더 가벼워지고, 더 행복해지며"(57) "뛰는 듯한 충동과 은밀한 쾌락"(63)을 느낄 수 있기 때문이다.

하지만 결국 하이드는 지킬로서의 정체성을 위협하는 이질적인 존재이기에 지킬은 자신이 부여한 하이드란 이름처럼 하이드를 숨길 수밖에 없다. 지킬이 "독립적이고 분리된 정체성(이란 환상)을 유지"(Hurley 4)하기 위해선. 자신의 아브젝트인 하이드를 숨기고, 억압해야 하는 것이다. 아브젝트로서의 하이드는 지킬의 주체의 경계를 붕괴시킬 수 있기 때문이다.

주체의 경계가, 즉 주체가 고정된 것이 아니란 사실은 하이드/지킬의 몸의 변화를 통해 시각적으로 드러난다. "내[레넌]가 바라보고 있을 때, 내 생각에, 변화가 일어났다. 그[하이드]의 몸이 부풀어 오르는 것 같았다. 그의 얼굴이 갑자기 검게 변하고 그의 얼굴이 녹아 변형되는 것 같았다. 다음 순간 나는 벌떡 일어나 벽 쪽으로 달려갔다. 그 기이한 존재로부터 날 보호하기 위해 팔을 들었다. 나는 공포에 휩싸였다" (54). 하이드로 변했던 지킬이 다시 지킬로 변하는 과정에서 주목해야 하는 것은 인간의 몸이 가진 경계가 고정된 불변의 것이 아니라는 사실이다. 변신은 몸이 갖고 있던 경계가 다른 형태의 경계를 가진 몸으로 변한다는 의미이기 때문이다.

이는 타자와 구분되는 몸을 통해 대변되는 인간의 자아/주체성에 대한 회의로 이어진다. 지킬이 하이드, 하이드가 지킬로 변신한 것은 단순한 육체의 변신이 아니라 주체의 변화이고, 따라서 인간의 주체도 신체처럼 고정된 것이 아니라 유동적이라는 사실을 시사하기 때문이다. 즉 지킬/하이드의 변신은 주체가 고정적이지 않으며, 금지와 억압을 통해 형성된 경계, 즉 주체는, 사회/상징계가 만든 하나의 허구임을 보여주고 있는 것이다.

물(物), 물체 혹은 물질(物質)로서의 하이드

주체/정체성의 유동성은 지킬이 하이드로, 하이드가 지킬로 변신하는 데서 뿐만 아니라, 하이드는 근본적으로 특정한 정체성이 없다는 사실을 통해서도 제시된다. 이는 하이드를 본 사람들이 하이드를 "그것"(it) 혹은 "물(체)"(thing)이라고 지칭하는 데에서도 드러난다. 풀은 어터슨에게 지킬의 실험실에 있는 하이드를 "그 물(체)"(that thing 41) 혹은 "그것"(it 43)이라고 칭한다. "지난주 내내 그는 혹은 저 방에 사는 것은, 그것이 무엇이든 간에, 어떤 약을 가져오라고 밤낮으로 소리를 질렀습니다" (40). 풀은 동물이나 무생물을 지칭할 때 사용하는 "그것", "그 물(체)"라는 용어를 하이드를 가리킬 때 사용함으로써 "하이드가 본래 정체성도, 이름도, 형태도 없는 물(체)"(Jackson 115), 더 나아가 뭐라 규정할 수 없는 (비)존재 혹은 무생물이라는 점을 시사한다.

물(체)로서의 하이드는 그가 정체성이 없는 (비)존재라는 점뿐만 아니라, 특정한 형상이 없어, 언제든 다른 형태로 변형 가능한 (비)존재라는 사실을 암시한다. 물체란 고정된 형태가 없어 언제든지 변화, 변동이 가능하기 때문에, "더 이상 형태에 종속되지 않는" (Hurley 9) 것이기 때문이다. 자신에게서 추출한 하이드를 보고 지킬이 느낀 것도 그의 비 존재성, 즉 하이드가 물질로 이루어진 하나의 물체라는 사실이다.

> 그[지킬]는 하이드가 갖고 있는 생명의 에너지에도 불구하고 하이드를 지옥에서 온 것으로 비유기체적인 어떤 것으로 생각하였다. 지옥에서 온 점액질이 고함을 치고 말을 하는 것은, 이 무정형의 흙덩어리가 손짓을 하며 이야기하고 죄를 짓는 것은, 죽어있고 형태도 없는 것이 생명체가 하는 일을 강탈하려 한다는 것은 충격적인 일이었다. (69)

지킬은 하이드를 생명체라기보다는 하나의 물질, 더 나아가 죽어있는 물질로 생각한다. 그런데 이 생명 없는 물질이 인간의 행동을 따라하고 심지어 죄를 저지르고 있다는 생각에 지킬은 충격을 받는 것이다. 그에게 하이드는 근본적으로 형상 없는 물질 자체일 뿐이기 때문이다.

헐리(Hurley)는 하나의 물(체)로서의 속성을 잘 드러내는 것이 점액질(slime)이라고 말한다. "점액질처럼 물체성(thing-ness)을 잘 설명해주는 것은 없다. 또한 신체의 끈적끈적한 속성 혹은 점액질로 변화하는 인간 신체의 속성을 그 어느 것도 이것만큼 잘 설명해주지는 못한다"(Hurley 34). 점액질은 완전히 형태가 없는 액체도 아니고 그렇다고 형태가 있는 고체도 아니다. 점액질은 무슨 형태든지 취할 수 있지만 그 형태는 늘 유동적이다. 따라서 점액질은 그 속성과 형태에 있어 어떤 부류에도 속하지 않는, 경계를 지을 수 없는 물질이다. 이런 의미에서 점액질은 경계의 붕괴를 나타내는 객관적 상관물이 될 수 있다. 즉 점액질로서의 하이드는 경계를 통해, 즉 나와 타자와의 경계를 구분함으로써 형성되는 "인간 주체의 총체성에 위협"(Hurley 35)이 되는 존재다. 하이드가 인간으로서의 자신의 주체를 위협한다고 생각하는 지킬이 하이드를 생명도, 형태도 없는 점액질로 간주하는 것은 이 때문이다.

아브휴먼(Abhuman)으로서의 하이드

경계가 없는 무정형의 점액질로 구성된 하이드는 어디에도 분명히 속하지 않는, "간극사이에 있는 존재"로 "경계상의 정체성"(border identity, Hurley 24)을 가지고 있다. 그는 인간이자 동물, 문명인이자 야만인이다. 그의 이중성은 체면을 중시하면서도 동시에 동물과 같은 모습을 보이는 데 있다. 새벽에 하이드가 자신과 부딪쳐 쓰러진 여자아이를 밟은 것을 목격한 엔필드가 이 일을 알려 "그의 평판을 런던 한쪽 끝에서부터 다른 한쪽 끝에 이르기까지 모두 나쁘게 하겠다"(8)고 위협하자, 하이드는 이를 무마하기 위해 100파운드나 되는 돈을 여자아이의 부모에게 지불하면서까지 자신의 평판에 신경을 쓴다. 하이드가 이처럼 빅토리아 시대의 신사처럼 자신의 평판에 신경을 쓰면서도 동시에 야만적이라는 사실은 당시 영국 신사라면 외출 시 들고 다니던 지팡이로 커루 경을 아무 이유 없이 무차별적으로 때려죽이는 데서 드러난다.

하이드가 거주하는 소호의 집도 하이드의 이중적인 면을 보여준다.

소호의 하이드 집에 있는 그림과 와인, 카펫은 지킬이 갖고 있을 법한 고급스럽고도 세련된 취향을 보여준다. "이것들[하이드의 방]에는 호사스러움과 세련된 취향의 가구가 있었다. 벽장은 와인으로 가득 차 있었고 접시는 은으로 된 것이었고 우아한 냅킨도 있었다. 벽에는 훌륭한 그림이 걸려 있었는데 (어터슨이 추측하기에) 대단한 감정가인 헨리 지킬이 준 선물일 것이다"(24). 하이드의 집에 전문가만이 알아볼 수 있을 법한 훌륭한 그림이 있는 것을 보고 어터슨은 지킬이 하이드에게 이 그림을 주었을 거라고 추측하지만, 프레더릭 마이어스(Frederic Myers)에게 보낸 편지에서, 스티븐슨은, 어터슨의 추측과는 달리, 이 그림은 지킬이 하이드에게 준 것이 아니라, 하이드가 직접 구매한 것으로 설정했다고 말한다. "그림에 관해 말하자면, 나[스티븐슨]는 하이드가 직접 산 것으로 하려 하였소. (그 그림이 지킬이 준) 선물일 거라는 어터슨의 가정은 틀렸소"(Arata 255 재인용). 이런 사실은 하이드가 문명사회가 허용하지 않는 야만성과 신사들만이 갖고 있을 법한 세련된 취향을 동시에 가진 이중적인 존재라는 점을 보다 극명하게 보여주는 것이다.

하이드는 "전적으로 악한"(Clausen 243) 존재, 혹은 "순수 악"(58)이 아니라, 상징계의 경계 안에 있으면서 동시에 경계 밖에 있는 존재다 이런 의미에서 하이드는 지킬과 대척점에 선 존재가 아니라, 자유분방한 기질과 신사로서 존경을 받고 싶은 욕망을 동시에 가진, 주체의 경계가 불분명한 아브휴먼이다. 하이드가 아브휴먼이라는 사실은 지킬과 하이드의 관계를 통해서 제시된다.

지킬은 스스로를 "내 본래의 성품"(my original character 66)이라고 칭하며 하이드는 본래의 자신이 아닌 것처럼 기술하지만, 지킬의 생각과는 달리 이들은 서로 분리될 수 없고 둘 사이의 경계도 확실하지 않다. 이러한 사실은 지킬이 마지막으로 남긴 기록물에서 자신과 하이드에 관해 이야기를 하는 과정에서 드러난다.

> 우리 둘을 엄습해 오는 운명은 이미 그를 바꾸고 그를 압도하였다. 지금부터 30분 뒤에 나는 다시, 그리고 영원히 그 혐오스러운 존재의 모습을 갖게 될 것이다. 그때 나는 의자에 앉아 떨면서 울거나, 방(나의 마지막 지상에서의 은신처)을 계속해서 왔다 갔다 하며 위협적인 모든 소리에 귀를 기울일 것이라는 것을 난 안다. (70) (밑줄은 필자의 것임)

이 글에서 "나"(I)라는 대명사는 지킬을 의미할 때도 하이드를 지칭할 때도 있으며, 동시에 두 사람을 지칭할 때도 있다. 밑줄 친 "삼십 분 뒤에 나는"의 "나"는 지킬을 지칭하지만, 역시 밑줄 친 "그때 나는"의 "나"는 하이드를 지칭한다. 하지만 "그때 나는"의 "나"는 지킬을 지칭할 수도 있다. "떨면서 울거나"하는 이때의 "나"는 지킬이지 난폭한 하이드가 될 수 없기 때문이다. 이처럼 이 진술에 드러난 대명사의 혼용은 지킬과 하이드 두 사람이 명확히 구분되지 않음을 보여주고 있는 것이다.

여기서 더 나아가 지킬이 남긴 기록물에 화자는 "나"라는 대명사를 사용하지 않아 자신이 누구인지 즉 자신이 지킬인지 하이드인지 모호하게 한다. "그는 하이드를... 악마적이며 동시에 비유기체적인 무언가로 생각했다... 그는 지금 지킬이 겪고 있는 낙담을 증오하였다"(69). 앞 문장에서 화자는 지킬을 "그"(he)라고 칭하고 있는 것 같지만 뒷 문장의 "그"는 하이드를 지칭하고 있는 듯하다. 따라서 이 기록물을 작성한 사람이 누구인지 혼란스럽게 된다. 이 문장의 기록자는 분명 지킬이나 하이드가 될 수밖에 없는데도 불구하고, 이 글의 작성자는 마치 자신이 지킬도 하이드도 아닌 제삼자처럼 말하고 있기 때문이다. 즉

"나"는 지킬이나 하이드를 지칭할 때도 있고, 동시에 지킬과 하이드 양쪽을 지칭할 때도 있으며, 더 나아가 이 글의 작성자로서 둘 중 누구도 아닌 제삼자를 지칭하는 것처럼 보여(하지만 제삼자는 없기 때문에 둘 중 하나일 수밖에 없다), 독자는 이 기록을 남긴 인물이 누구인지 혼란을 겪을 수밖에 없게 된다. 즉 지킬의 기록물로 전해지는 이 문서가 과연 지킬의 것인지 혹은 하이드의 것인지 모호한 것이다.

지킬과 하이드 두 사람의 경계가 이처럼 모호하다는 사실[7]은 "이제 얼마나 슬프게 변했는가?"(70)라는 말 속에서도 엿볼 수 있다. 우선 누가 이 말을 한 것인지 분명치 않다. 지킬이 한 말이라면 이제 지킬로서의 자신의 모습을 되찾았지만 본래의 자신의 모습과는 다른 모습의 지킬이 되었다는 혹은 지킬이 자신으로 돌아왔지만 여전히 하이드의 모습을 하고 있다는 의미인지 모호하다. 하지만 작가는 궁극적으로 마지막 말을 통해 보다 직접적으로 "지킬 박사와 하이드는 다른 두 존재가 아니라 하나이자 같은 인물이다"(Scholar 43)라는 사실을 보여주고 있다. 플레이링의 말처럼 "지킬이 하이드 안에 있는 것처럼 하이드는 지킬 안에 있는 것이다"(Frayling 121).

하이드가 아브휴먼이라면 하이드와 구분되지 않는 지킬 자신도 아브휴먼이다. 이는 지킬로 대변되는 인간이라는 정체성은 본질적인 것이 아니란 의미가 된다. 즉 인간이라는 정체성은 인간의 본질이 아니라 상징계에 의해 구성된 것이기 때문에 본질적인 인간과는 차이가 날 수밖에 없다. 따라서 본질적으로 인간은 상징계적 인간에 미치지 못하는 혹은 상징계의 주체로서의 인간과는 다른 아브휴먼일 수밖에 없는

7) 헐리(Hurley)는 하이드를 지킬의 신체 도둑이라고 칭하면서 그의 신체를 훔침으로써 하이드는 자아와 타자 사이의 경계를 무너뜨렸다고 말한다. "지킬 박사의 하이드는, 이질적인 신체 도둑으로 자아와 타자의 경계를 무너뜨린다"(139).

것이다. 이런 의미에서 아브휴먼으로서의 하이드는 인간의 본 모습의 상징인 것이다.

아브휴먼 혹은 아브젝트로서의 하이드는 지킬의 본질을 대변한다. "나는 아니지만 내가 아닌 것도 아닌"(Kristeva 2) "아브젝트"로서의 하이드는 지킬은 아니지만 보다 지킬적인 존재다. 더 나아가 라이트의 지적처럼 "그[하이드]는 독립적인 존재가 아니다. 그는 지킬 이외의 다른 존재가 아니다. 그는 지킬인 것이다"(Wright 255). 지킬이 최후를 맞이할 때 하이드의 모습으로 죽고, 지킬의 모습은 이 세상에서 완전히 사라진 것이 바로 이러한 사실을 말해주는 것이다.

이는 하이드에서 지킬의 모습으로 바뀔 수 없을 때, 하이드/지킬이 자신의 처소에서 하인들에게 자신이 여전히 지킬임을 주장하기 위해 가면을 썼다는 사실을 통해서도 제시된다. 지킬이라는 존재는 하이드가 자신의 욕망을 숨기기 위해 쓰고 다닌 가면인 것이다. 사회적으로 용납되지 않는 자신의 "흉악한" 모습을 감추기 위해 하이드가 쓴 가면이 바로 지킬이었던 것이다. 따라서 지킬이라는 사회적 가면만을 보아온 사람들은 지킬의 참모습인 하이드를 보았을 때 그가 지킬임을 알아보지 못했던 것이다. 이는 지킬을 가장 잘 알고 있다고 자처하는 지킬의 집사 풀이 지킬의 실험실에 있는 하이드를 보았을 때, 지킬이 아니라고 단언하는 데서도 드러난다. "저것은 나의 주인이 아닙니다. 그리고 그것은 사실입니다... 아닙니다. 가면을 쓰고 있는 저것은 지킬 박사가 절대로 아닙니다. 그게 누군지는 아무도 모르겠지만 절대 지킬 박사는 아닙니다"(41). 항상 지킬이라는 사회적 가면을 지킬이라고 믿어왔기 때문에, 풀은 가면을 벗은 지킬, 즉 하이드가 자신의 주인임을 알아채지 못했던 것이다. 따라서 하이드/지킬의 시신이 실험실 안에 놓여있는 것을 보고 있으면서도 풀은 여전히 지킬이 행방불명이라 믿는 것이다.

애초부터 자신의 정체성은 상징계에 의해 정해진 것이며, 자신의 실재는 하이드라는 사실은 지킬 자신도 인식하고 있었다. 작품 말미에 지킬이 공포에 사로잡히게 된 이유는 자신의 본질로서 하이드는 자신과 영원히 공존할 수밖에 없다는 사실을 깨달았기 때문이다. "나를 괴롭게 한 것은 더 이상 교수형에 대한 두려움이 아니라 하이드가 된다는 공포였다... 내 안에 잠들어있는 그 야수에 대한 생각은 여전히 혐오스러웠고 두려웠다"(68). 따라서 이러한 공포에서 벗어나기 위해 지킬이 선택할 수 방법은 자신 안에 있는 하이드를 제거할 수 있는 유일한 방법인 자살밖에는 없었던 것이다.

근원적으로 모든 인간은 하이드와 지킬로 대변되는 혼합된 정체성을 가지고 있다. 따라서 "인간 주체의 양가적 상태"(Hurley 3)를 보여주는 하이드는 "정체성의 요새"(57)를 무너뜨림으로써, 단일한 주체 혹은 정체성은 하나의 허상임을 보여준다. 하이드가 지킬로 변신하는 것을 목격한 래넌이 결국 죽음을 맞이하게 되는 것도 이와 같은 맥락에서 이해될 수 있다. 하이드/지킬의 말마따나 "아주 좁고 물질적인 견해에 묶여 있는"(53) 래넌은 주체로서의 인간의 경계(혹은 물질로 이루어진 인간으로서의 몸의 경계)가 고정적이고 확고하다고 믿어왔기 때문에, 자신의 눈앞에서 하이드의 몸의 경계가 무너지며, 지킬의 몸으로 바뀌는 것을 보고는 엄청난 충격을 받고 죽음에 이르게 된 것이다. 인간의 본질이 단일하고 고정되었다고 믿는 그에게 몸의 경계가 무너지는 것은 인간이 가진 본질적 경계가 무너진 것과 동일하기 때문이다. "나는 충격을 받았네... 난 절대 이겨내지 못할 것이네. 앞으로 몇 주간의 문제네"(32). 과학자로서 빅토리아 시대의 신사 계급으로서, 인간 주체의 확정성을 믿어 의심치 않았던 래넌에게 이 사건은 그간 그가 믿어왔던 인간 주체의 본질에 대해 회의하게 만들었을 뿐만 아니라, 인간의 존엄성을 무너뜨림으로써 삶의 의미까지도 앗아버렸던 것이다. 상징계/사회가 부여한 인간의 주체는 허상이며, 인간의 참모습은 상징계/사회가 만든 경계 밖에 혹은 경계 사이에 있다는 사실을 아브젝트의 상징이자 동시에 아브휴먼인 하이드를 통해 깨달았기 때문이다.

증상으로서의 하이드

억압된 것으로 회귀하는 하이드는 당시 사회가 무엇을 억압하고 배척했는지를 보여준다. 지킬 자신이 고백했듯이 그는 엄격한 도덕성과 책임감, 그리고 타인의 존경을 받는 것을 최상의 미덕으로 여기는 전형적인 빅토리아 시대의 신사 계급이다. 하지만 젊은 시절 자유분방한 삶을 살았던 지킬에게 엄격하고 근엄한 신사로서의 삶은 너무나도 위압적이어서 그로부터 모든 즐거움을 앗아갔다. 따라서 지킬 스스로가 자신의 삶의 10분의 9가 "노력, 미덕과 통제의 삶"(58)이라고 할 정도로, 그는 그 행복과 자기만족을 느끼지 못하였던 것이다.

이러한 억압된 삶으로부터의 탈출구는 억압된 자아를 해방시켜, 사회적 (정체성을 가진) 주체를 대변하는 지킬로서의 자신의 삶과는 별도의 삶을 살게 하는 것이었다. 즉 지킬이 불러낸 하이드는 지킬의 악한 면의 상징이 아니라, 빅토리아 시대의 이데올로기가 만든 신사로서의 삶에 의해 억압된, 지킬의 "일종의 개인적인 자유에 대한 중립적인 욕망"(Punter 3)인 것이다. 이런 점에서 하이드를 불러내기 위해 지킬이 복용한 약은, 지킬의 말처럼, "악마적인 것도 또한 신성한 것도 아니다. 그것은 나[지킬]의 기질의 감옥의 문을 흔들었을 뿐이다"(59).

하이드는 지킬의 창조물이 아니라 사회 이데올로기가 억압하여 괴물화한 지킬의 또 다른 자아, 어떤 의미에서 지킬의 참모습이다. 지킬이 하이드가 되었을 때 자유로움과 기쁨을 느끼는 것은 자신의 본 모습으로 돌아갔기 때문이다. 이런 면에서 지킬 스스로가 고백하듯이, 지킬이라는 사회적 주체/정체성은 사회가 그에게 만들어 준 가면에 불과하다. "나는 체면이라는 짐을 지고 대중의 시선을 받으며 끈기 있게 걷다가, 일시에 남학생처럼 빌려온 의상을 벗고, 무작정 자유의 바다로 달려 들어간 첫 번째 사람이었다" (60).

지킬은 하이드로 변신할 때 자신이 "에드워드 하이드의 외관을 입었다"(58)라며, 마치 하이드가 자신의 가면 혹은 자신의 본질을 가리는 의상처럼 이야기했지만, 실제로 그가 자신의 본질을 숨기기 위해 입은 의상은 사회적 체면과 근엄함을 내세우는 지킬이라는 의상이며, 하이드는 사회적 가면과 의상을 벗은 그의 실체다. 따라서 그가 "자유의 바다"로 뛰어들 수 있는 때는 지킬이라는 가면과 의상을 벗어 던진, 하이드가 되었을 때 뿐이다. 즉 타자의 시선만을 중시하며, 인간의 근원적인 욕망을 죄악시 하였던 빅토리아 시대의 병폐는 지킬이 하이드를 불러낼 수밖에 없었던 이 기이한 "사례"를 통해 드러나는 것이다. 이런 점에서 이 소설은 근본적인 해결책을 제시하지 못한다. 사회의 기준으로 볼 때 하이드는 제거해야 할 괴물이지만, 절대적으로 제거될 수 없는, 인간과 늘 함께 하는, 인간의 분열된 주체이자 실재이기 때문이다.

인용 문헌

Akroyd, Peter. *London: The Biography*. New York: Anchor Books, 2003.

Clausen, Christopher. "From the Moment to the Monsters." *Sewanee Review* 115. 2(2007):239-50.

Dalrymple, Theodore. "Mr Hyde & the Epidemiology of Evil." *The New Criterion* September 2004:24-28.

Fernandez, Jean. "'Master's made way with...': Servant Voices and Narrational Politics in 'The Strange Case of Dr. Jekyll and Mr. Hyde.'" *Literature Interpretation Theory* 15(2004):363-87.

Frayling, Christopher. *Nightmare: The Birth of Horror*. London: BBC Books, 1996.

Hurley, Kelly. *The Gothic Body: Sexuality, Materialism, and Degeneration at the fin de siecle*. Cambridge: Cambridge UP, 1996.

Jackson, Rosemary. *Fantasy: The Literature of Subversion*. London and New York: Routledge, 1981.

Kristeva, Julia. *Powers of Horror: an Essay on Abjection*. New York: Columbia University Press, 1982.

Mighall, Robert. *A Geography of Victorian Gothic Fiction: Mapping History's Nightmares*. Oxford: Oxford University Press, 1999.

Scholar, Richard. "Strange Case of Dr. Jekyll and Mr Hyde: A Case-Study in Translation?" *Translation & Literature* 7(1998):42-55.

Stevenson, Louis. *Saturday Review* 61(9 January 1886):55-56. Rpt in *Robert Louis Stevenson: The Critical Heritage*. Ed. Maixner, Paul. London: Routledge and Kegan Paul, 1981.

........*The Strange Case of Dr Jekyll and Mr Hyde and Other Tales of Terror*. Ed. Mighall, Robert. Penguin Books, 2002.

Towheed, Shafquat. "R. L. Stevenson's Sense of the Uncanny: 'The Face in the Cheval-Glass'". *ELT* 42.1(1999):23-38.

Wright, Daniel. "'The Prisonhouse of My Disposition': A Study of the Psychology of Addiction in *Dr. Jekyll and Mr. Hyde*." *Studies in the Novel* 26.3(1994):254-67.

5장

뱀파이어의 기원과 사회적, 문화적 의미

뱀파이어의 기원과 사회적, 문화적 의미

프랑켄스타인이 납골당의 시신들을 조합한 뒤 생명을 불어넣어 만든 괴물과 지킬 박사가 실험을 통해 자신의 내면에서 끌어낸, 또 다른 자아로서의 하이드는 앞서 살펴보았던 괴물의 표상이었다. 이러한 형태의 괴물들이 여러 모방작들을 통해 재등장하긴 했지만, 그 탄생에서부터 오늘날에 이르기까지 뱀파이어처럼 여러 형태로 다양한 분야에서 등장하는 괴물은 없다. 뱀파이어는 시나 소설에서뿐만 아니라 영화, 티브이 시리즈, 심지어 카툰과 게임에 이르기까지 대중문화에 가장 많이 등장하며, 끊임없이 재생산되고 거론되는 캐릭터이기 때문이다.

뱀파이어라는 캐릭터는 특정인에 의해 만들어지거나 창조된 것이 아니다. 문학 작품과 영화를 통해 대중에게 널리 알려진 뱀파이어는 수 세기 전에 이미 대중들에게 회자되고 논의되었기 때문이다. 즉 뱀파이어는 공포문학과 공포영화의 단골 소재이지만, 문학이나 영화와 같은 여러 대중문화가 만들어낸 허구적 산물이 아니라, 오래전부터 전해내려오던 전설이나 민간전승에서 거론되고 많은 사람들이 믿어왔던 존재였던 것이다. 하지만 민간전승 상에 등장하는 뱀파이어는 국가마다, 시기마다 다른 형태와 특징을 가지고 있다. 오랜 세월 동안 전해져 오는 민간전승의 속성상 민간전승에 등장하는 뱀파이어도 끊임없이 변화하고 여러 형태로 등장했기 때문이다.

민간전승에 그 뿌리를 두고 있는 뱀파이어를 누가 처음으로 생각해냈는지 혹은 누가 만들어냈는지는, 민간전승의 특성 자체에서도 짐작할 수 있듯이, 알 수 없다. 뱀파이어에 대한 믿음은 특정 개인의 것이 아니라, 뱀파이어라는 존재를 만들어낸 문화의 일부분이며, 그 문화의 집단의식의 표출이기 때문이다. 따라서 뱀파이어에 대한 개념과 특성도 뱀파이어를 만들어 낸 문화에 따라 다를 수밖에 없기 때문에, 뱀파이어에 획일적인 하나의 개념을 부여할 수 없다. 어떤 민간전승의 뱀파이어는 자신의 모습을 바꿀 수 있는 능력이 있다고 전해지지만 다른 문화권의 민간전승에 나오는 뱀파이어는 그럴 수 있는 능력이 없는 것으로 되어있기 때문이다. 또한 죽었다 살아 돌아왔다는 점과 산 사람을 괴롭힌다는 공통점이 있지만, 모든 민간전승에 나오는 뱀파이어들이 산 사람의 피를 빨지는 않기 때문이다.

이렇듯 초창기의 민간전승에 나오는 뱀파이어 간에는 일관성 있는 공통점이나 유사성을 찾기가 쉽지 않다. 하지만 점차 각 문화권이 갖고 있는 뱀파이어에 대한 이미지와 뱀파이어 전설의 종교적, 문화적 의미가 서로 교환되고 혼합되면서 어느 정도 통일성을 갖게 된 뱀파이어가 탄생하게 된다. 산티아고 루센도(Santiago Lucendo)는 보편적인 뱀파이어가 만들어진 과정을 이렇게 설명한다. "뱀파이어는 프랑켄스타인이 만든 피조물과 비슷한 방식으로 조합된, 단어와 이미지, 장소들에 근거하여, 국가 간의 교환과 타협을 통해 만들어진 하나의 구조물이다"(Lucendo 115). 프랑켄스타인이 납골당에서 구한 여러 시신의 부분들을 하나로 엮어 생명을 불어넣음으로써 "괴물"을 탄생시켰듯이, 여러 문화권에서 거론되어왔던, 피를 빠는 어떤 존재에 관한 이야기와 살아 돌아온 시체에 관한 이야기들이 서로 교환되고, 유통됨으로써 보편성을 갖게 된 뱀파이어가 만들어졌다는 것이다. 따라서 루센도의 주장처럼 뱀파이어는 각 문화권이 갖고 있고 서로 소통하던 "역사적, 정치적, 사회적 틀"(Lucendo 115)을 보여줄 수 있는 것이다.

뱀파이어의 정의

웹스터(Webster) 사전에 나오는 뱀파이어의 사전적 정의는 "피를 빠는 유령 혹은 죽은 사람의 움직이는 시신, 무덤에서 나와 밤에 돌아다니면서 잠자는 사람의 피를 빤다고 전해지는 죽은 사람의 영혼이나 죽은 사람의 움직이는 시신"이다. 하지만 뱀파이어의 이러한 정의는 실상 17세기가 되어서야 가능해졌다. 그 전에 뱀파이어 후보로 거론되던 존재들은 죽었다가 다시 이승으로 돌아왔다는 사실 이외에는 별다른 공통점이 없었지만, 점차적으로 뱀파이어가 산 사람의 피를 빠는 것으로 17세기 후반부터 일관성 있게 제시되었기 때문이다. 여기에 뱀파이어의 공통적인 특징이 하나 더 추가되는데, 그것은 뱀파이어에게 피를 빨린 사람도 역시 뱀파이어가 된다는 것이다. 이것이 바로 17세기 후반에서 18세기 걸쳐 정립된 뱀파이어의 정의로 이 세 가지 요건을 갖추었을 때 오늘날 말하는 뱀파이어가 되는 것이다.

뱀파이어의 기원이 되는 신화적, 초자연적 존재

뱀파이어는 아니지만 뱀파이어의 주요 특징의 하나인 피를 마신다고 알려진 존재들은 오래전부터 있었다. 그런 존재의 기원을 따지자면 아주 먼 고대 그리스, 로마 시대까지 거슬러 올라간다. 고대 그리스 로마 시대의 신화나 전설에 등장하는 신이나 초자연적인 존재 중 흡혈을 하는 존재들이 이미 있었기 때문이다. 고대 그리스 신화에 나오는 헤카테(Hecate) 여신은 뱀파이어처럼 피를 마신다고 알려진 대표적인 존재다.

헤카테

헤카테는 달의 여신, 대지의 여신, 그리고 지하 세계의 여신 등 세 여신이 합쳐져서 하나의 몸을 이룬 여신이다. 달의 여신으로 그리스 신화의 아르테미스(Artemis)나 로마 신화의 다이아나(Diana)와 동일시되었던 헤카테는 지하 세계의 여신으로서, 죽은 자의 영혼을 저승으로 인도하는 역할을 하면서도, 저승에 거주하는 자신의 추종자나 부하들을 이승으로 데리고 가, 그들로 하여금 잠든 사람에게 접근하여 기력을 앗아가게 한다고 한다. 이승을 찾아갈 때, 헤카테가 자주 데려가는 초자연적인 존재 중에 헤카테 여신의 딸이라고 전해지는 엠푸사(Empusa)가 있는데, 엠푸사는 아름다운 여성의 모습으로 변신한 뒤 잠들어있는 청년에게 다가가, 그와 성관계를 맺으며, 그의 힘이 소진되어 죽을 때까지 피를 빨아 먹는다고 전해진다.

라파엘 전파(Pre-Raphaelite)의 화풍을 따른 영국 화가 존 워터하우스(John William Waterhouse)의 라미아

헤카테와는 관련이 없지만 엠푸사처럼 잠자는 청년의 피를 빤다고 전해지는 신화 상의 인물에는 라미아(Lamia)가 있다. 라미아는 바람둥이 신으로 알려진 그리스 신의 왕 제우스(Zeus)의 사랑을 받아 여러 명의 아이를 낳았지만, 이를 알게 된 제우스의 아내 헤라(Hera) 여신에 의해 아이들을 모

두 잃게 되자, 마침내 미쳐버려 아이를 가진 어머니들에 대한 질투심으로, 아이들을 죽이고 그 피를 마셨다고 전해진다. 라미아에 관한 또 다른 전설은 라미아도 엠푸사처럼 아름다운 여인의 모습으로 잠자는 청년에게 접근하여 그의 피를 빨아 힘을 소진 시킨다고 한다. 라미아가 상반신은 아름다운 여인의 모습을 하고 있지만, 하반신은 유혹의 상징인 뱀의 몸을 가진 것으로 흔히 묘사되는 이유는 그녀가 남자를 유혹하여 파멸시키는 요부의 속성을 가지고 있다고 전해지기 때문이다.

고대 로마 시대에도 뱀파이어와 같은 속성을 지닌 초자연적인 존재를 쉽게 찾아볼 수 있다. 대표적인 것이 스트리게스(Striges)다. 올빼미를 뜻하는 라틴어 "스트리지데이"(Strigidae)에서 온 이 말은 마녀를 의미하기도 하는데, 노파의 얼굴에 독수리 몸통을 가진 스트리게스는 엠푸사나 라미아처럼 밤에 자는 사람을 공격하여 그들의 피를 빨아 병을 퍼트린다고 전해진다. 이런 점에서 스트리게스는 전염병과 뱀파이어의 연관성을 보여주는 존재로, 루마니아에서는 스트리게스에서 파생된 스트리고이(Strigoï)를 흡혈귀를 지칭하는 용어로 사용하였다.

스트리게스

라틴 문화권에서 뱀파이어의 기원으로 거론되는 또 다른 초자연적인 존재는 인큐버스(Incubus)다. "올라타다"란 의미의 라틴어 "인큐보"(incubo)에서 유래한 인큐버스는 기원전 2400년 경, 메소포타미아에서도 이미 거론되었던 악마로, 잠든 여성의 몸에 올라가 성행위를 하는, 남자의 모습을 한 몽마

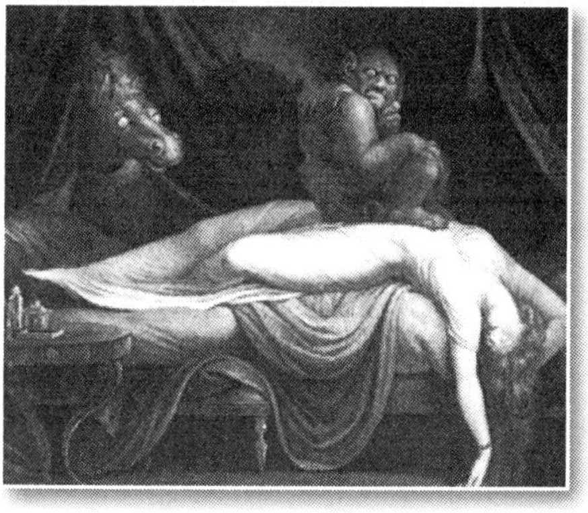

헨리 푸셀리(Henry Fuseli)의 1781년 작 "악몽"(Nightmare): 잠자는 여성의 몸 위에 인큐버스가 올라탔다.

(夢魔)를 지칭한다. 그 후에도 인큐버스는 여러 신화, 전설에 등장하는데, 특히 중세 유럽에 인큐버스는 기독교 사제와 신학자들의 논란의 중심에 서기도 했다. 인큐버스의 공격을 당했다는 사람들은 몽유 증세나 가위눌림을 경험한다고 하는데, 당시 사람들은 잠을 자던 중에 성적으로 흥분하거나 몽정을 하는 것을 인큐버스의 탓으로 돌리곤 하였다.

인큐버스에 대응하는 초자연적인 존재는 서큐버스(Succubus)다. "아래에 눕다"라는 의미의 "서큐보"(succubo)라는 라틴어 단어에서 유래한 서큐버스는 인큐버스와는 정반대로 여성의 모습을 한 몽마로, 이들은 남자들의 꿈에 나타나 그들을 유혹하여 성행위를 한다고 전해진다. 서큐버스의 공격을 받은 남자들은 성적으로 흥분하며 몽정을 하기도 하지만, 문제는 지속적으로 서큐버스의 공격을 받으면, 몸이 쇠약해져 결국에는 죽음에 이를 수도 있다는 것이다. 따라서 서큐버스는 남자를 유혹하여 파멸시키거나 죽음에 이르게 하는 요부와 같은 존재로 인식되었다.

인큐버스와 서큐버스는 엠푸사, 라미아, 스트리게스와 마찬가지로 밤에 잠을 자는 사람들을 공격한다는 점에서 공통점이 있지만, 피를 빨지는 않고 단지 성행위만 한다는 점에서 엠푸사나 라미아 등과는 달라 보인다. 더 나아가 인큐버스나 서큐버스와 성행위를 하는 사람들이 과연 이들의 피해자라 볼 수 있는지도 의심스럽다. 그런 의미에서 인큐버스와 서큐버스를 자는 사람의 피를 빠는 뱀파이어의 부류로 보는 것은 억지스러워 보인다. 하지만 피가 서양에서 남자의 정액을 상징하며, "죽는다"는 의미의 영어 단어인 "die"가 성관계를 한다는 의미를 가지고 있다는 점을 고려해 볼 때, 피를 빠는 행위는 성행위의 은유로 볼 수 있기 때문에, 인큐버스와 서큐버스는 뱀파이어의 속성을 지닌 존재로 간주 될 수도 있다.[8]

민간전승 상의 뱀파이어의 기원

고대 그리스 로마 신화와는 달리 민간전승은 일반인들의 토착적인 삶 속에 녹아들어 있는 그들의 신앙과 사고를 그대로 드러내는 집합체이다. 이러한 민간전승 상의 뱀파이어는 여러 형태로 여러 곳에서 오랜 시간에 걸쳐 등장하고 있어, 겔더(Gelder)의 지적처럼 "뱀파이어를 하나의 고유의 장소와 순간에 고착시키는 것은 어렵다"(Gelder 24). 몬테규 서머즈(Montague Summers)도 『뱀파이어: 그의 친지와 친척』(*The Vampire: His Kith and Kin*)에서 뱀파이어의 기원이 되는 시기가 언제인지 정확히 추정할 수는 없지만, 선사시대까지 거슬러 올라갈 수 있다며, 뱀파이어가 특정 지역에서 기원했다고 말할 수 없다고 한다.

레이몬드 맥낼리(Raymond McNally)의 주장처럼 "뱀파이어에 대한 믿음은 보편적이다. 이는 고대 바빌론과 이집트, 로마, 그리스, 중국에 문서화되어 있으며, 뱀파이어 이야기는 완전히 분리된 문화권에 존재

8) 흡혈과 성의 관계는 브람 스토커의 『드라큘라』를 다룬 8장에서 좀 더 상세하게 다룰 것이다.

한다"(McNally 117). 산 사람의 영역을 침범하는 망자, 즉 뱀파이어 이야기는 중국, 인도네시아, 아프리카 사람들 사이에 전해져 내려왔고, 이집트와 바빌로니아에서도 죽었으면서도 자신의 육신을 떠나지 않고 산 사람의 피를 마시고 다닌다는 뱀파이어와 같은 존재에 관한 이야기가 있다. 뱀파이어와 같은 존재는 고대 종교에도 있다. 티베트의 금강저를 들고 다니는 인드라 신, 고대 인도의 문헌에 등장하는 아타르바베다(Atharva-Veda)나 바이탈 파치시(Baital Pachisi) 등은 뱀파이어처럼 피를 마시는 것으로 전해지고 있기 때문이다. 이렇듯 뱀파이어의 존재에 대한 믿음과 전설은 전 세계에 걸쳐 있었으나, 러시아와 동유럽, 발칸반도 국가에서 더욱 널리 퍼져 있었다.

동유럽의 많은 국가 사람들은 영혼이 떠나지 않는 시신 혹은 살아있는 시체에 대해 특별히 위협을 느꼈다. 그들은 모든 망자는 살아있는 사람들을 찾아가 악행을 행하고 싶어 한다고 생각하였기 때문이다. 하지만 산 사람을 괴롭히기 위해 이승으로 돌아온 살아있는 시체, 즉 뱀파이어의 기원과 특성이 나라마다 다르듯이, 오늘날 뱀파이어를 지칭하는 용어는 나라마다 달랐으며, 같은 나라에서도 그 특성에 따라 여러 이름으로 불렸다.

뱀파이어를 지칭하는 용어들

뱀파이어 부류를 지칭하는 용어는 다양하지만, 특히 뱀파이어 전설이 가장 널리 퍼져 있던 동유럽, 특히 헝가리, 루마니아와 슬라브어 사용 국가들에서, 뱀파이어를 지칭하는 용어가 가장 많이 분포되어 있다. 흡혈을 하는 존재 혹은 살아 돌아온 시체를 우크라이나에서는 우피르(upýr), 체코와 불가리아에서는 우피르(upir), 폴란드에서는 우피오르(upior), 러시아에서는 우피르(upyr) 혹은 보피르(vopyr)라고 불렀고, 세르비아와 유고슬라비아에서는 브코들라크(vukodlak), 슬로베니아에서는 볼코드라크(volkodlak)라고 불렀다. 여기서 재미있는 사실은 유고슬라비아에서 사용하던 브코들라크라는 용어는 늑대인간(werewolf)의 의미를 갖기도 하는데, 브코들라크는 밤에 무덤에서 나와 생전의 자신의 집이나 이웃집을 찾아가, 거기 거주하는 사람들의 피를 마시며, 살아생전의 전처와 성관계를 한다는 것이다. 이런 점에서 잠자는 사람과 성관계를 한다는 인큐버스와 서큐버스가 뱀파이어와 같은 속성을 지니고 있음을 유추할 수 있다.

뱀파이어 용어의 기원

뱀파이어 혹은 뱀파이어 부류를 지칭하는 용어들은 많이 있지만, 뱀파이어라는 용어 자체의 기원이 무엇인지 혹은 어느 나라 말에서 온 것인지에 대해선 학자들마다 의견이 분분하다. 용어의 기원에 관해서 크게 4가지 설이 있다. 오스트리아의 언어학자 프란츠 미클로쉬치(Franz Miklosich)는 1886년에 출판한 『슬라브족 언어들의 어원사전』 *(Etymologie Wörterbuch der Slavien Sprachen)*에서 뱀파이어란 용어가 마녀를 의미하는 투르크어 우베르(uber)에서 파생된 것이라고 주장한다. 하지만 뱀파이어의 속성이 사람의 피를 마신다는 점에 근거하여 그리스어로 "마신다"는 의미의 "피"(πι)란 용어에서 뱀파이어란 용어가 파생되었다고 주장하는 학자들도 있다. 이 용어가 뱀파이어 전설이 가장 널리 퍼져있는 헝가리에서 유래하였다고 보고 있는 학자들도 있는데, 예를 들어 맥낼리는 『뱀파이어의 마수』(*Clutch of Vampires*)에서 뱀파이어라는 용어는 헝가리어인 "밤피르"(vampir)에서 유래하였다고 주장한다. 하지만 윌슨(Katharina Wilson)의 지적처럼 밤피르란 용어는 헝가리에서 이 용어가 사용되기 100년 전, 이미 다른 곳에서 사용되었다는 점에서 이러한 주장은 설득력을 잃는다.

마지막으로 이 용어가 슬라브어에서 온 것이라는 설이 있다. 뱀파이어란 용어가 세르비아어 "바미우프"(Bamiiup)에서 유래하였다는 왔다는 설과 폴란드어에서 온 것이라는 설이 있는데, 많은 학자들은 랠스턴(William Ralston)이 1872년에 출간한 『러시아 민중의 노래』(*The Songs of the Russian People, as illustrative of Slavonic mythology and Russian social life*)에서 주장한 것처럼, 뱀파이어란 용어가 리투아니아어로 "마시다"라는 뜻의 "벰프티"(wempti)와 "신음하다"라는 뜻의 "밤피티"(wampiti)에서 왔다고 생각한다. 뱀파이어가 살아있는 시체이기 때문에 무덤 속에서 신음소리를 내기도 하고, 이 두 단어가 무덤에서 나와 사람들의 피를 빤다는 속성을 잘 드러내 주기도 하고, 이 두 단어가 발음상 뱀파이어란 용어와 가장 유사해서 그런지, 많은 학자들이 이 설을 받아들이고 있다.

뱀파이어란 용어의 서구 유럽어로의 도입

동유럽에서 시작된 뱀파이어란 용어가 서구 유럽으로 유입되면서 점차 서유럽에서도 이 용어를 사용하게 된다. 하지만 뱀파이어란 용어의 어원이 불분명한 것처럼, 뱀파이어란 용어가 언제 서유럽에 도입되었는지 명확하지 않다. 다만 유럽의 각 나라별로 이 용어 혹은 이와 유사한 용어가 언제 문헌에 등장하였는지 살펴봄으로써 언제쯤 유입되었는지 짐작할 수 있을 따름이다.

독일에서 최초로 뱀파이어란 용어(혹은 비슷한 용어)가 나오는 저서는 가브리엘 르자진스키(Gabriel Rzazynski)가 1721년에 출판한 *Historia Naturalis Curiosa regni Poloniae* 이다. 이 책에서 그는 폴란드, 러시아, 리투아니아의 뱀파이어에 관한 이야기를 소개하고 있는데, 이때 그가 사용한 용어는 뱀파이어가 아니라 폴란드어 우피오르(upior)였다. 뱀파이어란 용어가 독일에서 자리 잡게 된 계기는 1732년에 오스트리아 출신의 군의관인 요한 플뤼킹거가 만든 보고서『본 것과 발견한 것』(*Visum et Repertum*)을 통해서다. 이 보고서에서 플뤼킹거는 뱀파이어를 의미하는 용어로 밤피르(Vampir, Vampyr, Wampyr)를 사용하였는데, 이때부터 흡혈귀의 의미로 뱀파이어란 용어가 독일어에 자리 잡게 되었던 것이다.

프랑스에서의 뱀파이어 기록은 17세기 말부터 있었다.『메뀌르 갈랑』(*Mercure Galant*)지는 1693년과 1694년에 각각 러시아와 폴란드에서 벌어진 흡혈 행위에 대한 기사를 실었는데, 이때 뱀파이어란 용어는 사용하지는 않았다. 뱀파이어란 용어를 직접 사용한 것은 1737년 헝가리의 어느 지역에서 벌어진 흡혈 행위를 소개한『레뜨레 쥐브』(*Lettres Juives*)였다. 하지만 뱀파이어란 용어가 프랑스에서 널리 통용된 계기는 베네딕트회 수사이자 성경 해석학자였던 동 오귀스탱 칼메(Dom Augustin Calmet)가 당시 퍼져있던 뱀파이어에 대한 민간인들의 믿음을 반박하기 위해, 뱀파이어에 대한 사례를 집대성해 1746년에 출판한『천사, 악마, 영혼의 출현과 헝가리, 보헤미아, 모라비아, 슐레지엔의 망령과 뱀파이어들에 대한 논고』(*Dissertation sur les apparitions des anges, des démons et des esprits, et sur les revenants et vampires de*

Hongrie, de Bohéme, de Moravie et de Silésie)를 통해서였다. 뱀파이어의 존재를 부인하기 위해 뱀파이어가 미신임을 밝히고자 출판한 책이 오히려 아이러니컬하게도 뱀파이어에 대한 믿음을 서유럽에 확산시키는 계기가 되었던 것이다.

영국에서 뱀파이어란 용어가 최초로 활자화된 것은 찰스 포맨(Charles Forman)이 1741년에 출판한『1688년 혁명에 관한 논평』(*Observations on the Revolution in 1688*)에서였다. 하지만 그는 뱀파이어란 용어를 흡혈귀의 의미가 아니라, 약탈자 혹은 국가의 이익에 반하는 자들이란 의미로 사용하여, 뱀파이어란 용어가 영어에 도입은 되었지만 뱀파이어가 언제 흡혈귀로서의 의미를 가지게 되었는지는 분명치 않다. 뱀파이어란 용어를 흡혈귀의 의미로 사용한 최초의 영국 문헌은『베니스에서 함부르크로 가는 세 영국 신사의 여행, 1734년에 한 독일 여행』(*Travels of 3 English Gentlemen from Venice to Hamburg, Being the Grand Tour of Germany in the Year 1734*)이다. 피를 빨고, 피를 빨린 사람은 뱀파이어가 된다는 내용을 담은 이 이야기는 본래의 의미로 뱀파이어라는 용어가 사용되었음을 짐작케 하는데, 실제로 이 책이 출판된 해는 뒤늦은 1810년이었다. 따라서 언제 뱀파이어가 흡혈귀란 의미로 영국에 도입되었는지는 분명치 않다. 하지만 이 책이 출판된 이후로 19세기 영국의 낭만주의 시인인 바이런(Lord Byron)이나 로버트 사우디(Robert Southey)가 뱀파이어를 문학에 등장시켰고, 폴리도리는 흡혈귀란 의미의 뱀파이어를 주인공으로 소설을 쓰게 되었다.

뱀파이어의 발상지로 헝가리나 루마니아가 주로 거론되기 때문에, 이 나라에서 뱀파이어란 용어가 언제 문헌에 나왔는지에 대한 관심은 클 수밖에 없다. 하지만 이 뱀파이어란 용어는 두 나라 모두에게 새로 유입된 용어였다. 헝가리에서 뱀파이어란 용어가 문헌상으로 처음 나온 때는 1786년 어느 신문에서 기사화되었을 때였는데, 이 용어 자체도 독일 신문에서 따온 것이었다. 트란실바니아에서 이 용어가 문헌상에 등장한 시기는 이보다 더 늦다. 오히려 루마니아에서는 흡혈귀란 의미로 뱀파이어란 용어 대신 스트리고이란 용어가 가장 많이 사용되었고, 그 다음으로 모로이(Moroi)라는 용어가 널리 사용되었다고 한다. 위의 사실을 종합적으로 고려해 볼 때, 흡혈귀는 슬라브 민족, 특히 동유럽 국가에서 가장 많이 거론되고, 실제로 존재한다고 여겨져 왔지만, 뱀파이어란 용어 자체는 독일, 프랑스, 영국과 같은 서유럽에서 보다 널리 통용되고 확산되었던 것으로 보인다.

뱀파이어가 되는 사람

누구나 다 사후 뱀파이어가 되는 것은 아니다. 민간전승에 따르면 죽은 뒤 뱀파이어가 되는 사람은 태어나는 순간, 혹은 살아가면서 정해진다고 한다. 따라서 사후 누가 뱀파이어가 되는지 고찰하는 것은 뱀파이어와 사회와의 관계, 뱀파이어의 사회적 의미, 더 나아가 뱀파이어의 본질과 뱀파이어를 만들어 낸 사회의 모습을 이해할 수 있는 첫 번째 단계가 될 것이다.

뱀파이어의 공격을 당한 사람은 후에 뱀파이어가 되지만, 민간전승에 따르면, 태어나는 순간부터, 혹은 선천적으로 뱀파이어가 될 운명을 가진 사람들이 있다. 우선적으로 뱀파이어가 될 사람은 신체적 결함을 갖고 태어났다고 추정되는 아이들이다. 동유럽의 민간전승에 따르면 태어날 때 몸에 붉은 반점이 있거나, 손발톱에 검은 점이 있는 아이, 태어날 때부터 이가 나 있거나, 털이 많은 아이, 그리고 양막(羊膜)

을 뒤집어쓰고 태어난 아이, 붉은 머리로 가지고 태어난 아이, 푸른 눈을 한 아이와 양 눈썹이 닿은 아이들은 후에 뱀파이어가 된다고 한다.

이 밖에 태어나는 순간 이미 뱀파이어가 될 수밖에 없는 운명을 타고난 아이들로는 사산아, 세례 받기 전에 죽은 아이, 합법적인 혼인을 하지 않은 남녀 사이에서 태어난 아이, 늑대인간(werewolf), 악마나 마녀가 낳은 아이 등이 있다. 사산아와 세례받기 전에 사망한 아이는 종부성사를 받지 못해, 축성 받은 땅에 매장될 수 없기 때문에, 편안히 저승 혹은 천국으로 갈 수 없어 뱀파이어가 되고, 악마나 마녀의 자손은 죽어서 하늘나라로 갈 수 없기에 이승을 떠돌아다니는 살아있는 시체가 될 수밖에 없다는 생각에서였다.

살아가면서 뱀파이어가 될 운명에 처하게 되는 사람은 자살한 사람, 파문당한 사람, 교회나 부모로부터 저주를 받은 사람들이다. 또한 몬테규 서머스(Montague Summers)의 지적처럼, "생전에 저지른 끔찍스러운 범죄에 대한 일종의 사후 벌로서"(Summers, *Vampires and Vampirism* 282) 뱀파이어가 될 수 있다고 생각했는데, 여기에는 돈 때문에 거짓 맹세한 사람, 사순절 기간이나 종교적인 날에 술을 마시거나 담배를 피운 사람, 일요일에 일한 사람과 자신의 할머니와 성관계를 가진 자도 포함된다. 이와 같은 연장선으로, 마녀, 마법사, 늑대인간도 사후 뱀파이어가 된다고 믿었는데, 재미있는 사실은 "북 러시아에서는 이교도들은 사후 사악하고 피에 굶주린 뱀파이어가 된다"(Oinas 53)고 믿었다는 것이다.

탄생한 순간 뱀파이어가 될 운명의 아이와 사후 뱀파이어가 될 사람 사이에는 공통점이 있다. 태어날 때부터 뱀파이어가 될 운명을 가진 아이는 "비정상적"인 모습을 한 아이나, 태어났을 때 정상적이지 않은 상태에 있는 아이. 혹은 정상적으로 결혼을 하지 않은 부모에게서 태어난 아이나, 마녀나 늑대인간의 후손들이다. 후천적으로 뱀파이어가 되는 사람들 간에도 공통점이 있다. 기독교 교리에 따르면 자살은 극악한 죄로 간주되기 때문에, 축성 받은 땅에 매장될 수 없으며, 파문당한 사람과 종부성사를 받지 못한 사람도 축성된 땅에 매장될 수 없다. 따라서 이들은 모두 저승으로 가지 못해, 살아 돌아온 시체, 즉 뱀파이어가 되어 이승을 떠돌게 되는 것이다. 이교도들이나 (기독교적 입장에서의) 악행을 저지른 사람들, 가령 안식일에 일한 사람들도 기독교 교리에 어긋난 행동을 하였기 때문에 죽어서 이승을 배회하는 뱀파이어가 된다고 생각하였던 것이다.

한마디로 태어날 때 정상적이지 않은 모습이거나, 정상적이지 않은 상태로 태어난 아이, 살아가면서 죄를 지은 범죄자, 이교도, 마녀나 늑대인간 같은 악마의 하수인들은 모두 뱀파이어가 된다는 것이다. 즉 사회적으로나 종교적 관점에서 볼 때, 비정상적이거나, 부도덕하며, 이교도적인 사람들이 뱀파이어가 된다고 믿었던 것이다.

적그리스도로서의 뱀파이어

뱀파이어가 기독교 사회가 만들어낸 반기독교적인 존재로 간주된다는 사실은 뱀파이어가 악마나 마녀처럼 11월 29일인 성 안드레아 축일(Saint Andrew's Day) 전야제와 4월 22일인 성 조지 축일(Saint George's Day)에 가장 힘이 강력해지며, 이날 사람들은 뱀파이어의 침입을 막기 위해 창문에 십자가 형태로 마늘을 바른다는 사실을 통해서도 짐작할 수 있다. 하지만 무엇보다도 뱀파이어를 적그리스도로 보고 있다는 사실은 뱀파이어가 십자가, 성체, 성수와 같은 기독교 상징물에 대해 극도의 혐오감과 두려움을 갖고 있으며, 뱀파이어가 무덤에서 나오는 것을 막기 위해 뱀파이어로 추정되는 시신이 들은 관에 십자가를 넣거나, 그 시신이 들어있는 관을 성모마리아를 상징하는 들장미로 감싼다는 점을 통해서도 짐작할 수 있다.

하지만 뱀파이어가 기독교 문화권에서 만들어낸 적그리스도의 상징이라는 사실은 뱀파이어를 퇴치하는 도구와 처치 방법을 통해 보다 직접적으로 드러난다. 동유럽에서는 뱀파이어가 시체로 들어오는 것을 막기 위해, 즉 시신이 뱀파이어로 부활하는 것을 막기 위해, 시신의 입을 악마가 두려워한다는 마늘 조각이나 성체로 봉했다. 서머스의 지적처럼, "신체의 출구이기 때문에 또한 신체의 입구인 입"(Summers, *Vampire, His Kith and Kin* 136)을 통해 뱀파이어의 망령이 들어온다고 생각했기 때문이다. 또한 뱀파이어를 처단할 때 사용되는 말뚝도 예수의 십자가를 만들 때 쓰였다고 전해지는 사시나무나 단풍나무, 혹은 예수의 가시면류관을 만들 때 쓰였다고 전해지던 산사나무로 만들어야 그 효능이 있다고 생각하였다.

뱀파이어를 물리치는 데 사용되었던 마늘도 같은 맥락에서 살펴볼 수 있다. 아그니스 무르고치(Agnes Murgoçi)의 지적처럼 예로부터 마늘은 귀신이나 마귀, 마녀를 퇴치하는 용도로 많이 쓰였는데, 뱀파이어도 귀신이나 악마와 같은 존재이기 때문에 뱀파이어를 물리치는데 마늘이 이용되었던 것이다. 하지만 마늘보다 뱀파이어를 퇴치하는데 더 직접적인 효과를 보는 것은 성수와 성체다. 성체나 성수에 닿으면, 뱀파이어의 피부는 마치 산(酸)에 닿은 것처럼 타들어 가기 때문이다.

뱀파이어 퇴치법

뱀파이어의 전통적인 퇴치법 또한 기독교적 세계관과 밀접한 관계가 있다. 기독교인들은 뱀파이어를 일종의 이교도로 간주하였기 때문에, 기독교가 특히 적대시하였던 유대교의 전통에 따라 (뱀파이어를 유대교 혹은 유대인으로 간주하는 전통이 있다), 뱀파이어는 유대교의 안식일인 토요일에는 무덤에서 나오지 않는다고 믿어 토요일에 뱀파이어를 처단하였다고 한다. 이날 뱀파이어를 무덤에서 꺼내어 머리를 자른 뒤, 그 머리를 시신의 다리 사이에 놓아둔다고 하는데, 이는 머리를 잘린 뱀파이어가 자신이 어디 있는지 몰라 무덤에서 빠져나오지 못할 거라는 생각에서였다고 한다.

루마니아 중부 브라쇼브주(Brașov County)에 위치한 저르네슈티(Zarnesti)에서는 뱀파이어가 다시 무덤에서 나오지 못하도록, 뱀파이어의 심장과 눈에 쇠 포크를 박고 얼굴을 아래로 하여 다시 매장한다고 한다. 이때 시체의 가슴에 낫이나 말뚝을 박는데, 말뚝은 기독교 신과 연관되는 사시나무나 단풍나무 혹은 산사나무로 만들어야 한다고 한다. 불가리아에서는 성인(聖人)의 사진이나 그림을 들은 마법사가 뱀파이어를 병에 가둔 뒤 뱀파이어가 다시 부활하지 않도록 뱀파이어가 들은 병을 불에 던져 태운 뒤, 재가 된 뱀파이어를 사제는 복음서를 읽으며 바람에 뿌렸다고 한다.

뱀파이어 판별법

기독교 국가의 민간전승에 주로 그 뿌리를 두고 있는 뱀파이어는 기독교와 깊은 관련이 있지만, 단순히 종교적 관점에서만 뱀파이어를 보아서는 안 된다. 당시 사람들은 어떤 특정 현상을 보고, 이를 뱀파이어 혹은 뱀파이어의 행위라고 생각하였던 것이다. 동유럽의 민간전승에 따르면, 사람의 영혼은 죽은 뒤 40일이 지나야 자신의 시신을 떠나 저승으로 돌아간다고 생각했다. 하지만 모든 영혼이 저승으로 갈 수 있는 것은 아니며, 다시 이승으로 돌아올, 즉 뱀파이어가 될 확률이 있는 영혼이 있다고 생각하였다. 따라서 뱀파이어가 되는 것을 막기 위해, 혹은 뱀파이어를 처단하기 위해, 뱀파이어를 판별하는 방법을 찾아야 했다.

시신이 뱀파이어가 되었는지 아닌지를 판별하기 위해, 어린아이의 경우 매장된 지 3년 뒤, 젊은 사람의 경우엔 죽은 뒤 4, 5년 뒤, 나이든 사람의 경우엔 죽은 지 7년 뒤에, 이들의 시신을 무덤에서 꺼내어 시신이 부패하였는지 확인하였다고 한다. 영혼이 시신을 떠나지 않으면 시신은 부패하지 않고, 산 사람처럼 보인다고 생각하였기 때문이다. 따라서 시신이 완전히 부패하였으면 뼈를 물과 와인에 씻어 천에 감싼 뒤 다시 장례식을 치른 다음 매장하였고, 시신이 부패하지 않고 살아 있는 것처럼 보이면, 뱀파이어라고 판단하여 뱀파이어 처형방식에 따라 시체를 처리하였다고 한다.

하지만 뱀파이어 감별법이 죽은 지 몇 년 뒤에만 행해지는 것은 아니었다. 매장한지 며칠 혹은 몇 달이 되지 않았더라도, 시신의 얼굴이 붉거나, 시신에 피가 묻어 있는 경우, 혹은 시신의 입에서 피가 흘러나오거나 시신이 부풀어 있는 경우, 혹은 시신에 바늘이 잘 들어가지 않는 경우엔 망자가 뱀파이어가 된 것으로 간주하였다. 또한 흰 말이나 숫거위가 낮에도 시신이 묻힌 무덤을 넘어가지 않으려는 경우, 무덤 주변에 작은 구멍이 나 있는 경우, 그리고 무덤 주변에 피가 튀겨져 있는 경우엔 그 무덤에 묻힌 망자는 뱀파이어가 되었다고 믿었다. 동물들은 뱀파이어가 어디 있는지 알고 있다고 생각하였고, 무덤 주변의 작은 구멍들은 몸을 작게 변형시킬 수 있는 뱀파이어가 밖으로 빠져나온 통로이며, 무덤가에 튀어 있는 피는 뱀파이어의 희생자들의 피라고 생각하였기 때문이다.

이상의 뱀파이어 판별법은 망자가 묻힌 무덤이나 망자의 시신에 나타난 어떤 현상에 근거한 것이다. 하지만 무덤에 묻힌 망자의 시신 상태와는 상관없이 망자가 뱀파이어가 되었다고 믿는 경우가 있다. 망자의 가족들이 아무 이유 없이 죽어가고, 망자가 살던 마을 사람들도 갑작스럽게 죽는 경우, 혹은 망자가 살던 지역에 비나 우박이 심하게 내리는 경우, 혹은 가뭄과 흉작이 오는 경우, 심지어 마을 사람 중 누군가가 뇌졸중에 걸리거나, 마을의 가축이 죽는 경우, 망자가 뱀파이어가 되어 저지른 소행이라고 생각하여, 마을 사람들은 망자의 시신을 꺼내 뱀파이어 처형방식에 따라 시신을 다시 처리하였던 것이다.

뱀파이어의 실체

뱀파이어 판별법은 결국 뱀파이어의 실체에 대한 논의로 이어진다. 뱀파이어 판별법은 크게 두 가지 항목에 근거하여 시행되었는데, 뱀파이어의 몸이라고 추정되는 시신과 관련된 판별 방법과 망자가 거주하던 지역이나 가족 혹은 이웃에게 발생하는 재앙에 근거한 판별 방법이다. 전자의 경우는 시신의 상태에 근거하기 때문에, 물리적 설명이 요구되며, 후자의 경우, 즉 망자의 가족과 이웃에 벌어진 재앙에 근거한 뱀파이어 판별법은 뱀파이어의 상징적 의미에 대한 질문으로 이어진다.

전자에 의거한 뱀파이어 판별법에 대해선 많은 연구자들이 과학적, 의학적 설명을 내놓았다. 우선 뱀파이어라고 의심되는 시신에서 발견되는 현상은 실제 매장된 지 얼마 되지 않은 시신에서 충분히 발견될 수 있다는 주장이 있다. 폴 바버(Paul Barber)는 『뱀파이어 매장과 죽음』(*Vampires, Burial, and Death* 1988)에서 시신의 입에서 피가 흘러나오거나, 시신의 혀가 나오고, 시신이 부풀어 오르는 것, 혹은 시신에 가스가 차는 현상은, 부패가 시작된 시신에서 보이는 일반적인 특징이라며, 당시 이를 근거로 시신이 뱀파이어라고 믿었던 것은 잘못되었다는 주장을 편다.

다음으로 설득력 있는 설명은 조기 매장설이다. 죽음에 대한 정의가 애매했던 과거에는 완전히 숨을 거두지 않았지만, 모든 동작이 멈추게 되어, 말도 하지 못하고 움직이지도 못하는 긴장성혼미(緊張性昏迷) 상태에 있는 사람을 죽은 것으로 오인하여 조기 매장을 하는 경우가 있었다는 것이다. 이때 산 채로 매장된 사람이 후에 의식을 되찾아 관에서 탈출을 시도할 때, 자연, 피투성이가 되어 결국 관에서 죽게 되었을 때, 이 모습이 흡사 뱀파이어의 모습을 연상시킬 수 있다는 것이다.

조기 매장설과 관련해 시체도굴설도 뱀파이어 전설의 확산을 불러왔다. 신종범죄자들이었던 시체도둑들은 매장 직후의 시체를 몰래 파내어 해부용 시체를 원하는 의사들에게 팔았는데, 이로 인해 조기 매장되어 깨어난 사람이 목격되었다는 것이다. 즉 죽은 것으로 오인되어 매장된 사람이 실제로 죽기 전에 시체도굴꾼에 의해 무덤 밖으로 나온 것이, 마치 죽은 사람이 귀환한 것으로, 즉 뱀파이어로 돌아온 것으로 오인했다는 것이다.

조기 매장설과 함께 시체 간음설도 뱀파이어 신화가 형성되는데 어느 정도의 역할을 하였다는 주장이 있다. 평균수명이 짧았던 과거에는 젊어서 죽은 여자들이 많았는데, 한밤중에 무덤을 파헤치고 여자의 시체를 꺼내 간음하는 변태성욕자들로 인해 무덤가에 버려진 여자의 시체가 흡사 뱀파이어를 연상케 했다는 것이다.

뱀파이어를 의학적으로 관점에서 설명하려는 시도도 있다. 뱀파이어를 포르피린증 (porphyria) 환자로 보는 것이 대표적이다. 뱀파이어가 햇빛과 마늘을 싫어하고 이가 길다는 사실에 주목하면서, 캐나다 생화학자 돌핀(David Dolphin)은 헤모글로빈이 철분과 결합하도록 해주는 포르피린이 제 역할을 못하는 포르피리아에 걸리게 되면 뱀파이어가 겪는 증상이 나타난다고 주장한다. 포르피리아에 걸린 환자는 햇볕을 쬐면, 심각한 피부 손상을 입고, 마늘을 먹으면 갑작스러운 발진으로 사망할 수 있으며, 잇몸이 주저앉는 합병증에 걸려 이가 정상보다 더 길어 보일 수 있다는 것이다. 레이몬드 맥낼리(Raymond McNally)도 이런 가설에 어느 정도의 신빙성을 두고 이 병을 "뱀파이어병"(vampire disease, McNally 132)이라고 부르며, 실제로 동유럽 귀족들 사이에서 이 병에 걸린 사람이 많아, 오백년 전 경에 의사들이 사람의 피를 마시라고 권하였다고 한다. 따라서 "농부가 성에 뱀파이어가 있다고 말할 때, 그는 민간전승을 말하는 것이 아니라 실제로 피를 마시는 사람을 말하는 것"(McNally 132)이라고 맥낼리는 주장한다.

시신의 상태와는 상관없이, 망자가 죽은 뒤 재앙이 벌어졌다는 사실에 근거하여, 망자가 뱀파이어가 되었다고 추정하는 것은, 망자가 살면서 반기독교적인 행위를 했거나, 악행을 저질렀을 경우, 뱀파이어가 된다는 믿음과 관련이 있다. 뱀파이어는 모든 재앙과 죽음을 불러오는 원인이라고 생각하였기 때문에, 천재지변과 죽음, 고통스러운 상황이 발생하면 이를 뱀파이어의 소행이라고 생각하여 매장된 시신을 파헤쳐 뱀파이어를 제거하는 방식에 따라 처리하였다. 이런 점에서 적그리스도적로서의 뱀파이어는 악마의 하수인 혹은 마녀와 같은 존재로 간주되었던 것이다. 마녀는 가축의 병, 죽음, 홍수, 가뭄과 같은 자연적 재앙뿐만 아니라, 뇌졸중, 성 불능, 실연 같은 개인적인 불행도 가져온다고 생각하였기 때문이다.

불행과 재앙의 원인으로서의 뱀파이어는 전염병의 원흉, 더 나아가 전염병의 상징으로도 볼 수 있다. 이런 관점에서 뱀파이어를 보는 시각은 나름의 근거가 있다. 몬테규 서머스에 따르면 사후 뱀파이어가 된 사람은 "지상에 있을 때 그가 가장 사랑하던 사람들, 혈연과 애정으로 연결되어 있는 사람들"(Summers, *Vampires and Vampirism* 282)만 찾아갈 수 있다고 한다. 즉 뱀파이어가 무덤에서 나와 찾아갈 수 있는 사람은 가족이라는 것이다. 망자가 전염병에 걸려 사망하였다면 이는 충분히 과학적으로 설명될 수 있는 상황이다. 망자와 같이 생활하였던 가족들이 제일 먼저 전염될 가능성이 많기 때문이다. 이는 뱀파이어에 대한 믿음이 절정에 달했던 17세기에 흑사병이 맹위를 떨쳤다는 사실을 통해서도 짐작할 수 있다. 세균에 대한 개념이 없고, 또 병이 전염될 수 있다는 사실을 알지 못했던 당시 사람들은 많은 사람들이 원인 모르게 죽어가는 것을 보고, 오랜 전통에 따라 이를 뱀파이어와 같은 악령의 소행으로 이해하였기 때문이다.

뱀파이어의 상징적 의미

피는 전통적으로 생명의 상징이다. 상처가 나 피를 흘리면 몸이 약해지고 사망에까지 이를 수 있기 때문이다. 따라서 과거에는 몸이 약해지거나 힘이 빠질 경우, 힘을 되찾기 위해 피를 마시는 경우가 있었다고 한다. 따라서 남의 피를 빤다는 것은 상대방의 생명을 앗아가는 행위와 동일한 것으로 간주되어, 피를 빠는 뱀파이어는 착취자이자, 생명과 자유를 억압하고 앗아가는 독재자의 상징이 되었다.

런던의 잡지 『더 크래프츠맨』(*The Craftsman*)의 1732년 5월 20일자에 실린 「정치계의 뱀파이어들」이라는 제목의 기사는, 영국 최초의 수상이자 장기 집권을 한 로버트 월폴(Robert Walpole)과 그의 추종자들을 금권정치로 나라를 어지럽힌 뱀파이어에 비유하였고, 프랑스의 소설가 빅토르 위고(Victor Hugo)는 1764년에 출판한 『철학사전』(*Dictionnaire Philosophique*)에서 시민들의 피를 빨아먹는다며 투기업자, 음식점 주인, 장사꾼들, 정치적 폭군 또한 뱀파이어라 칭했다(144). 이는 공산주의 선언을 한 칼 마르크스(Karl Marx)와 엥겔스(Friedrich Engels)에서도 찾아볼 수 있다. 이들은 『자본론』(*Capital*)에서 "자본은 죽은 노동으로 뱀파이어처럼 살아있는 노동을 빨아 먹음으로써만 살아가고, 더 오래 살수록 더 많은 노동을 빨아들인다" (342)며, 자본가를 노동자의 피를 빠는 뱀파이어에 비유하였던 것이다. 이런 점에서 뱀파이어는 "인간의 괴물성"(human monstrosity)을 보여주는 상징으로, 뱀파이어 신화는 "사회 비판의 은유"(Ruthner 5)로서 사용되었던 것이다.

뱀파이어의 속성 중 하나는 사진에 찍히지 않고, 거울에도 비치지 않으며, 그림자도 없다. 또한 뱀파이어는 초대받은 곳만 갈 수 있다고 한다. 이러한 사실은 "살아 돌아온 시체"라는 뱀파이어의 정의에 부합되지 않는 것처럼 보인다. 살아있는 시체로서의 뱀파이어는 분명 눈에 보이기 때문에 당연히 거울에 비쳐야 하기 때문이다. 더우이 뱀파이어가 초대받은 곳만 갈 수 있다는 사실은 살아있는 사람에 대한 적개심으로 그들을 찾아가 위해를 끼친다고 알려진 뱀파이어의 속성과는 배치되는 것이다.

이런 사실은 뱀파이어를 단순히 죽었다 돌아온 시체로서, 혹은 산 사람의 피를 빠는 존재로서만이 아니라, 새로운 시각에서 바라보아야 한다는 점을 시사한다. 그것은 바로 뱀파이어는 실제로 하나의 형체와 몸을 지닌, 죽었다 돌아온 시체가 아니라, 우리 정신세계의 투영물, 우리 자신의 또 다른 모습일 수 있다는 것이다. 뱀파이어가 초대받은 곳만 갈 수 있다는 것은 뱀파이어가 우리 안에 이미 있다는 의미가 될 수 있기 때문이다. 따라서 뱀파이어는 인간 무의식에 내재한, 기존의 종교나 도덕률에 억압되었다가 귀환한 우리의 자아의 또 다른 표상, 우리의 자화상일 수 있는 것이다.

뱀파이어를 단순히 사회의 악, 반기독교적인 존재로 보는 시각은 뱀파이어가 사실 죽은 자들의 세계인 저승에서 도래한 존재가 아니라 우리 내부에 이미 있던 우리의 또 다른 억압된 자아가 귀환한 것이라는 정신분석학적 해석에 의해 심각한 도전을 받는다. 즉 잠을 자던 중 (인큐버스나 서큐버스의 형태를 띤) 뱀파이어의 공격을 받는다는 것은 뱀파이어가 외부에서 온 침입자가 아니라, 무의식에 억압된 우리의 자아가 (무의식을 드러내는 잠을 통해) 노출된 것으로 해석될 수 있는 것이다.

뱀파이어 신화에 내재한 이 두 가지 상반되는 상징적 의미는 뱀파이어를 소재로 한 문학 작품에 항상 공존하여왔다. 전자는 뱀파이어를 나/사회를 위협하는 외부에서 온 침입자로 보는 것이고, 후자는 지킬 박사 안에 있는 하이드처럼, 내 안에 있는 이질적인 “나”, 내 안에 있는 “억압된 나”로서 항상 내 안에 있어왔던 “나”로 보는 것이다. 하지만 이 두 가지 해석이 서로 양립할 수 없는 것은 아니다. 뱀파이어는 나/사회를 위협하는 외부에서 온 침입자처럼 보이지만, 실상은 내 안의 늘 있어왔던 나일 수 있기 때문이다. 뱀파이어를 자아와의 관계 속에서 살펴보는 것과 뱀파이어를 사회적 맥락에서 살펴보는 것이 서로 다르지 않은 이유는 여기에 있다.

뱀파이어로 간주되는 역사적 인물

실제로 뱀파이어는 아니지만, 타인의 피를 빼앗으며 잔인하게 목숨을 앗아간다는 의미에서 뱀파이어라고 불리는 역사적 인물들이 있다. 그 중에서도 가장 잔인한 방식으로 수많은 사람들의 피를 흘리게 하고, 생명을 앗아가, 뱀파이어란 수식어를 얻게 된 사람은 15세기 루마니아의 블라드(Vlad) 3세와 16세기 헝가리의 에르제베트 바토리(Erzsébet Báthory) 백작 부인이다. 공교롭게도 뱀파이어에 대한 믿음이 가장 강력했던 동유럽의 두 나라인 루마니아와 헝가리 출신인 이들은 우선적으로 피를 떠올리게 하는 잔인한 행각을 벌여 뱀파이어의 전형이 된다.

블라드 3세(1431-1476)

블라드 3세는 지금의 루마니아(왈라키아와 몰다비아가 합쳐져 오늘날의 루마니아가 되었다)에 속하는 고대왕국 왈라키아(Wallachia)의 군주였다. 그에게는 두 개의 별칭이 있었는데, 하나는 루마니아어로 "꼬챙이"란 의미의 체페슈(Tepes)란 단어가 붙어 생긴 블라드 체페슈와, 용이란 의미의 "드라큘"(Dracul)이란 단어에 아들이란 의미의 "아"(a)가 붙어 생긴 드라큘라(Dracula)였다. 그는 실제로 문서에 드라큘라라고 서명하기도 하고 스스로를 드라큘라라고 불렀는데, 이 드라큘라라는 이름은 그의 부친인 블라드 2세의 별칭이었던 "드라큘"에서 유래한

블라드 3세

것이다.

"꼬챙이"란 의미의 체페슈가 그를 가리키는 수식어가 된 것은 그의 잔인한 행적 때문이었다. 15세기의 왈라키아의 군주였던 그는 적군이나, 전쟁 포로, 혹은 자신의 명령을 따르지 않은 사람들이나 범법자들을 모두 긴 뾰족한 막대기에 꽂아 잔인하게 처형하여 이러한 별칭을 얻게 되었던 것이다. 기록에 따르면 그는 포로들이나 죄인들을 꼬챙이에 꿰어 세워놓고는 서서히 죽어가는 모습을 즐겼고, 심지어 이들이 죽어가는 모습을 보며 식사를 즐겼다고 한다. 그의 잔인한 처형방법에 대해, 누렘베르크(Nuremberg)의 암브로시우스 후버(Ambrosius Huber)는 1499년에 발간한 팸플릿에서 다음과 같이 소개하고 있다. "여기 야만적이고 피에 굶주린 인간인 드라큘라에 관한 아주 잔인하고 무서운 이야기가 소개되어 있다. 그가 어떻게 사람을 꼬챙이에 꿰고, 사람들의 머리를 솥에 넣고 어떻게 끓이고 태우는지, 그가 사람들의 살을 어떻게 벗겨내고 양배추 통처럼 사람들을 난도질하는지, 이 이야기들은 알려준다. 그는 또한 어린아이를 구워 아이들의 어머니가 먹게 하였다. 이 밖에 많은 끔찍한 이야기가 이곳에, 그리고 그가 통치하던 땅에 쓰여 있다."(McNally 79 재인용)

독일에서 출판된 여러 팸플릿에는 드라큘라의 잔인한 행각이 다수 기술되어 있는데, 그중 드라큘라가 사람들의 배와 창자, 심장을 긴 꼬챙이에 어떻게 꿰뚫는지 상세한 설명을 단 팸플릿은 드라큘라가 심지어 젖먹이 아기의 머리와 아기 엄마의 가슴을 꼬챙이로 뚫은 일화를 소개하며, 그가 종교, 나이, 인종, 성별과 관계없이, 그리고 자신의 적이든, 법을 어긴 자신의 국민이든 간에 이런 처형방법을 사용하여 사람들에게 엄청난 공포심을 주었다고 말하고 있다. 또 다른 팸플릿은 꼬챙이를 이용한 처형방법 이외에 드라큘라가 사람의 코, 귀, 성기, 수족 등을 어떻게 자르고 난도질하였는지, 그리고 사람들을 산채로 태우고, 끓는 물에 넣고, 불에 굽고, 살갗을 벗기고, 어떻게 신체에 못을 박았는지 설명한다.

신성로마제국의 프레더릭(Frederick) 3세의 궁정 시인이었던 미헬 베하임(Michel Beheim)도 드라큘라의 잔인함에 대해 들었던 것 같다. 역사적 사건을 소재로 시를 썼던 그는 1463년에 천행이 넘는 「왈라키아의 드라큘라라고 불리는 피에 굶주린 광인의 이야기」("Story of a Bloodthirsty Madman Called Dracula of Wallachia")란 제목의 시를 써, 이를 프레더릭 3세 앞에서 수차례 낭송하였다고 하는데, 맥낼리에 따르면 "드라큘라의 생애에 대한 가장 방대한 그 시대의 이야기"(83)인 이 시에는, 드라큘라가 심지어 사람의 피에 빵을 찍어 먹기조차 하였다고 기술되어 있다고 한다. 드라큘라 하면 뱀파이어를 떠올리게 된 데에는 이 시의 역할도 있었던 것 같다.

이렇듯 뱀파이어와 같은 인물로 회자되었던 블라드 3세, 즉 드라큘라는 후에 실제로 브람 스토커(Bram Stoker)의 소설 『드라큘라』(*Dracula*)를 통해 뱀파이어의 전형으로서 문학 작품에 등장하며 많은 뱀파이어 문학에 영감을 주었다. 이는 역사상 실제로 존재하였던 드라큘라가 사람들을 뾰족한 말뚝에 박아 잔인하게 서서히 피를 흘리게 하면서 죽였다는 점에서 뱀파이어가 갖고 있는 이미지와 부합되기도 하였고, 뱀파이어 전설이 널리 퍼져 있던 루마니아 출신이어서 더더욱 그랬을 것이다. 이렇듯 드라큘라 즉 루마니아의 블라드 3세가 남자 뱀파이어의 역사적 모델이었다면, 여자 뱀파이어의 모델은 역시 뱀파이어 전설의 진원지이기도 한 헝가리 출신의 에르제베트 바토리 백작 부인이다.

에르제베트 바토리(1560-1614)

에르제베트 바토리

블라드 체페슈와 마찬가지로 헝가리 왕국 출신의 에르제베트 바토리 혹은 바토리 백작 부인 또한 뱀파이어와 직접적인 연관성은 없지만, 블라드 3세와 마찬가지로 "많은 살인과 피에 대한 집착"(Bunson 17)으로 인해, 후세 사람들은 그녀를 "피의 백작 부인"이라고 부르며, 뱀파이어 혹은 뱀파이어 전설과 연관시킨다.

기네스북에서 가장 많은 사람을 죽인 여자 연쇄 살인마로 기록되어 있으며, 서머스가 "사람 잡아먹는 끔찍한 괴물"(Summers, *Vampires and Vampirism* 64)이라고 칭한, 에르체베트 바토리는 1560년에 헝가리의 명문 귀족 집안에서 태어났다. 에르체베트 바토리는 1575년 15세의 나이로 헝가리의 갑부 페렌츠(Ferenc nadasdy) 백작과 결혼하여 헝가리의 카르파티아(Carpathia) 산꼭대기에 위치한 체이테 성(Čachtice Castle)에서 생활하였는데, 1600년 남편 사망 후, 살인을 포함한 잔인하고도 엽기적인 행동을 서슴지 않았다고 한다.

바토리 백작 부인이 많은 사람을 죽였고, 실종된 젊은 여자들이 많다는 소문이 퍼지사, 사태의 심각성을 깨달은 헝가리의 마티아스(Matthias) 2세는 바토리 백작 부인의 후견인이기도 한 투르조(György Thurzó)에게 진상 조사를 명한다. 조사 결과는 충격적이었다. 피가 젊음과 아름다움을 가져다준다는 생각에서 바토리 백작 부인은 수년간에 걸쳐 "죽은 지 얼마 안 되는 하녀들의 피"(Everett 88)로 목욕을 하였는데, 이를 위해 죽인 여자들의 수는 610명(이 숫자는 50명에서 수백 명에 이르기까지 증인마다 달랐다)에 달한다고 많은 사람들이 증언하였던 것이다.

바토리 백작 부인이 처녀들의 피를 얻기 위해 고안한 여러 도구들에 대한 증언도 있었다. 그 중 대표적인 "철의 처녀"(Iron Maid)는 사람의 형태로 만들어진 관으로, 그 안에는 수많은 뾰족한 꼬챙이가 들어있는데, 여기에 사람을 넣고 뚜껑을 닫으면 자연스럽게 몸 곳곳에서 피가 흘러나와, 바토리 백작부인은 피의 목욕을 즐길 수 있었다는 것이다. 이와 비슷한 도구로 "철의 새장"이라는 것도 있었는데, 사람 한 명이 들어갈 수 있는 크기의 새장에 처녀를 넣고 도르래로 "철의 새장"을 허공에 올린 뒤, 뾰족한 철침으로 처녀의 몸을 찔러 피가 아래로 떨어지면, 바토리 백작 부인은 그 피로 샤워를 했다고 한다[9].

철의 처녀

이런 유의 여러 증언을 수집한 뒤, 투르조는 그해 12월 체이테 성을 급

9) 이처럼 피에 집착했을 뿐만 아니라, 동성의 여자들에게 고통을 주며 학대하는 것을 즐기던 바토리 백작부인은 "사디스트이자 복장 도착자"(Gelder 25)의 모습도 보여, 그녀가 처녀들을 죽이기 전 함께 난교(orgies)도 했다는 주장이 있다.

습하여, 감금된 여자들과 온몸에 바늘이 꽂혀있는 여자들, 그리고 바토리 백작 부인이 사용한 고문 도구들을 찾아낸 뒤, 바토리 백작부인과 이 일에 가담한 그녀의 하인들을 체포한다. 하인들은 대부분 사형 선고를 받았으나, 바토리 백작 부인은 왕족임을 감안해 체이테 성안에 있는 그녀의 침실에 가두고, 음식이 들어갈 수 있는 작은 틈만 남겨 놓고는 벽돌을 발라 방을 폐쇄하였다고 한다. 결국 4년 뒤인 1614년 8월 바토리 부인은 감금된 방에서 죽음을 맞이하였는데, 이후로 죽은 바토리 백작부인이 밤중에 바깥을 배회하는 모습을 보았다는 증언이 나와, 사람들은 그녀가 뱀파이어가 되었다고 생각하게 되었다.

뱀파이어 시문학

17세기에 들어서면서 뱀파이어에 관한 이야기는 단순히 전설로만 그치지 않았다. 뱀파이어 민간전승의 확산으로 뱀파이어가 실제로 존재한다고 믿는 사람들이 점차 늘기 시작하였던 것이다. 뱀파이어의 존재를 믿는 사람 중에는 실제로 뱀파이어가 농가를 공격하고 있다고 생각하여, 뱀파이어가 공격한 사례를 저널과 신문에 기고하기 시작한다. 뱀파이어의 존재에 대한 이러한 만연된 믿음은 결국 17세기 초, 세르비아에서 벌어진 공식적인 뱀파이어 조사로 이어졌다. 당시 정부는 뱀파이어로 의심되는 사람들의 무덤을 파헤쳐 진짜 뱀파이어인지 조사를 벌였다. 이를 계기로 뱀파이어는 전설이나 민담의 수준을 넘어 많은 사람들에게 퍼져갔고 급기야 뱀파이어를 소재로 한 문학 작품의 출현으로 이어지게 되었다.

뱀파이어를 소재로 다룬 문학은 단연 소설 분야에서 두드러지지만,

최초로 뱀파이어를 다룬 장르는 시였다. 19세기에 들어와서야 뱀파이어를 소재로 삼기 시작했던 소설과는 달리 시에서는 이미 18세기 중반부터 뱀파이어가 등장하였기 때문이다. 그 시발점은 독일에서였다. 뱀파이어가 최초로 등장한 문학 작품은 신성로마제국 출신의 하인리히 아우구스트 오센펠터(Heinrich August Ossenfelder)가 1748년에 출판한 시 「뱀파이어」("Der Vampir")였다. 강한 에로틱한 분위기를 자아내는 이 시는 독실한 기독교도인 어머니의 영향을 받아, 경건한 삶을 사는 어느 여인에게 연모의 마음을 품고 있던 남자가 구애하지만, 결국 거절당하자, 남자는 뱀파이어가 되어 밤마다 여자를 찾아가 키스를 하며 피를 빤다는 내용이다.

1773년에 출판된 고트프리트 아우구스트 뷔르거(Gottfried August Bürger)의 시 「레오노레」("Leonore")도 초기 뱀파이어 문학으로서의 기원을 이룬다. 이 시의 여주인공 레오노레는 "칠년 전쟁"(Seven Years' War)에 나간 약혼자 윌리엄(William)이 돌아오기를 기다리지만, 다른 병사들은 전쟁터에서 돌아오는데 정작 약혼자에 대해선 아무 소식도 듣지 못한다. 그러던 중 약혼자 윌리엄처럼 생긴 남자가 찾아와 레오노레를 말에 태워 어디론가 데려가는데, 도착한 곳은 바로 윌리엄이 묻힌 무덤이었다. 이 시에 등장하는 윌리엄은 엄밀한 의미에서 뱀파이어는 아니다. 그는 단지 무덤에서 나와 이승의 약혼녀를 찾아간 되살아난 시신일 뿐이다. 하지만 살아 움직이는 시체가 뱀파이어의 첫 번째 조건이라는 점에서 이 작품은 많은 뱀파이어 문학의 영감의 원천이 되었다.

뷔르거의 시에 나오는 윌리엄보다 좀 더 뱀파이어에 가까운 인물이 등장하는 시는 독일의 낭만주의 시인 괴테(Goethe)가 1797년에 출판한 「코린트의 신부」("The Bride of Corinth")다. 사랑하는 남자와 약혼을 했지만 어머니에 의해 파혼한 뒤, 수녀가 된 여자는 죽은 뒤에도 생전의 연인을 잊지 못해, 약혼자의 심장에서 나오는 피를 마시기 위해 무덤에서 나와 뱀파이어가 되었다는 내용이다. 뱀파이어가 생전에 자신과 가장 가까운 사람을 찾아가 그 사람의 피를 마신다는 민간전승의 관점에서 볼 때, 이 시는 전통적인 의미의 뱀파이어를 소재로 한 본격적인 문학 작품임에 틀림없다.

영문학에서 최초로 뱀파이어를 언급한 작품은 영국의 낭만주의 시인 로버트 사우디(Robert Southey)가 1797년에 발표한 서사시『박멸자 살라바』(*Thalaba the Destroyer*)다. 살라바는 포로가 된 아라비아의 처녀 오네이자(Oneiza)를 구하고 그녀와 사랑에 빠져 결혼을 하려했지만 오네이자는 갑작스러운 죽음을 맞이한다. 하지만 슬픔에 잠긴 살라바 앞에 오네이자가 나타나는데, 그녀의 부친인 모아스(Moath)는 그녀가 뱀파이어라는 것을 알고는 뱀파이어 처치법에 따라 말뚝을 박아 죽인다.

사우디의 이 시의 뒤를 이어 뱀파이어를 소재로 쓴 시는, 역시 영국의 낭만주의 시인 바이런(Byron)이 1813년에 발표한「자우르」("The Giaour")다. 자우르는 라일라(Leila)라는 하산(Hassan)의 여자를 사랑하게 되는데, 이 사실을 알게 된 하산은 라일라를 묶어 강물에 던져 죽게 한다. 자우르는 사랑하는 여인에 대한 복수로 하산을 죽이는데, 그 죄로 자우르는 죽은 뒤 뱀파이어가 되어 자신의 가족을 피를 빨게 될 운명을 맞이한다. 뱀파이어 민간전승에 따르면 사후 뱀파이어가 되는 사람에는 생전에 범죄행위를 저지른 사람도 있고, 또 뱀파이어는 자신의 가족의 피부터 빤다고 하는데, 이 점에서 바이런이 살인을 저지른 자우르가 후에 뱀파이어가 될 것이고, 따라서 자신의 가족의 피를 빨게 될 것이라고 말한 것은, 그가 뱀파이어 민간전승에 대해 잘 알고 있음을 보여준다.

윌리엄 워즈워스(William Wordsworth)와 함께 영국의 초기 낭만주의 시대를 열었던 코울리지(Samuel Taylor Coleridge)도 1816년에 출판한 시 「크리스타벨」("Christabel")에서 뱀파이어를 떠올리는 인물을 등장시킨다. 이 시의 주인공 크리스타벨은 숲에서 기도하던 중 만난 제럴딘(Geraldine)이라는 아름다운 여인에게 매료되어 자신의 집으로 데려와 침실을 공유한다. 하지만 제럴딘은 크리스타벨에게 마법을 걸어 그날 침실에서 일어난 일을 누구에게도 이야기하지 못하게 한다. 제럴딘에게 매혹과 거부감을 동시에 느끼던 크리스타벨은 후에 마법에서 풀렸을 때 제럴딘이 자신을 속였다는 사실을 깨닫고는 부친에게 이를 알리려 하지만, 그녀의 부친은 크리스타벨의 말을 무시하는 것으로 이야기는 갑자기 끝이 난다. 이 시에서 제럴딘이 저승에서 돌아온 뱀파이어라고 명확히 제시되진 않는다. 코울리지는 비밀에 싸인 제럴딘이 사람을 유혹하여 파멸시키는 힘을 가진 초자연적인 존재라는 암시만 하였기 때문이다.

이상과 같이 뱀파이어를 소재로 한 초기 시들은 뱀파이어를 흡혈을 하는 존재, 죽음에서 돌아온 시신, 혹은 미스터리에 쌓인, 매혹과 혐오를 동시에 불러일으키며 희생자를 위협하는 존재로 그려, 뱀파이어를 나와 공동체의 적, 나와 함께 할 수 없는 절대적 타자로 상정하고 있다. 하지만 뱀파이어를 단순한 적, 혹은 절대적 타자로서가 아니라, 억압되고 타자화된 또 다른 자아의 상징으로 보려는 시도가 나타나기 시작한다. 뱀파이어에 대한 이러한 관점의 변화는 본격적으로 뱀파이어를 소재로 삼기 시작한 소설에서 나타난다.

인용 문헌

Barber, Paul. *Vampires, Burial, and Death: Folklore and Reality*. New Haven: Yale University Press, 1988.

Bunson, Matthew. *The Vampire Encyclopedia*. New York: Gramercy Books, 1993.

Everett, Justin. "The Borg as Vampire in *Star Trek: The Next Generation* (1987-1994) and *Star Trek: First Contact* (1996): An Uncanny Reflection." *Draculas, Vampires, and Other Undead Forms*. Eds. Browning, John and Picart, Caroline. Lanham: The Scarecrow Press, 2009:77-92.

Glover, David. *Vampires, Mummies, and Liberals*. Durham and London: Duke UP, 1996.

Dundes, Alan. *The Vampire: A Casebook*. Madison: The University of Wisconsin Press, 1998.

Gelder, Ken. *Reading the Vampire*. London and New York: Routledge, 1994.

Gordon, Joan and Hollinger, Veronica. Eds. *Blood Read: The Vampire as Metaphor in Contemporary Culture*. Philadelphia: University of Pennsylvania Press, 1997.

Lucendo, Santigo. "Return Ticket to Transylvania: Relations between Historical Reality and Vampire Fiction." *Dracula, Vampires, and Other Undead Forms*. Eds. Browning, John Edgar and Picart, Caroline Joan. Lanham: The Scarecrow Press, 2009:115-26.

Marx, Karl. *Capital: A Critique of Political Economy, Volume 1*. Trans. Ben Fowkes. Harmondsworth, 1976.

McNally, Raymond and Florescu, Radu. *In Search of Dracula: The History of Dracula and Vampires*. Boston and New York: Houghton Mifflin Company, 1992.

Ruthner, Clemens. "Vampirism as Political Theory: Voltaire to Alfred Rosenberg and Elfriede Jelinek. *Visions of the Fantastic*. Ed. Becker, Allienne. London: Greenwood Press, 1996.

Summers, Montague. *Vampires and Vampirism*. Mineola, New York: Dover Publications, Inc., 2005.

.....*The Vampire, His Kith and Kin*. Pinnacle Press, 2017.

6장

옴므 파탈(Homme Fatale)로서의 뱀파이어: 폴리도리(Polidori)의 『뱀파이어』(*Vampyre*)

윌리엄 폴리도리(William Polidori, 1795-1821)

옴므 파탈(Homme Fatale)로서의 뱀파이어: 폴리도리(Polidori)의 『뱀파이어』(*Vampyre*)

창작 배경

18세기부터 동유럽의 민간전승에 널리 퍼져 있던 뱀파이어에 관한 이야기가 서유럽으로 유입되면서 뱀파이어에 관한 관심이 서유럽인들 사이에서도 점차 확산하기 시작하였다. 뱀파이어를 소재로 한 시문학이 나오기 시작하였고, 이에 힘입어 본격적으로 뱀파이어를 주인공으로 등장시킨 존 윌리엄 폴리도리(John William Polidori)의 『뱀파이어』(*Vampyre*)가 1819년에 출판된다.

출간되자마자 이 소설은 영국과 유럽에서 상당한 반향을 불러일으켰다. 놀랄 정도의 속도로 작품의 재판이 나오고, 작품이 출판된 바로 그 해에 프랑스와 독일에서 번역본이 나왔으며, 다음 해인 1820년에는 샤를 노디에(Charles Nodier)가 『루스벤 경』(*Lord Ruthven*) 이란 제목으로 모방작을 내놓았다. 이 소설은 드라마로도 각색 되어 무대 위에 올려 졌는데, 특히 1820년 파리에서 공연된 드라마는 대성공을 거두며 인기는 절정에 달하였다. 이에 힘입어 샤를 노디에는 1830년에 『루스벤 경과 뱀파이어들』(*Lord Ruthven et les Vampires*)이란 소설을 속편 형식으로 쓰고, 이를 다시 드라마로 각색하여 무대에 올렸다.

이렇듯 출판되자마자 획기적인 반응을 일으키며 많은 독자들과 비평가들의 관심을 받았던 이 작품을 폴리도리가 집필하게 된 계기는 매리 셸리가 『프랑켄스타인』을 집필하게 된 상황과 깊은 관련이 있다. 대륙여행을 떠나고자 하였던 바이런 경(Lord Byron)이 개인 주치의를 구하는 광고를 본 폴리도리는 바이런의 여행 행적을 상세하게 적어오면 500파운드를 지급하겠다는 출판업자 존 머리(John Murray)의 제안을 받고, 1816년 5월 바이런의 주치의로서 바이런의 대륙여행에 동행하게 되었다.

바이런이 임대한 스위스 제네바 호수 근방에 있던 빌라 디오다티(Villa Diodati)에 도착한 이들은 이곳에서 셸리 일행, 즉 영국의 낭만주의 시인 퍼시 비시 셸리(P. B. Shelley)와 후에 그의 아내가 된 매리 셸리, 그리고 매리의 이복동생인 클레어 클레어몽(Claire Clairmont)과 함께 머물게 된다. 그러던 어느 날 바이런의 제안에 따라 이들은 각자 유령 혹은 초자연적인 존재에 관한 이야기를 구상하게 되었는데, 이때 매리 셸리는 『프랑켄스타인』을, 이 제안을 한 바이런은 후에 『소설의 단편』(*Fragment of a Novel*)이라는 제목으로 알려진 미완의 소설을 구상하게 되었다.

매리는 후에 이때 구상한 이야기를 완성하여 『프랑켄스타인』란 제목 하에 출판하지만, 바이런은 이때 구상하였던 소설을 2천 단어 정도 쓰다 흥미를 잃고 집필을 중단한다. 하지만 이것이 폴리도리에게는 좋은 기회가 되었다. 평소 문학에 관심이 많았던 그는 바이런의 동의하에 바이런이 쓰다만 이야기를 바탕으로 바이런을 모델로 한 뱀파이어 루스벤 경[10]의 죽음과 부활을 그린 소설을 쓰게 되는데, 이것이 바로 최초의

10) 루스벤이 바이런을 모델로 창조된 인물이라는 사실은 캐롤라인 램(Caroline Lamb)이 쓴 소설 『글레나본』(*Glenarvon*, 1816)에 등장하는 탕아의 이름이 루스벤 경이며, 램이 자신의 전 연인이었던 바이런을 모델로 루스벤 경을 만들었다는 사실을 고려해보면, 폴리도리가 「뱀파이어」에서 루스벤 경의 모델로 바이런을 삼았다는 사실은 쉽사리 짐작할 수 있다.

뱀파이어 소설 『뱀파이어』(*Vampyre*)다.

처음 폴리도리는 자신이 완성한 『뱀파이어』 원고를 『뉴 먼스리 매거진』(*New Monthly Magazine*)의 편집자 헨리 콜번(Henry Colburn)에게 보낸다. 하지만 이를 받아 본 콜번은 폴리도리의 동의 없이, 폴리도리에게 알리지 않은 채, 이 소설에 "바이런 경이 쓴 이야기"(A Tale by Lord Byron)라는 부제를 달아, 1819년 『뉴 먼스리 매거진』 4월 호에 게재한다. 뒤늦게 이 사실을 알게 된 폴리도리는 콜번에게 이 작품은 전적으로 자신이 쓴 것이라는 사실을 편지로 밝혔고, 이 소설에 대해 낮은 평가를 하였던 바이런 자신도 이 작품은 자신의 것이 아니라고 항변하여, 원작자가 폴리도리란 사실을 공식화하였다.

바이런의 저작으로 잘못 알려졌던 폴리도리의 『뱀파이어』-책표지에 바이런 경이 저자라고 소개되어 있다.

바이런의 『소설의 단편』과 폴리도리의 『뱀파이어』 간의 연관성

폴리도리의 『뱀파이어』가 바이런의 『소설의 단편』에서 영감을 받았고 바이런의 아이디어를 일부 빌려왔기 때문에 두 작품 간의 연계성 혹은 유사성을 쉽게 찾아볼 수 있다. 바이런의 『소설의 단편』이 미완의 매우 짧은 작품이기 때문에 두 작품 간의 연계성을 찾는 데에는 한계가 있지만, 각각의 작품에 등장하는 주요 등장인물 간에는 유사한 점이 있고, 작품의 플롯이나 구조면에서도 두 작품사이엔 분명한 유사성이 발견된다. 가장 눈에 띄는 유사성은 각각의 작품에 뱀파이어로 등장하는 두 인물에게서 나타난다.

바이런의 『소설의 단편』의 주요 등장인물인 다벨(Augustus Darvell)은 상당한 재산을 가진, 오랜 귀족 가문 출신이다 (이 소설은 다벨이 뱀파이어라는 사실을 암시만 한 채 작품은 미완으로 끝난다). 여행을 많이 다닌 그는 세상사에 대해 잘 알고 있지만, 자신의 감정을 잘 숨겨 "그의 내면에서 벌어지고 있는 것"[11]을 알기 어렵기 때문에 그는 늘 신비에 쌓인 인물로 그려진다. 이 글의 화자는 이러한 다벨을 "범상치 않은 존재"(2), "놀라운"(remarkable) 사람이라고 생각하며 그에게 일종의 매력을 느껴 친해지고자 한다.

폴리도리의 『뱀파이어』에서 뱀파이어로 등장하는 루스벤 경(Lord Ruthven)도 다벨과 많은 점에서 유사하다. 그도 부유한 귀족 출신으로 특이하면서도 신비한, "놀라운"(remarkable 7) 인물이다. 많은 사람들이 그에게 매력을 느껴 그를 만나고 싶어 하는데, 이는 이 소설의 주요 등장인물인 오브리(Aubrey)도 마찬가지다. 오브리는 루스벤 경을 보자마자 그를 자신이 꿈꾸는 "로맨스의 주인공"(8)으로 여길 정도로 그에게 매료된다.

두 작품의 플롯상의 연계성은 두 작품이 모두 여행이라는 모티브를 사용했다는 사실에서도 드러난다. 『소설의 단편』의 화자는 다벨에게 대륙 여행을 제안해 같이 유럽과 터키로 향하게 되었고, 오브리도 루스벤 경에게 대륙여행을 제안하여 둘은 로마, 그리스, 터키 등지로 같이 여행을 떠나게 된다. 또한 이들의 여행 목적지인 터키와 그리스가 각각 동양과 서양문명의 시발점이란 점에서, 더 나아가 뱀파이어 전설의 기원이 되는 곳이란 점에서, 시사하는 바가 크다. 이들의 여행은 화

---

11) Alan Ryan, ed. *The Penguin Book of Vampire Stories* (Penguin Books, 1988), p. 3. 앞으로 이 책에 대한 인용은 괄호 안에 쪽수만 명기하겠음.

터키 에베소

자나 오브리의 여행이라기 보다는 두 작품에 각기 등장하는 뱀파이어들이 자신들의 기원을 찾는 여행으로 볼 수 있기 때문이다.

이러한 사실은 다벨과 루스벤 경이 각각 터키와 그리스에서 죽음을 맞이한다는 사실을 통해 짐작할 수 있다. 여행 중 다벨은 원인 모르게 점차 몸이 쇠약해지기 시작하더니 급기야 더 이상 여행할 수 없는 상태에 이른다. 하지만 다벨이 터키의 에베소(Ephesus)로 갈 것을 고집하는 바람에, 이들은 에베소에 위치한 다이아나(Diana) 여신의 신전 기둥만 남은 폐허에 다다른다. 이때 다벨은 근방에 있는 "터키 묘지"(Turkish cemetery)로 가서 자신은 죽기 위해 이곳에 왔다며, 살아있는 뱀을 물고 있는 황새가 앉아있는 묘석을 가리키며, 자신이 죽으면 묘석이 있는 곳에 자신의 시신을 묻고 자신의 죽음을 알리지 말 것을 화자에게 맹세시킨다. 말을 마치자마자 죽은 다벨의 얼굴이 검게 변하고 그의 시신이 급속도로 부패하는 것을 목격한 화자는 황급히 그가 가리킨 터키 묘지에 다벨의 시신을 묻는다.

『뱀파이어』에 묘사되는 루스벤 경의 죽음과 그 후 벌어진 일도 다벨의 경우와 상당 부분 유사하다. 오브리와 그리스의 여러 지역을 여행하다가 강도들이 쏜 총에 맞아 치명상을 입은 루스벤은 오브리에게 1년 동안 자신의 죽음을 다른 사람에게 알리지 말라고 맹세시키고, 자신에게 총을 쏜 강도들에게는 자신의 시신을 달빛이 비추는 근방의 산꼭대기에 올려달라고 요청한 뒤 사망한다.

여기까지 두 소설 사이에는 내용면이나 구조면에서 상당히 유사하다. 하지만 미완으로 끝이 난 바이런의 작품에선 화자가 다벨의 시신을 묻는 것으로 끝이 나, 그가 뱀파이어인지는 확실하게 제시되지 않는다. 반면 폴리도리는 부활한 루스벤 경이 런던 사교계로 복귀하며 예전에 하던 일을 계속한다.

새로운 뱀파이어의 전형

두 작품 간의 많은 유사성에도 불구하고 폴리도리의『뱀파이어』는 바이런이 쓴『소설의 단편』의 단순한 연장선상에 있는 것은 아니다. 바이런은 다벨이 (뱀파이어로서 혹은 뱀파이어가 아니더라도) 구체적으로 어떤 행위를 했는지, 혹은 어떤 의미에서 그가 악과 관련된 미스터리한 존재인지 전혀 알려주지 않는다. 반면 폴리도리는 루스벤 경이 죽은 뒤 다시 살아났다는 것과, 그가 사람들의 피를 빤다는 사실을 명확히 보여줌으로써, 루스벤이 뱀파이어임이 분명하게 제시한다. 이는 역으로 폴리도리가 민간전승에서 거론되는 뱀파이어의 속성에 대해 잘 알고 있었으며, 뱀파이어 전설을 토대로 이 소설을 구상했다는 사실을 말해준다. 이러한 사실은 이 작품의 서문에도 드러난다.

> 이 이야기의 토대가 되는 미신은 동양에서는 매우 일반적인 것이다. 아라비아 사람들 사이에 이것, 그러니까 무덤에서 일어나 젊고 아름다운 여성의 피를 먹는 망자는 일상적인 것처럼 보인다... 이것은 약간의 변형을 거쳐, 그들의 희생자들은 몸이 야위고, 힘을 잃게 되어 급속도로 죽게 된다는 그런 믿음이 있는 헝가리, 폴란드, 오스트리아, 그리고 로렌에 널리 퍼졌다... 망자가

> 뱀파이어가 되는 것은 생전에 그가 저질렀던 끔찍한 죄에 대한 일종의 벌로서 간주된다.

폴리도리가 서문에서 밝힌 뱀파이어의 속성, 즉 어떤 사람들이 사후 뱀파이어가 되고, 뱀파이어가 어떤 행위를 하며, 뱀파이어의 희생자는 어떻게 되는지에 대한 설명은 민간전승에 공통적으로 나타나는 뱀파이어의 속성과 부합된다. 뱀파이어 민간선승에 따르면 선천적으로 정상적으로 태어나지 못해 뱀파이어가 되는 경우도 있지만, 주로 이단자나, 종교적인 죄를 지은 자, 범죄자들이 사후 뱀파이어가 되며, 뱀파이어에게 피를 빨린 희생자들은 모두 사망하는 것으로 알려져 있기 때문이다.

하지만 폴리도리가 말한 뱀파이어의 속성 중 전통적 뱀파이어의 속성과는 미묘한 차이가 있는 것들이 있다. 민간전승의 뱀파이어는 자신과 가장 가까운 사람, 즉 가족과 친지를 우선의 공격대상으로 삼고, 그 다음으로 이웃 사람들을 공격하는 것으로 알려진 데 반해, 폴리도리는 뱀파이어의 희생자를 "젊고 아름다운 사람"으로 한정하고 있다. 또한 전통적인 뱀파이어의 희생자들은 사후 뱀파이어가 되는 것으로 알려졌지만 폴리도리는 뱀파이어의 희생자가 사망한다고만 적시하였지, 사후 뱀파이어가 된다고는 분명하게 적시하지는 않았다.

폴리도리의 뱀파이어와 전통적 뱀파이어의 차이는 루스벤 경의 외모에서 확연히 드러난다. 민간전승 상의 뱀파이어는 살아있는 시체로, 창백하고 모습이 흉측하며, 주로 시골 농가 출신들로 별다른 세련미나 교양을 갖추지 못하였다. 하지만 폴리도리의 뱀파이어 루스벤 경은 런던 사교계의 총아로서 귀족사회에 자연스럽게 융화된 우아하고 기품 있는 인물로 외모도 출중하고 매너도 세련되어 많은 사람들의 호감을 사는 인물이다.

이런 의미에서 폴리도리의 뱀파이어는 단지 피를 빠는 살아있는 시체로서의 전통적 뱀파이어가 아니라, "뱀파이어 신화의 독창적인 버전"(Telotte 11)으로서 새로운 유형의 "현대적 뱀파이어"(modern vampire, Braudy 221)다. 즉 폴리도리의 뱀파이어는 전통적 뱀파이어 신화에 기반 하면서도 그 신화에 내재한 흡혈의 상징적 의미를 도출하여 창조된 뱀파이어로서, 수많은 아류를 낳으며, 본격적인 뱀파이어 소설의 새로운 모델을 제시하였던 것이다.

옴므 파탈 (성적 유혹자)로서의 뱀파이어

루스벤 경이 민간전승의 뱀파이어와의 주요한 차이점 중 하나는 전통적 뱀파이어와는 달리 총에 맞아 죽을 수 있다는 점이다. 하지만 뱀파이어가 살아 돌아온 시체이듯이 루스벤도 부활하는데, 그의 부활을 가능하게 하는 것은, 달빛이 비추는 산꼭대기에 자신의 시신을 놓아달라는 그의 부탁에서 짐작할 수 있듯이, 바로 달빛이다. 전통적으로 뱀파이어는 보름달이 뜰 때 가장 힘이 강력해진다고 전해지는데, 폴리도리는 바로 그 달빛을 뱀파이어 생명의 근원으로 보았던 것이다.

전통적인 뱀파이어와 루스벤의 가장 커다란 차이는 민간전승의 뱀파이어는 성별과 나이 구분 없이 사람의 피를 마시지만, 폴리도리가 서문에서 말한 것처럼 뱀파이어 루스벤 경은 "젊고 아름다운 여성"의 피만 마신다는 점이다. 이러한 사실은 오브리가 그리스에서 만난 아름다운 그리스 여인 이안테(Ianthe)가 오브리에게 뱀파이어가 자신의 생명을 연장하기 위해 "사랑스런 여성의 생명"(12)을 먹는다고 한 진술에서도 드러난다.

기존의 민간전승상의 뱀파이어와는 달리 폴리도리의 뱀파이어가 "젊은 여자들의 피"만 마신다는 사실은 흡혈이 피를 마신다는 의미 이상의 것이 있음을 암시한다. 이는 루스벤 경이 사람의 "마음을 사로잡는 언변"(7)을 가지고 있었고, 여자들은, 특히 사교계의 여자들은 "그의 관심을 얻고 최소한 애정이라고 불릴 수 있는 표식을 얻고자 노력하였다"(7)는 점에서 유추해 볼 수 있다. 그는 "거부할 수 없을 정도로 유혹할 수 있는 능력을 소유"(10)하고 있는, 특히 성적으로 여성을 유혹할 수 있는, 치명적인 남자, 즉 옴므 파탈(homme fatale)인 것이다.

성적 욕망을 불러일으키는 치명적인 유혹자, 즉 옴므 파탈로서의 루스벤 경, 즉 뱀파이어는 그의 흡혈 행위를 통해 상징적으로 표현된다. 그가 "젊고 아름다운 여성" 혹은 "사랑스러운 여성"의 피만 흡혈한다는 사실은 흡혈 행위가 성적 욕망을 불러일으키는 행위이며, 더 나아가 성행위 그 자체를 상징한다는 것을 시사한다. 엘리스(Ellis)의 지적처럼 흡혈행위는 "성적 유혹의 형태"(Ellis 183)이기 때문에 흡혈 행위를 하는 루스벤 경은 바로 "성적 약탈자"(Ellis 183)인 것이다. 그런 점에서 그에게 피를 빨린 "정숙하고 순진한 여성들"은 그의 성적 유혹에 넘어간 희생자들인 것이다.

성적 유혹자로서의 뱀파이어 루스벤 경은 아무나 유혹할 수 있는 여성은 자신의 목표로 삼지 않는다. 아무 남자에게나 접근하는 레이디 머서(Lady Mercer)와 같은 여성이나 "평범한 간통녀"(7)에게는 관심이 없고, 유혹에 넘어올 것 같지 않은 "정숙한 아내와 순진한 딸"(7)에게만 그 유혹의 손길을 뻗친다. 즉 루스벤은 "가정적으로 정숙해서 여자 세계에서 자랑거리인 여자들"(8)만을 유혹의 대상으로 삼고, 이들의 피를 빠는 데서 쾌락을 느끼는 것이다.

오브리가 아테네를 방문하다가 알게 된 이안테는 오브리가 신지하게 결혼을 생각할 정도로 "순진함, 젊음과 아름다움"(12)을 가진 여성이며, 이제 18세가 된 오브리의 여동생 미스 오브리(Miss Aubrey) 역시 "차분하고 사색에 잠긴"(19), "우울한 매력"(19)을 지닌, 때 묻지 않은 여성으로, 두 사람 다 순수하고 정숙한 여성상을 보여주는 인물들이다. 그렇기 때문에 이들은 모두 루스벤의 목표가 되었고 희생자가 된다.

뱀파이어의 존재를 믿지 못하는 오브리에게 뱀파이어에 대해 이야기해주었던 이안테는 결국 루스벤에게 피를 빨려 죽음을 당했고, 오브리의 후견인이 말한 것처럼 "오브리의 여동생은 뱀파이어의 갈증을 해소하게 해주었다"(24). 이러한 사실은 이안테와 오브리의 여동생 모두 루스벤 경의 유혹에 넘어갔다는 의미이며, 루스벤은 절대적인 옴므 파탈임을 보여주는 것이다. 화자의 말처럼 그 누구도 옴므 파탈로서의 루스벤의 유혹에 저항할 수는 없었던 것이다. "누가 그의[루스벤]의 힘을 거부할 수 있었겠는가? 그의 혀는 위험과 올가미를 갖고 있다"(23).

이안테의 피를 빨 때의 루스벤의 "조롱하는 듯한 의기양양한 웃음"(14)은 이안테가 겉보기와는 달리 "솔직한 어린아이 같은 존재"(13)가 아니라, (성적) 유혹에 넘어가는 평범한 여성이라는 사실을 드러낸다. 오브리의 후견인의 말처럼, 정숙해보였던 여성들이 루스벤이 떠난 뒤에는 자신들의 가면조차 벗어던지고, "그들의 악한 면들을 사람들에게 드러내는데 주저하지 않았다"(11)는 사실은 엘리스(Markman Ellis)의 지적처럼 "정숙함을 이상으로 삼은 모든 여성들이 성적 표현에 대한 숨겨진 욕망을 감추고 있다"(Ellis 184)는 사실을 보여주고 있는 것이다. 즉 뱀파이어 루스벤은 남성들이 만든 순수하고 정숙한 여성상이 허구임을, 모든 여성에게 내재한 성적 욕망을 드러냄으로써 보여주는 옴므 파탈인 것이다. 따라서 옴므 파탈로서의 루스벤은 성적 유혹자로서의 뱀파이어의 전형이 되며, 동시에 뱀파이어는 인간의 성적 욕망을 표상하며, 또한 그 욕망을 드러내는 유혹자의 상징이 된다. 앞으로 나오는 뱀파이어 문학에서 많은 뱀파이어들이 흉측한 시체의 모습이 아니라, 지성적이고도 매력적인 모습으로 등장하게 되는 것은 이 때문이다.

하지만 성적 욕구 혹은 치명적 유혹자의 상징으로서의 뱀파이어는 민간전승에서 말하는 뱀파이어의 속성과도 부합된다. 뱀파이어가 잠자는 사람의 피를 빤다는 점과 뱀파이어가 서큐버스 혹은 인큐버스의 모습으로 잠자는 사람과 성행위를 한다는 점을 고려해 볼 때, 뱀파이어를 성적 유혹자 혹은 성적 욕구의 상징으로 보는 것은, 정신분석의 관점에서 볼 때 타당하기 때문이다. 폴리도리는 뱀파이어 전설에 내재한 뱀파이어의 이런 의미를 간파하여 옴므 파탈로서의 뱀파이어를 그려냈던 것이다.

성적 욕망의 상징인 뱀파이어는 인간의 근원적인 모습을 대변한다. 이 작품에서 오브리가 그리스로 간 것도 이와 같은 맥락에서 살펴볼 수 있다. 그리스인들에게 뱀파이어는 단순히 전설상의 존재가 아니라 그들의 삶속에 공존하는 존재다. 따라서 뱀파이어를 미신이라고 생각하는 오브리에게 이안테는 뱀파이어가 실제로 존재하며, 그의 존재를 부인하면 불행이 닥칠 거라고 예고하는데, 그녀의 예고는 아이러니컬하게도 오브리가 사랑하는 그녀 자신의 죽음을 통해 실현된다. 이안테 자신이 뱀파이어 루스벤에 의해 살해당했기 때문이다. 이런 점에서 그리스로의 여행은 뱀파이어가 늘 인간 역사와 함께 하였다는 사실을 오브리에게 깨닫게 해준다. "뱀파이어 미신의 기원"(Gelder 34)이 되는 곳이 바로 유럽 문명의 발상지인 그리스이기 때문이다. 뱀파이어는 존재할 것 같지 않는 낯선 존재이지만 인간의 근원적인 욕망의 체현으로 인류가 있는 곳에 항상 있어왔던 것이다.

사회 비판의 매개체로서의 뱀파이어

정신분석학적 관점에서 보자면 뱀파이어는 무의식에 존재하는 욕망의 상징이지만, 뱀파이어 루스벤은 사회 비판의 매개체이기도 하다. 사람들을 유혹하고 파멸시키는 사악한 존재지만 런던 사교계에서 그는 매력적이며 호감을 주는 사람으로 통한다. 즉 뱀파이어 루스벤은 런던의 상류 사회와 대척점에 선 존재가 아니라 그 귀족사회의 뱀파이어적인 속성을 드러내고, 또한 대변하는 것이다. 겔더(Gelder)의 지적처럼 "사회 자체가 뱀파이어적이며, 그 사회를 대변하는 귀족들은 어디를 가던 사람들을 희생물로 삼기 때문이다"(Gelder 34). 따라서 자연스럽게 런던 상류 "사회에서 눈에 띄지 않고 활보"(Hughes 146)하는 루스벤은 상류사회의 "숨겨진 추함"(Telotte 10)을 체현한 존재인 것이다.

뱀파이어 루스벤이 대변하고 폭로하는 사회의 모습 역시 그의 특징과 긴밀한 연관이 있다. 루스벤이 활동하는 런던 사교계는 감각적이고 피상적인 쾌락을 추구하는 사회다. 이 사교계의 사람들은 "격렬한 자극"(7)을 원하기 때문에 평범한 것을 거부하고 뭔가 색다르고 파격적인 것을 추구한다. 따라서 "경이로운 감각"(7)을 불러일으키는 루스벤에게 이들은 유혹을 느낀다. 이런 점에서 귀족 루스벤 경이 대변하는 뱀파이어리즘은 런던 상류 사회의 본질을 드러내는 것이다.

루스벤 경이 대변하는 뱀파이어리즘의 속성 중 하나는 자기중심적 사고다. 주변을 전혀 살피지 않는 그의 "죽은 회색 눈"이 상징하듯이, 루스벤 경은 타인에 대해 절대적으로 무관심하다. 오브리의 말처럼 루스벤은 "다른 사람과의 접촉을 피함으로써 그들이 존재한다는 것을 암묵적으로 인정하는 것 이외엔, 자신이 외부 대상을 보고 있다는 표식을 거의 보여주지 않는, 자신에게만 전적으로 몰두하고 있는 사람"

(8), 타인과 전혀 교감하지 않는 인물이다.

따라서 루스벤은 타인과의 공생을 추구하지 않고, 모든 것을 자신의 "가장 기본적인 욕망의 대상"(Telotte 12) 혹은 착취의 대상으로만 본다. 이런 사실은 타인/약자의 피를 빨음으로써 생명을 이어가는 뱀파이어의 특성과 일치하는 것으로 이런 점에서 자신을 위해 서슴없이 타자/약자를 희생시키는 루스벤의 뱀파이어리즘은 상류사회/귀족사회의 약탈적 모습을 보여주고 있는 것이다.

귀족계층이 사회적 약자들을 착취하고 억압하는 이야기는 초창기의 영국소설이 다루어 온 내용이다. 흔히 최초의 영국소설로 간주되는 18세기 영국소설가 사무엘 리처드슨(Samuel Richardson)의 『파멜라』(*Pamela*)에선 절대적인 힘을 갖고 있는 영주 Mr. B가 자신의 하녀 파멜라를 정부로 삼기 위해, 자신의 거처에 가두고 성폭행까지 계획한다. 권력과 힘을 가진 귀족이 악당으로 등장하고 힘없는 여성이 피해자 혹은 희생자로 등장하는 경우는 리처드슨의 소설 『클라리싸』(*Clarissa*)에서도 나타난다. 이 작품에 등장하는 러브리스(Lovelace)라는 돈 많은 귀족은 전형적인 탕아로서 자신의 욕정을 채우기 위해 클라리싸를 납치해 성폭행까지 저질러 결국 그녀를 죽음에까지 이르게 하기 때문이다.

이 점에서 뱀파이어를 루스벤 경이란 귀족으로 폴리도리가 설정한 것은 우연이 아니다. 악당에게 귀족의 신분을 부여하는 것은 어떻게 보면 전통 소설의 패턴을 따른 것이지만, 뱀파이어를 귀족으로 설정한 것은 귀족계층이 뱀파이어처럼 사회적 약자의 피를 빨아먹는 사악한 존재라는 사실을 암시하기 위한 것이다. 하이랜드(Heiland)의 지적처럼 바로 이런 점에서 "폴리도리의 업적은 무엇보다도 (뱀파이어의) 은유를 하나의 이야기로 확장 시킨 것이다"(Heiland 106). 권력과 재력을 갖고 사회적 약자 위에 군림하던 귀족들에게 약탈자로서의 뱀파이어의 상징성을 부여한 이 소설은 뱀파이어 소설의 하나의 전형이 된다. 후에 나온 많은 뱀파이어 소설에 등장하는 뱀파이어들이 대부분 귀족인 것은 폴리도리의 이 작품이 미친 영향력이 얼마나 큰지 가늠해 볼 수 있다.

인용 문헌

Braudy, Leo. *Haunted: on Ghosts, Witches, Vampires, Zombies, and Other Monsters of the Natural and Supernatural Worlds*. New Haven: Yale University Press, 2016.

Ellis, Markman. *The History of Gothic Fiction*. Edinburgh: Edinburgh University Press, 2003.

Gelder, Ken. *Reading the Vampire*. London and New York: Routledge, 1994.

Heiland, Donna. *Gothic and Gender: An Introduction*. Oxford: Blackwell Publishing, 2004.

Hughes, William. "Fictional Vampires in the Nineteenth and Twentieth Centuries." *A Companion to the Gothic*. Ed. Punter, David. Oxford: Blackwell Publishers, 2000.

Ryan, Alan. *The Penguin Book of Vampire Stories*. Penguin Books, 1988.

Telotte, J. P. "A Parasitic Perspective: Romantic Participation and Polidori's The Vampyre." *The Blood is the Life*. Eds. Heldreth, Leonard and Pharr, Mary. Bowling Green: Bowling Green State University Popular Press, 1999.

7장

주체와 타자의 경계를 붕괴시키는 뱀파이어의 (영원한) 회귀: 조셉 셰리단 르 파누(Joseph Sheridan Le Fanu)의 「카르밀라」("Carmilla")에 나타난 팜므 파탈(Femme Fatale), 동성애의 상징으로서의 뱀파이어

주체와 타자의 경계를 붕괴시키는 뱀파이어의 (영원한) 회귀: 조셉 셰리단 르 파누(Joseph Sheridan Le Fanu)의 「카르밀라」("Carmilla")에 나타난 팜므 파탈(Femme Fatale), 동성애의 상징으로서의 뱀파이어

아일랜드의 민간 설화를 바탕으로 초자연적인 이야기와 미스터리 소설을 써서 "영국 유령 이야기의 아버지"라는 별칭을 갖고 있는 조셉 셰리단 르 파누(Joseph Sheridan Le Fanu)는 1814년 아일랜드의 수도 더블린에서 출생하였다. 아일랜드 교회(Church of Ireland)의 목사인 그의 부친 토마스 르 파누(Thomas Philip Le Fanu)가 소장한 방대한 책 덕분에 어린 시절부터 많은 책을 접하며 문학적 감수성을 키워왔던 그는 대학 졸업 후 변호사 자격증을 얻었지만, 변호사 업을 포기하고 작가로서의 길을 걷기로 결심한다.

소설가로서의 그의 삶은 1838년 『더블린 유니버시티 매거진』(*Dublin University Magazine*)에 여러 편의 단편소설을 실은 뒤 본격적으로 시작된다. 그는 역사소설과 19세기 중반에 영국에서 유행했던 선정소설(sensation novel), 그리고 유령이나 초자연적인 존재를 다룬 고딕소설 등 다양한 부류의 소설을 썼다. 하지만 그중에서 그의 문학적 명성을 높인 소설은 미스터리하고 공포를 불러일으키는 전형적인 고딕 소설인 『사일러스 아저씨』(*Uncle Silas* 1864)와 『교회 묘지 옆의 집』(*The House by the Churchyard* 1863), 그리고 역시 유령과 초자연적인 존재와 세계를 다룬 『유리잔 속에서 어둡게』(*In a Glass Darkly* 1872)이다.

이중에서도 5개의 중단편이 수록된 『유리잔 속에서 어둡게』는 많은 비평가들의 주목을 받아왔는데, 「카르밀라」("Carmilla")는 이 책의 마지막에 수록된 중편소설이다. 「카르밀라」에 대한 평가는 다양하였지만, 공통적인 것은 이 작품이 "진짜 성공적인 최초의 뱀파이어 이야기"(Geary 19)라는 것이다. 폴리도리의 『뱀파이어』는 유혹자로서의 뱀파이어 모습에 초점이 맞추어져 있으며, 게다가 화자가 겪는 고통과 번민이 작품의 기조를 이루어, 본격적인 뱀파이어 문학으로 보기에는 한계가 있지만, 「카르밀라」는 처음부터 끝까지 뱀파이어 카르밀라를 중심으로 이야기가 전개되며, 뱀파이어로서의 카르밀라의 속성과 그녀의 행각이 구체적으로 그려지고 있기 때문이다. 따라서 본격적인 뱀파이어 소설인 「카르밀라」는 뱀파이어 문학의 하나의 모델을 제시하며, 그 후에 나온 많은 뱀파이어 문학에 영향을 미쳤는데, 특히 카르밀라가 보여준 관능적인 여성 뱀파이어로서의 모습은 그 후에 나온 많은 여성 뱀파이어의 전형이 되었다.

「카르밀라」와 뱀파이어 민간전승

이 소설은 스티리아(Styria)에 있는 성에 살던 로라(Laura)라는 인물이 당시 자신이 겪은 경험을 이야기하는 형식으로 전개된다. 로라는 우선 자신의 어머니가 헝가리의 오랜 가문 출신이라는 사실과 현재 자신이 거주하고 있는 성에서 서쪽으로 4.5 킬로미터 쯤 떨어진 곳에 지금은 폐허가 된, 과거 칸스타인(Karnstein) 가문이 살던 성과 지붕도 없는 "폐허가 된 교회"(116), 그리고 아무도 살지 않는 버려진 마을이 있다고 말한다. 로라가 작품 초반에 자신의 어머니의 국적과 자신이 당시 거주하고 있던 지역, 그리고 4.5 킬로미터 떨어진 버려진 마을을 언급한 이유는 그 후에 로라가 한 다음의 진술에서 짐작할 수 있다.

> 당신은 스티리아, 모라비아, 실레지아, 터키령 세르비아, 폴란드, 심지어 러시아에 널리 퍼져 있는 끔찍한 미신에 대해 틀림없이 들어보았을 거예요. 소위 뱀파이어 미신 말이에요. 재판할 때, 많은 위원회 앞에서, 조심스럽고도 엄숙하게 한 증언은... 가치가 있어요. 뱀파이어와 같은 존재가 있다는 것을 부정하거나 심지어 의심하는 것은 어려워요.[12]

자신이 살고 있는 스티리아와 그 주변 국가에 뱀파이어 전설이 널리 퍼져있으며, 뱀파이어에 대한 여러 증언도 있기 때문에 뱀파이어의 존재를 부인하기 어렵다는 로라의 말은 르 파누가 왜 스티리아를 작품 배경으로 삼았는지, 그리고 로라 어머니를 뱀파이어 전설의 진원지인 헝가리 출신으로 설정했는지 짐작케 한다.

로라의 말에서 짐작할 수 있듯이, 르 파누가 뱀파이어 전설에 대해 잘 알고 있으며, 뱀파이어에 대한 증언 혹은 기록물도 읽어보았다는 사실은 이 작품의 13장에서 묘사되는 뱀파이어 판별법과 뱀파이어 처치 법을 통해서 드러난다. 카르밀라가 뱀파이어란 증거를 찾기 위해 그녀가 잠들어있는 무덤을 찾아간 로라 아버지와 보덴버그 남작(Baron Vordenburg), 그리고 정부에서 파견된 의사들은 카르밀라의 무덤을 파헤쳐 관을 연 뒤 믿을 수 없을 정도로 놀라운 광경을 본다. 카르밀라의 시신은 "생명의 온기가 있었으며, 눈은 떠 있었고, 관에서 시체 냄새가 나지 않았다"(134). 게다가 시신은 여전히 숨을 쉬었고 심장은 뛰었으며, 시신이 놓인 "납관은 피로 흥건하였고, 시신은 그 피에 7인치 정도 잠겨있었다"(134). 이 모든 것들은 민간전승의 뱀파이어 판

---

12) Alan Ryan, ed.,*The Penguin Book of Vampire Stories* (Penguin Books, 1988), p. 134. 앞으로 이 책에 대한 인용은 앞으로 괄호 안에 쪽수만 명기하겠음.

별법에서 말하는 뱀파이어라는 증거와 완전히 부합하였기 때문에, 무덤을 연 일행도 카르밀라의 이 모습을 "뱀파이어임을 입증하는 인정된 징후이며 증거"(134)라고 생각한다. 뱀파이어 카르밀라를 처치하는 방법도 민간전승에서 제시한 방법과 정확히 일치한다. 카르밀라가 뱀파이어란 사실을 시신을 검사한 뒤 확인한 다음, 그들은 전통적인 뱀파이어 처치방식에 따라 카르밀라의 심장에 날카로운 말뚝을 박고, 머리를 자른 뒤, 카르밀라의 시신과 머리를 장작에 태워 재로 만든 다음 강물에 뿌린다.

전염병의 은유로서의 뱀파이어

르 파누는 뱀파이어 신화가 전염병의 발병과 확산을 설명하는 하나의 은유가 될 수 있음을 인지하고 있었다. 르 파누는 이 작품에서 뱀파이어의 희생자가 파생되는 경로를 전염병이 확산하는 경로와 일치시킨다. 민간전승에서 뱀파이어는 가장 가까운 가족을 먼저 해친 후, 다음에는 이웃 사람과 마을 사람, 심지어 이웃 마을 사람들 순서로 해친다고 한다. 이는 전염병이 번져 나가는 경로와도 일치하는데, 이 작품에 등장하는 뱀파이어 희생자들이 생겨나는 것도 이와 비슷한 패턴을 보인다. 뱀파이어가 된 칸스타인 가문의 카르밀라는 가족들을 모두 죽인 뒤, 이어서 이웃 사람, 그다음에는 마을 사람들을 죽여, 마을은 결국 아무도 살지 않는 버려진 장소가 된다. 이에 뱀파이어 카르밀라는 자신이 있던 곳에서 4.5 킬로미터 떨어진 로라가 사는 성과 그 인근 마을 사람들을 자신의 희생자로 삼기 시작한다. 따라서 원래 로라의 집을 방문하기로 되어있던 슈필스도르프 장군(General Baron Spielsdorf)의 조카딸 버사 라인펠트(Bertha Rheinfeldt)와 산림 감시원의 딸, 그리고 돼지 사육사의 아내가 모두 그녀에게 죽임을 당했던 것이다.

이웃 마을 사람들의 연이은 죽음을 목격한 로라는 "기이한 전염병"(99)이 더 이상 번지지 않기를 바랐고, 어느 농부의 누이도 비슷한 증상으로 죽어간다는 소식을 전해들은 로라의 아버지도 이 "알 수 없는 병"(100)이 퍼지는 것을 우려한다. 하지만 이들이 말하는 병이 사실상 뱀파이어에 의한 것이란 사실, 역으로 말해 뱀파이어가 실제로는 전염병이라는 사실은, 보덴버그 남작(Baron Vordenburg)의 도움으로 뱀파이어 카르밀라를 무덤에서 꺼내 처치하기 직전, 슈필스도르프 장군이 남작에게 한 말에서 유추할 수 있다. "당신[보덴버그 남작]은 일세기 넘는 동안 이 지역 거주자들을 괴롭혀왔던 전염병/재앙(plague)에서 이 지역을 구하게 될 것이요"(133). 슈필스도르프 장군이 사용한 "plague"란 단어는 전염병과 재앙의 의미를 동시에 갖고 있다. 재앙을 불러온다는 의미에서 뱀파이어는 분명 "plague"로 지칭될 수 있으며 동시에 전염병의 상징이기 때문에 "plague"로 지칭될 수도 있는 것이다. 르 파누는 "plague"라는 단어가 가진 다의적 의미를 통해, 재앙을 가져오는 뱀파이어가 실상 전염병의 은유일 수 있다는 점을 말하고 있는 것이다.

새로운 여성 뱀파이어의 전형: 팜므 파탈, 동성애적 욕망의 상징으로서의 뱀파이어

전통적으로 뱀파이어의 속성을 지닌 신화적 인물들이나 민간전승에 등장하는 뱀파이어는 여성이 주류를 이룬다. 고대 그리스 신화의 헤카테 여신과 헤카테 여신이 이승으로 데리고 다니며 잠자는 청년들의 피를 빨게 했다는 엠푸사, 상반신은 아름다운 여자의 모습이지만 하반신은 뱀의 모습을 한 라미아, 노파의 얼굴에 독수리의 몸을 가진 스트리게스, 잠자는 남자들의 꿈에 나타나 그들을 유혹하여 성행위를 한다는 서큐버스, 이들 모두 다 여성 뱀파이어들이다. 인큐버스와 같은 남성 뱀파이어가 있긴 하지만, 브로디(Braudy)의 지적처럼, 신화나 민간전승 상에 "뱀파이어는 대부분 여자였다"(Braudy 225). 따라서 르 파누가 「카르밀라」에서 여성 뱀파이어를 등장시켰다는 것은 놀랍거나 새로운 것은 아니다.

르 파누의 「카르밀라」가 뱀파이어 문학에 전기를 마련한 것은 이 소설이 본격적으로 여성 뱀파이어에 초점을 맞춘 최초의 소설이라는 점뿐만 아니라, 전통적 민간전승에 나오는 뱀파이어와는 다른 새로운 유형의 여성 뱀파이어를 창조했다는 점에서다. 폴리도리가 옴므 파탈로서의 남성 뱀파이어 상을 제시하였다면, 르 파누는 「카르밀라」에서 치명적인 매력으로 사람을 파멸시키는 팜므 파탈(Femme Fatale)로서의 여성 뱀파이어를 창조하였던 것이다.

팜므 파탈로서의 여성은 영문학, 특히 낭만주의 영문학의 단골 소재였다. 영국의 낭만주의 시인인 코울리지는 「크리스타벨」("Christabel")에서 치명적인 매력을 지닌 제럴딘(Geraldine)이란 아름다운 여성을, 존 키츠(John Keats)는 「무정한 미인」("La Belle Dame Sans Merci")에서 남자를 유혹하여 파멸에 이르게 하는 팜므 파탈을, 「라미아」("Lamia")에서는 청년을 유혹한 뒤, 죽음에 이르게 하는, 뱀과 같은 팜므 파탈을 각각 등장시켰다. 르 파누는 문학 작품에 등장하는 팜므 파탈의 모습을 여성 뱀파이어에 투영하고, 팜므 파탈의 전형으로 삼음으로써, 이 이후에 나온 많은 뱀피이어 문학에서 뱀파이어는 치명적 매력으로 사람을 유혹하여 파멸시키는 팜므 파탈의 상징이 된 것이다.

카르밀라/밀라르카(본명은 미르칼라(Mircalla)인 칸스타인(Karnstein) 백작 부인은 뱀파이어가 된 이후, 여러 이름을 사용하는데, 로라에게 접근할 때는 카르밀라, 슈필스도르프 장군에게 접근할 당시에는 밀라르카(Millarca)라는 이름을 사용하였다)를 만나는 사람들은 한결같이 그녀의 아름다운 외모에 매료된다. 처음 카르밀라를 보았던 로라의 가정교사 마담 페로돈(Madame Perrodon)은 카르밀라가 자신이 일찍이 보았던 사람들 중에서 "가장 아름다운 사람"(83)이며 "달콤한 목소리"(83)를 가진 매력적인 여자라고 칭송하였고, 로라 역시 카르밀라를 처음 본 순간부터 그녀의 매력에 빠져들어, 카르밀라가 자신의 집에 머무르게 하도록 아버지에게 요청한다. "아버지, 그녀[카르밀라]가 우리와 함께 하도록 부탁하세요"(81).

이는 슈필스도르프 장군의 조카딸 버사 라인펠트(Bertha Rheinfeldt)도 마찬가지였다. 밀라르카(카르밀라)를 처음 본 순간부터 버사는 밀라르카(카르밀라)에게 너무도 매료되어 그녀를 집으로 초대해 달라고 장군에게 간청하는데, 밀라르카(카르밀라)에게 역시 매력을 느낀 장군도 자신의 조카딸이 그녀에게 완전히 빠졌다는 사실을 인식하고 있다. "우리에게 새롭지만, 그 모습이 너무도 매력적이고 사랑스러워서 강력하게 끌리지 않을 수 없었소. 내 불쌍한 여자 아이[조카딸]가 그랬소. 한번 보고 그렇게 빠진 사람을 난 본 적이 없소"(119).

여기서 재미있는 사실은 카르밀라/밀라르카를 만난 모든 사람들이 그녀의 미모를 찬미하지만 특히 그녀에게 매료되는 사람들은 여자들이란 사실이다. 로라와 버사가 그랬다. 두 사람은 각기 카르밀라/밀라르카를 처음 본 순간부터 그녀에게 매료되어 집에 초대하였고, 결국 그녀의 희생자가 되었던 것이다. 이들 이외에 카르밀라에 매혹당하여 희생된 사람들이 산림 감시원의 딸, 돼지 사육사의 아내, 농부의 누이 등 모두 여자란 사실은, "레즈비언 사랑"(lesbian love, Gelder 58)을 다루고 있는 이 소설은, 브로디(Braudy)의 말처럼 "최초의 레즈비언 뱀파이어 이야기"(Braudy 215)인 것이다. 바로 이 점에서 이 소설은 돌아온 시체로서의 뱀파이어의 의미를 넘어, 뱀파이어를 동성애의 상징으로 재창조한 것이다.

뱀파이어를 인간의 성적 욕망, 더 나아가 동성애의 표상으로 그리기 위해 르 파누는 작품 전반에 "동성애를 제시하는 부대적 의미"(Cavaliero 43)를 부여한다. 카르밀라가 로라의 집에 온 첫날, 같이 이야기를 나누다 밤이 되자, 카르밀라는 마치 사랑하는 사람과 헤어지게 되어 몹시 아쉽다는 듯 로라에게 이렇게 말한다. "잘 자, 달링. 너랑 헤어지기가 쉽지 않구나. 하지만 잘 자. 내일 아침 일찍은 아니겠지만 곧 다시 만나게 될 거야"(87). 로라는 이날 처음으로 카르밀라를 만났지만 카르밀라는 마치 오래전부터 로라를 아는 사람처럼, 그것도 사랑하는 사람과 헤어질 때처럼 말한다. 카르밀라의 이러한 태도는 다음 날 보다 구체적인 행동으로 이어진다. "그녀[카르밀라]는 자신의 팔로 내[로라] 목을 감싸 안으며, 나를 자신에게 끌어당기고는, 내 뺨에 자신의 뺨을 대고, 내 귀 가까이에 입술을 대고 중얼거렸다"(89).

카르밀라의 이러한 행동은 보통 관계의 사람 사이에선, 더더군다나 만난 지 하루밖에 안 된 사이에선 할 수 없는 것이다. 친숙한 연인들 사이에만 가능한 그녀의 이런 행동은 후에 거의 노골적인 신체 접촉으로 이어진다. "부드럽게 키스를 할 때 그녀의 입술이 내 뺨 위에서 부드럽게 타올랐다"(89). 카르밀라의 키스는 단순히 예의상이나 인사치레로 하는 것이 아니다. 카르밀라의 입술이 부드럽게 로라의 뺨에 닿을 때 카르밀라의 입술이 타올랐다는 것은 카르밀라가 성적으로 흥분하고 있음을 보여주며, 로라에 대한 카르밀라의 마음은 열렬히 사랑에 빠진 사람의 것과 같다는 사실을 짐작게 한다. 이러한 사실은 당혹스럽기는 하지만 로라 자신도 인정한다. "이것은 연인의 열정과 같았다. 그것은 나[로라]를 당혹스럽게 하였다... 그리고 흡족한 눈빛으로 그녀[카르밀라]는 나를 자신의 몸으로 끌어당겼다. 그리고 그녀의 뜨거운 입술이 키스하면서 내 뺨을 따라 움직였다. 그리고 거의 흐느끼듯이 이렇게 속삭였다. '너는 내거야. 너는 내 것이 될 거야. 너와 나는 영원히 하나야'"(90).

카르밀라의 포옹과 키스는 처음 로라에게 몹시 당혹스러웠다. 그녀가 하는 과도한 신체 접촉은 같은 여자 사이에선 해서는 안 되는 행위였기 때문에, 로라는 이 상황을 어떻게 받아들여야 할지 몰라서였다. 하지만 곧 로라는 카르밀라의 포옹과 키스에 기쁨을 느끼게 되며, 카르밀라가 평생 로라만을 사랑할 거라고 말하자 카르밀라의 아름다움에 사로잡힌다. "'나[카르밀라]는 네가 아니라면.... 그 누구와도 사랑에 빠진 적 없어. 앞으로도 그럴 거야.' 달빛을 받은 그녀가 너무나도 아름다웠다"(98).

카르밀라는 로라를 유혹했지만, 로라는 카르밀라의 유혹에 넘어간 단순한 희생자가 아니다. 만났을 당시 처음부터 로라 자신도 "매우 특별히 그녀[카르밀라]에게 매혹되었고"(88), 카르밀라에 대한 열정을 느꼈기 때문이다. 즉 로라는 카르밀라처럼 레즈비언적 성향을 갖고 있었던 것이다.

언캐니의 체현으로서의 뱀파이어

로라는 이야기 초반 부에 "내[로라] 마음에 절대 지워지지 않는 끔찍한 인상을 남긴 내 생의 첫 사건"(74)이라며, 12년 전, 자신이 6세 때 겪은 일을 이야기한다. 당시 유아 방에 있던 로라는 혼자 있다는 사실에 훌쩍거리며 울고 있었는데, 홀연히 "어떤 젊은 여자"(74)가 나타나 침대 옆에 누워 미소를 지으며 자신을 포옹해 주는 바람에 안심이 되어 잠이 들었다고 한다. 그런데 "두 개의 바늘이 동시에 내[로라의] 가슴을 아주 깊이 찌르는 듯한" 통증을 느껴 잠에서 깨어나 울었더니, 그 여자가 놀라서 바닥으로 내려가 "침대 밑에 몸을 숨겼다"(74)는 것이다.

로라가 12년 전의 일을 언급하는 이유는 그때 일이 끔찍스러운 경험이었기 때문만은 아니다. 12년이 흐른 지금, 로라는 자신의 집으로 온 카르밀라를 본 순간, 그녀가 자신이 6살 때 유아 방에서 보았던 사람이라는 사실을 즉각 깨달았기 때문이다. "나[로라]는 어린 시절 밤에 나를 찾아왔던 바로 그 얼굴을 보았다. 그 얼굴은 내 기억 속에 남아있었던, 공포를 느끼며 오랜 세월 동안 자주 생각해왔던 얼굴이었다"(85). 12년이란 오랜 세월이 흘렀음에도 불구하고

언캐니적 경험-어린 로라의 침실에 찾아왔던 카르밀라이 재방문

단번에 카르밀라를 알아볼 수 있었던 것은 로라의 말처럼 그때 벌어진 일이 너무나도 충격적이어 그녀의 기억 속 혹은 무의식에 각인되어 있었기 때문이다. 평소에는 생각하지 못했지만 카르밀라를 12년 뒤 다시 본 순간 그때 느꼈던 강렬한, 하지만 결코 지워지지 않는 인상을 다시 느끼게 되었던 것이다.

프로이트에 따르면 "언캐니한 경험은 억압되어왔던 어린 시절의 콤플렉스가 다시 한 번 어떤 인상에 의해 되살아났을 때 발생한다" (Freud, *The Uncanny* 127)고 한다. 로라가 카르밀라를 다시 만났을 때, 아무에게도 말하지 못했던, 어린 시절에 느꼈던 충격이 다시 되살아난 것이다. 즉 카르밀라를 다시 만났을 때 로라가 느꼈던 것은 바로 언캐니였던 것이다.

언캐니는 친숙하면서도 낯설고, 애정을 느끼면서도 두려움 혹은 혐오감을 동시에 느끼는 감정이다. 성인이 되어 다시 만난 첫날 밤, 카르밀라가 로라에게 끌린다고 하자, 로라는 "나[로라]도 그녀[카르밀라]가 말한 것처럼 그녀에게 이끌렸다. 하지만 뭔가 혐오스러운 것 또한 있었다"(87)고 고백함으로써 자신에게 상반되는 감정이 공존하고 있음을 인정한다. 더 나아가 카르밀라가 로라를 포옹하면서 키스하자, 로라의 상반되는 감정은 극에 달한다. "나[로라]는 기이하면서도 강렬한, 기분 좋은 흥분을 느꼈는데, 그 감정은 곧 두렵고 혐오스러운, 뭔지 모를 느낌과 뒤섞였다"(90).

로라가 카르밀라에 대해 느끼는 이런 "양가적 감정"(87), 프로이트가 말하는 언캐니한 감정은, 자는 사이 카르밀라에게 피를 빨릴 때 로라가 갖게 되는 느낌을 통해 구체적으로 나타난다. "자는 동안 어떤 모호하고 기이한 느낌이 들었다. 주된 느낌은 목욕할 때 우리가 느끼는 기분 좋으면서도 특이한 치기운 전율이었다... 말로 표현할 수 없는 엄숙함과 두려운 느낌을 야기하면서 말이다"(105). 이런 의미에서 애정과 혐오감을 불러일으키며, 기분 좋으면서도 두렵게 하는, 어린 시절 만나 친숙하면서도 낯선 카르밀라는 프로이트가 말하는 언캐니를 불러일으키는 존재다. 또한 언캐니는 금지된, 따라서 억압된 욕망이 회귀할 때 불러일으키는 감정이라는 사실을 놓고 볼 때, 사회적으로 용납되지 않아 무의식에 억압되어 있던 동성애적 욕망의 상징인 뱀파이어 카르밀라가 로라의 의식세계로 진입할 때, 로라는 자연 언캐니를 느낄 수밖에 없게 되는 것이다.

뱀파이어의 영원한 회귀와 주체와 타자의 경계 붕괴

억압된 욕망은 단지 의식 밖으로 추방되어 무의식 속으로 그 모습을 감추고 있을 뿐 사라지진 않는다. 따라서 욕망은 억압될 뿐이지 언제든 회귀할 수 있다. 억압된 욕망으로서의 뱀파이어의 회귀는 결코 사라지지 않는 언데드(undead)의 회귀/귀환으로 언캐니를 불러일으킨다. 이런 점에서 뱀파이어는 "과거 속에 있는/과거의 숨겨진 유령"(Michelis 5)과도 같다. 과거에 속하면서도 늘 현재로 출몰하는 유령처럼, 억압된 욕망은 과거에 속하면서도 항상 현재로 회귀하기 때문이다.

뱀파이어가 억압된 욕망으로서 회귀, 혹은 유령처럼 현재로 출몰한다는 사실은 슈필스도르프 장군이 가면무도회에서 만난 밀라르카(카르밀라)의 모친이라고 주장하는 어느 나이든 부인(이 소설에서 확실히 뱀파이어라고 제시되지는 않았지만, 뱀파이어처럼 핏기 없는 얼굴을 하고 카르밀라의 어머니 행세를 하며 카르밀라를 희생자의 집안에 들이는 역할을 하기 때문에 뱀파이어로 의심된다)을 통해서도 제시된다. 가면을 쓰고 있어 생김새를 알 수 없는 이 나이든 부인은 슈필스도르프 장군에게 접근해, 마치 그를 이전부터 잘 알고 있다는 듯, "오랜 친구의 어조로"(118), 장군을 만났던 많은 장소와 "나[장군]의 기억 속에 유보되었던 사소한 일들"(119)을 언급하여, 장군으로 하여금 과거의 일들을 다시 떠올리게 한다. 마치 카르밀라의 등장으로 로라가 6살 때의 일을 떠올리며, 카르밀라가 오래전에 알던 사람이었다는 사실을 깨달았듯이, 장군도 가면을 써서 누군지 모르는 노부인을 통해, 분명치 않게 남아있던 자신의 과거 기억이 회귀했던 것이다.

억압된 욕망으로서의 뱀파이어의 끊임없는 회귀는 카르밀라를 통해 보다 확실하게 드러난다. 카르밀라는 본래 이름이 미르칼라(Mircalla)인 칸스타인 백작 부인으로 150년 전에 죽어 뱀파이어로 부활한 인물이다. 뱀파이어로서 산 사람의 피를 빨기 위해 이승으로 계속 회귀하였던 그녀는 오랜 세월 동안 여러 이름으로 여러 곳에 출몰하였다. 장군에게 접근할 때는 밀라르카(Millarca), 로라에게 접근할 때는 카르밀라(Carmilla)라는 이름을 사용하였지만, 사실 이 이름들은 모두 미르칼라(Mircalla)의 철자 순서만 바꾼 것들이다. 로라도 이 사실을 인지하며 이렇게 말한다. "미르칼라는, 진짜 이름이 아니더라도, 단 하나의 철자도 빼거나 더하지 않고, 단지 철자의 순서를 바꾸어 만들 수 있는 이름만 사용해야 하는 것 같았다"(136). 철자 순서만 바꾸어 만든 이 이름들은 형태만 달라 보이지 근본적으로 같은 이름이며, 같은 대상을 지칭한다. "뱀파이어 뒤에는, 아무것도 진정으로 파괴되지 않으며, 끝없는 재창조와 환생을 통해 돌아온다는 영원한 회귀란 개념이 있다"(McNally 118)는 맥낼리(McNally)의 말처럼 뱀파이어 카르밀라는 죽지 않는 언데드로서, 철자 순서만 바꾼 그녀의 이름처럼, 재창조를 통해, 끊임없이, 영원한 회귀를 하고 있는 것이다.

뱀파이어의 귀환은 억압된 욕망의 귀환이다. 하지만 그 억압된 욕망은 뱀파이어처럼 사회적으로 터부시되어 불안과 두려움을 불러일으키지만, 자아에 내재한 욕망으로 자아와 분리될 수 없다. 즉 뱀파이어와 뱀파이어가 회귀하는 주체는 확실하게 구분될 수 없는 것이다. 주체 안에 억압된 욕망으로서의 뱀파이어가 자리하고 있기 때문이다. 이는 카르밀라와 로라의 상호 교환적 관계를 통해 드러난다.

로라가 카르밀라를 만나자마자, 그녀가, 12년 전, 그러니까 자신이 6살 때 유아 방에서 보았던 사람이라는 사실을 깨달은 순간, 카르밀라도 로라를 "알아봤다는 의미의 기이한 미소"(85)를 지으며 이렇게 말한다. "12년 전 당신의 얼굴을 꿈에서 보았어요. 그때 이후로 늘 당신의 얼굴이 뇌리에서 떠나지 않았어요"(85). 이 말에 로라도 "12년 전에 꿈인지 생시인지 당신을 분명히 봤어요. 당신의 얼굴을 잊을 수가 없었어요. 그때 이후로 내 눈에 항상 남아있었으니까요"(86)라고 대답한다. 하지만 두 사람이 하는 말은 내용상 너무도 같아, 서로 바꾸어 상대방이 한 말을 한다 해도 하등 그 차이가 없다. 로라가 하려던 말을 카르밀라가 먼저 말한 것일 뿐, 이 둘은 서로에 대해 똑같은 생각을 하고 있었기 때문이다.

흥미로운 사실은 서로 6살 때의 꿈에 관해 이야기할 때, 누가 누구의 꿈속으로 들어간 것인지 모호하다는 점이다. 카르밀라가 로라의 꿈에 들어간 것인지, 아니면 로라가 카르밀라의 꿈에 들어간 것인지 분명치 않다. 로라는 꿈인지 생시인지는 모르지만 카르밀라가 자신을 찾아왔으며, 그 모습은 지금까지 잊혀 지지 않는다고 말하지만, 카르밀라도 그 꿈을 꾼 날 이후, 로라의 얼굴이 뇌리에서 떠나지 않았다고 말함으로써(이때 카르밀라는 '유령이 출몰한다'는 의미의 'haunt'라는 단어를 '뇌리에서 떠나지 않았다'는 의미로 사용하였다), 로라가 유령처럼 자신을 계속 찾아왔다는 암시를 하고 있기 때문이다. 이처럼 꿈조차 공유하는 둘 사이엔 경계가 없다. 서로가 서로에게 유령처럼 계속 출몰하였기 때문에, 누가 환영이고 누가 실재인지 구분이 가지 않는다. 카르밀라가 로라보다 실제로 150세 이상 많지만, 둘이 비슷한 연령의 여성으로 등장하며 이처럼 같은 꿈을 꾸고 그 꿈에서 서로 만난다는 사실은, 두 사람이 서로 명확하게 분리될 수 없는 관계임을 시사한다. 이는 로라가 성인이 되어 두 사람이 다시 만난 순간 이들이 서로에 대해 느낀 감정을 통해서도 드러난다.

처음 본 순간부터 이 둘은 서로에게 끌린다. 카르밀라가 로라에게 "이상하게 끌린다"(87)고 고백하자마자, 뒤이어 로라도 "난 이 아름다운 이방인에게 설명할 수 없을 정도로 끌리는 기분이 들었다"(87)고 고백한다. 이렇듯 서로 같은 생각을 하고 같은 꿈을 공유하는 로라와 카르밀라의 관계는 주체와 타자, 혹은 주체와 대상간의 단순한 관계가 아니다. 로라도 자신과 카르밀라의 관계에 대해 카르밀라에게 의문을 제기한다. "우리 친척지간이에요?... 이 모든 것이 어떤 의미죠?"(90). 사실 이 둘 간의 경계는 로라가 6세 때 자신의 유아 방에서 카르밀라를 처음 보았을 때부터 이미 사라졌다. 로라가 자신의 "병력"(case histories)으로 마틴 헤셀리우스 박사(Dr. Hesselius)에게 진술한 이 이야기(이 소설은 바로 로라가 자신의 병력으로 헤셀리우스 박사에게 제공한 이야기다)를 두고, 헤셀리우스 박사가 "우리의 이중적 존재의 심오한 미스터리"(72)를 담고 있다고 한 것은, 로라의 이야기가 단순히 뱀파이어에 관한 것이 아니라, 인간 존재의 이중성에 관한 것임을 시사한다. 즉 둘 간의 경계가 사라진 로라와 카르밀라는 하나의 인격 안에 있는 두 얼굴, 엄격히 말해 한 사람이다. 마이클리스(Michelis)의 말처럼 "로라와 카르밀라는 같은 사람인 것이다"(Michelis 17).

이 소설은 단순히 로라와 그녀의 또 다른 자아로서의 뱀파이어 카르밀라의 이야기도 아니다. 로라가 6세 때 유아 방에 홀로 남겨져 울고 있을 때, 로라를 끌어안고 침대 옆에 누워 로라를 위로해 주던 카르밀라는 로라에게는 어머니와 같은 존재다. 이는 로라의 어머니가 카르밀라처럼 칸스타인 가문 출신이며, 로라의 어머니가 남긴 칸스타인 백작부인, 즉 미르칼라의 초상화는 바로 카르밀라의 초상화라는 사실에서도 암시된다. 게다가 카르밀라가 로라를 포옹하며 키스하는 모습은 동성애적 욕망의 표출로 보이기도 하지만 딸에 대한 어머니의 애정을 보여주는 장면으로 해석될 수 있다. 카르밀라가 로라를 칭할 때 자주 사용하는 "달링"이라는 호칭은 연인 사이에서뿐만 아니라, 부모가 사랑하는 자식에게 일상적으로 사용하는 호칭이기 때문이다. 따라서 겔더(Gelder)의 지적처럼 "(죽은) 어머니와 뱀파이어 사이의 연결"(Gelder 46)이 분명하게 드러나는 이 소설은 로라의 더블이면서 동시에 로라의 어머니인 뱀파이어 카르밀라의 회귀를 보여주고 있는 것이다. 즉 로라의 억압된 자아와 로라의 어머니가 뱀파이어로 회귀한 것이다.

뱀파이어라는 형태의 억압된 것의 회귀는 로라만 경험하는 것은 아니다. 뱀파이어 카르밀라가 로라이자, 로라의 어머니이듯이, 여성의 억압된 욕망의 체현으로서의 뱀파이어는 모든 여자에게 내재한 것으로, 영원히 회귀할 것이기 때문이다. 죽을 수 없는, 혹은 사라질 수 없는 뱀파이어의 영원한 회귀는 타자를 억압함으로써 확립되는 주체와 정체성에 내재한 균열을 드러내며, 주체와 타자를 이분법적으로 구분하는 사고의 허상을 드러낸다. 작품 말미에 보덴버그 남작의 주도하에 카르밀라를 무덤에서 꺼내 처단함으로써 뱀파이어는 완전히 제거된 것처럼 보이지만, 억압된 욕망으로서의 뱀파이어는 의식 아래로 모습을 감출 수는 있지만, 결코 사라질 수는 없다. 카르밀라를 처치한 뒤에도 로라가 여전히 카르밀라의 발자국 소리를 듣는 것은 이를 상징적으로 나타낸다.

> 이 시간까지 카르밀라의 이미지가 애매모호하게 변형된 모습으로 기억에 떠오른다. 때로는 장난스럽고, 나른해하는 아름다운 소녀로, 때로는 폐허가 된 교회에서 내가 보았던 몸부림치는 악마의 모습으로 말이다. 거실 문에서 카르밀라의 가벼운 발걸음 소리가 들리는 것 같아, 나는 종종 몽상에서 깨어나곤 한다. (137)

인용 문헌

Braudy, Leo. *Haunted: on Ghosts, Witches, Vampires, Zombies, and Other Monsters of the Natural and Supernatural Worlds.* New Haven: Yale University Press, 2016.

Cavaliero, Glen. *The Supernatural and English Fiction.* Oxford: Oxford UP, 1995.

Gelder, Ken. *Reading the Vampire.* London and New York: Routledge, 1994.

Freud, Sigmund. *The Uncanny.* Penguin Classics, 2003.

Geary, Robert. "'Carmilla' and the Gothic Legacy: Victorian Transformations of Supernatural Horror." *The Blood is the Life: Vampires in Literature.* Heldreth, Leonard and Pharr, Mary. Eds. Bowling Green: Bowling Green State University Popular Press, 1999.

McNally, Raymond and Florescu, Radu. *In Search of Dracula: The History of Dracula and Vampires.* Boston and New York: Houghton Mifflin Company, 1992.

Michelis, Angelica. "'Dirty Mamma': Horror, Vampires, and the Maternal in late Nineteenth-Century Gothic Fiction." *Critical Survey* 15(2003): 5-22.

Ryan, Alan. Ed. *The Penguin Book of Vampire Stories.* Penguin Books, 1988.

8장

주체의 분열과 순수 정체성의 붕괴: 브람 스토커의 『드라큘라』에 나타난 신여성, 절대적 타자, 주이상스(Jouissance)로서의 뱀파이어

브람 스토커(Bram Stoker, 1847-1912)

주체의 분열과 순수 정체성의 붕괴: 브람 스토커의 『드라큘라』에 나타난 신여성, 절대적 타자, 주이상스(Jouissance)로서의 뱀파이어

정통 뱀파이어 소설의 효시

1897년에 출판된 브람 스토커(Bram Stoker)의 『드라큘라』는 출간된 이래로 출판이 한 번도 중단된 적 없을 정도로 많은 인기를 누려왔다. 이 작품은 항상 서점에 비치되어왔고, 드라큘라라는 캐릭터는 수많은 영화와 연극, TV 드라마에 등장하였고, 때로는 새로운 모습의 새로운 인물로 재탄생되었다. 드라큘라라는 캐릭터의 인기도는 어린이 애니메이션, 시리얼의 상표, 연필깎이 이름, 심지어 음식 이름에도 사용될 정도로 모든 영역으로 퍼져나갔다. 드라큘라라는 캐릭터가 『드라큘라』가 출판된 이래로 이처럼 널리 뱀파이어로 알려지고 여러 버전의 영화나 소설에 끊임없이 등장한다는 사실은 브람 스토커의 『드라큘라』가 뱀파이어 문학의 신기원을 이루었으며, 드라큘라라는 캐릭터는 뱀파이어의 전형으로서의 확고한 위치를 차지하고 있음을 분명하게 보여준다.

『드라큘라』가 뱀파이어 문학의 전통을 세우고, 뱀파이어 문학의 효시가 된 가장 근본적인 요인은 엄밀한 의미에서 이 소설이 진짜 뱀파이어 소설이라는 점이다. 『드라큘라』 이전에 나온 폴리도리의 『뱀파이어』와 르 파누의 「카르밀라」는 뱀파이어 소설이긴 하지만, 뱀파이어의 근본적인 속성인 흡혈의 행위가 직접적으로 묘사되지 않았고, 더 나아가 실제로 피를 빤다는 의미에서의 뱀파이어라기보다는 타자를 유혹하고 파멸시키는 존재, 동성애의 상징으로서의 뱀파이어에 주로 초점이 맞추어졌다. 반면에 스토커의 『드라큘라』에 등장하는 뱀파이어는 실제로 희생자의 피를 빨며, 그의 흡혈 행위가 적나라하게 작품에서 묘사되고 있으며, 그에게 피를 빨린 사람들 역시 어떻게 뱀파이어로 변하는지 구체적으로 그렸다는 점에서 정통 뱀파이어 소설의 효시가 되는 것이다.

『드라큘라』가 뱀파이어 문학의 전통을 세울 수 있었던 두 번째 요인은 스토커가 위에서 언급한 기존의 뱀파이어 소설과의 연계를 시도하였다는 점이다. 우선 스토커는 뱀파이어를 단순히 돌아온 시체가 아니라, 폴리도리의 루스벤 경처럼 귀족을 뱀파이어로 설정하였다. 볼썽사나운 모습의 돌아온 시체로서가 아니라 하나의 분명한 캐릭터를 가진, 세련되고 교양 있는 귀족으로서의 뱀파이어의 모델을 폴리도리의 뱀파이어에서 찾은 것이다. 르 파누의 「카르밀라」도 『드라큘라』에 많은 영감을 주었다. 매혹적인 미모로 사람을 유혹하는 카르밀라는 『드라큘라』에서, 관능적으로 사람을 유혹하는 여성 뱀파이어를 통해 재창조되었고, 뱀파이어와의 만남을 하나의 꿈으로 설정한 「카르밀라」처럼 『드라큘라』에서도 뱀파이어와의 만남은 하나의 꿈으로 제시되었다. 두 작가 모두 뱀파이어가 인간 내면의 모습을 반영하고 있다는 생각에서였다. 꿈은 인간의 무의식을 혹은 무의식 속에 "억압된" 인간의 이면이 표출되는 통로이기 때문이다.

스토커의 『드라큘라』가 뱀파이어 문학에서 신기원을 이룬 또 다른 요인은 이 소설의 주요 등장인물인 드라큘라가 이후에 나온 수많은 뱀파이어의 모델이자 원형이 되었다는 점이다. 스토커는 드라큘라를 민간전승에 완벽히 부합하는 뱀파이어로 창조하기 위해, 실존하였던 15세기 왈라키아의 군주 드라큘라에 관한 문헌과 보고서 및 팸플릿을 통해 그의 행적을 연구하였고, 당시 런던을 방문 중이던, 헝가리 부다페스트 대학의 아르미니우스 밤베리(Arminius Vambery) 교수로부터 루마니아 역사, 특히 드라큘라와 관련된 루마니아의 역사에 대해 배웠다. 거기에 더해 스토커는 대영 박물관을 찾아 뱀파이어 전설과 뱀파이어 민간전승에 관한 방대한 자료를 수집하고 이를 통해 알게 된 뱀파이어의 속성과 특징을, 세세하게 드라큘라라는 역사적 인물에게 부여하였던 것이다.

이로 인해 특별한 개성 없는, 단지 살아 돌아온 시체로서의 뱀파이어가 아니라, 특정한 캐릭터를 가진, 역사적 인물로서, 실제 존재하는 듯한 뱀파이어 드라큘라가 창조된 것이다. 드라큘라가 뱀파이어의 대명사, 더 나아가 뱀파이어를 의미하는 일반 명사가 될 정도로 많은 사람들의 뇌리에 각인된 것은 스토커가 이런 시도의 결과인 것이다.

『드라큘라』 집필에 참고한 저서

스토커가 참고한 뱀파이어 민간전승을 기록한 책 중, 가장 중요한 두 권의 책과 논문은 1888년에 출판된 에밀리 제러드(Madame Emily de Laszkowska Gerard)의 『숲 너머의 땅』(*Land beyond the forest*)과 『19세기』(*The Nineteenth Century*)에 제러드가 기고한 「트란실바니아의 미신」(“Transylvanian Superstition”), 그리고 고대의 의식과 신화를 상세히 다룬 제임스 프레이저(James G. Frazer)의 『황금가지』(*Golden Bough*)다.

에밀리 제러드가 쓴 두 권의 저서는 동유럽의 뱀파이어 전설을 다루

숲과 산으로 둘러싸인 트란실바니아

트란실바니아의 호수

고 있는데, 이 저서에서 그녀는 "숲 너머의 땅"이란 의미를 지닌 트란실바니아(Transylvania)에는 동굴과 호수가 많으며, 고대 독일의 관습과 믿음, 미신이 잘 보존되어있고, 떠돌이 생활을 하며 미신을 믿는 집시들이 많아 초자연적 현상이 벌어지는 배경으로 적합하다고 말한다. 제러드는 또한 뱀파이어 민간신앙에 대해서도 언급하고 있는데, 뱀파이어에 의해 사망한 사람은 사망 후 뱀파이어가 될 수 있기 때문에, 이를 막기 위해서 망자의 심장에 말뚝을 박거나 망자가 누워있는 관에 총을 쏘아야 한다고 한다. 이는 민간전승에 나오는 일반적인 뱀파이어 처치법인데, 이러한 처치법은 이 소설에 나오는 드라큘라와 세 명의 여자 뱀파이어, 그리고 사후 뱀파이어가 된 루시 웨스턴라(Lucy Westenra)에게도 적용되고 있어, 스토커가 민간전승에 나오는 뱀파이어 퇴치법에 대해 잘 알고 있음을 보여준다.

제임스 프레이저도 자신의 저서에서 고대 뱀파이어 처치 의식을 언급하면서 루마니아 사람들의 뱀파이어 처치법에 대해 자세히 소개한다. 그는 트란실바니아의 루마니아인들은 뱀파이어를 제거하기 위해 뱀파이어의 머리를 자르고 입에 마늘을 넣거나 심장을 꺼내 불에 태워 재로 만든 다음 벰파이어의 무덤에 뿌린다고 하는데, 이는 뱀파이어 전설이 널리 퍼져있던 다른 동유럽 국가에서도 흔히 하는 처치법이었다.

프레이저는 뱀파이어가 다양한 형태로 변신할 수 있다는 뱀파이어 민간전승에 대한 언급도 한다. 루마니아의 뱀파이어 민간전승에서는 뱀파이어가 반짝거리는 반점이나 박쥐의 모습으로도 나타난다고 프레이저는 전하고 있는데, 이 소설에 등장하는 드라큘라와 세 명의 여자 뱀파이어들이 반점이나 박쥐, 때로는 늑대로 변신하는 것을 볼 때, 프레이저가 소개한 뱀파이어 속성을 스토커가 숙지하고 있었다는 사실을 짐작할 수 있다.

스토커는 이 밖의 여러 뱀파이어 문헌을 참고하여 뱀파이어가 가진 특징을 드라큘라에 투영하였다. 특히 슬라브 민족의 뱀파이어 전설은 스토커가 드라큘라라는 뱀파이어를 창조하는데 있어 귀중한 자료가 되었다. 슬라브 사람들은 뱀파이어가 낮 동안에는 무덤에서 잠을 자고, 밤에만 활동하며, 거울에 비치지도 않으며, 십자가를 두려워한다고 믿었는데, 이와 마찬가지로 드라큘라도 밤에만 활동하며, 거울에 모습이 비치지 않고, 십자가를 두려워한다. 또한 슬라브 국가와 루마니아 민간전승에 따르면 뱀파이어의 침입을 막는 방법의 하나로 방문과 창문에 마늘을 바르는데, 이는 이 작품에서 루시의 방으로 드라큘라가 침입하는 것을 막기 위해 반 헬싱(Van Helsing)이 사용하였던 방법 중 하나로, 스토커가 창문과 방문 틈에 마늘을 바르고 심지어 창문에 마늘로 둥그렇게 화환을 만들어 걸어 놓았다는 사실은 그가 뱀파이어 민간전승에 대해 세세하게 알고 있었다는 증거다.

공포의 대상으로서 사회적 증상을 보여주는 뱀파이어

브람 스토커는 기존 뱀파이어의 특징들을 하나로 묶어 뱀파이어 전설에 완벽히 부합하는 인물을 만들어냈을 뿐만 아니라, 뱀파이어 전설에 내재한 의미와 상징성을 끌어내어 이를 재생산함으로써, 살아있는 시체에 불과하였던 뱀파이어를 새로운 전형의 뱀파이어로 창조하였다. 그가 창조한 뱀파이어 드라큘라는 밤마다 무덤에서 나와 산 사람의 피를 빨고 다시 무덤으로 들어가는 단순한 흡혈귀가 아니라, 세련되고 유혹적인 귀족의 모습으로 대도시에 살면서 자신의 정체를 드러내지 않고, 사람들을 파멸시키는, 더 나아가 사회의 존립 자체를 위협하는 존재다.

다니엘 픽(Daniel Pick)은 『드라큘라』가 "당시대의 두려움의 집합"(Pick 71)을, 니나 아우엘바흐(Nina Auerbach)는 이 소설이 "세기말 공포의 총목록"(Auerbach 7)을 보여준다고 말한다. 이는 뱀파이어 드라큘라가 당시 사회를 위협하는, 당시 사회에 공포와 두려움을 불러일으키는 모든 사회 현상을 지칭한다는 의미이다. 따라서 뱀파이어 드라큘라를 통해 당시 영국 사회의 모습을 살펴볼 수 있다. 사회가 두려워하는 것이 그 사회의 본질을 가장 잘 드러내기 때문이다.

1. 적그리스도로서의 뱀파이어

영국의 헨리(Henry) 8세가 성공회를 영국의 국교로 선포한 이후에도, 영국에는 여전히 로마 가톨릭 교도들과 개신교지만 성공회와 결이 다른 청교도들도 있었다. 이들 간에는 어느 정도의 갈등이 있었지만, 근본적으로 영국은 기독교 국가로서 기독교에 근거한 믿음과 의식이 생활 속에 자리하고 있었다. 이는 동유럽을 포함한 서양 대다수의 나라에서도 마찬가지였다. 따라서 유럽의 많은 국가들은 사회와 국가에 위협이 되거나 위해를 가하는 행위는 기독교 교리에 어긋나는 것으로, 혹은 기독교 교리에 어긋나는 것은 국가와 사회에 위협이 되는 것으로 보았으며, 교리에 어긋나는 행위를 하는 사람을 죄악시하면서 적그리스도로 간주하였다. 뱀파이어 전설에 따르면, 기독교적 교리에 어긋나거나, 반기독교적인 행위, 혹은 범죄행위를 저지른 사람과, 심지어 교회의 저주를 받은 사람도 사후 뱀파이어가 된다고 하는데, 이는 뱀파이어를 적그리스도로 간주하고 있음을 보여주는 것이다.

19세기 중반 이후 영국인들의 세계관을 대변하고, 그들의 삶을 지배하였던 기독교의 권위는 점차 위협을 받게 된다. 1859년에 출간된 찰스 다윈(Charles Darwin)의 『종의 기원』(*Origin of Species*)은 인간 창조론을 근간으로 하는 기독교에 정면 도전하였고, 당시 발전하기 시작하였던 천문학과 지질학은 각각 우주와 지구의 생성 시기가 성경에서 말하는 천지창조의 시발점과는 너무나도 큰 차이가 있음을 보여줌으로써 성경의 권위를 흔들었다. 영국 빅토리아 시대의 시인 매튜 아놀드(Matthew Arnold)가 자신의 시 「도버 비치」("Dover Beach")에서 은유적으로 말하고 있듯이, 19세기 중후반부터 영국의 "신앙의 바다"(sea of faith)는 간조가 되기 시작하였다. 즉 종교에 대한 회의가 점차 지식인들 중심으로 퍼져나갔고, 전통적 기독교의 권위에 대한 의문이 제기되기 시작하며, 점차 종교는 위기를 맞기 시작하였던 것이다.

이런 위기는 단순히 종교적인 문제에만 국한되는 것은 아니었다. 기독교 교리에 의해 지지를 받고 있다고 생각했던 영국 빅토리아 시대의 가부장적 사회는 그동안 억압받아왔던 여성들의 권리 주장에 의해 도전을 받게 되었는데, 종교가 사생활까지 영향을 미치던 당시 보수적인 사회에서는 이를 적그리스도 세력에 의한 기독교의 위기로 인식하였다. 이는 『드라큘라』가 출간된 19세기 말에 절정에 달하여, 당시 보수적인 사람들은 기독교적 가치관을 위협하는 모든 것을 적그리스도로 간주하기에 이른다. 이런 점에서 뱀파이어는 기독교적 세계관을 옹호하던 영국인들에게 적그리스도로서의 적절한 상징이 되었다. 역시 기독교 국가인 동유럽에서 출발한 민간전승상의 뱀파이어는 그 태생부터 적그리스도의 모습을 갖고 있었기 때문이다.

뱀파이어가 죽어서 저승에 가지 못하고 이승으로 살아 돌아온 존재라는 점에서 태생부터 뱀파이어는 반 기독교적인 존재지만, 바이런을 모델로 한 최초의 뱀파이어 소설인 폴리도리의 『뱀파이어』에서는 반 기독교적인 존재로서의 뱀파이어의 모습은 나타나지 않는다. 루스벤 경은 옴므 파탈로서 여자들을 파멸시키는 부도덕한 존재이지, 십자가와 같은 기독교적인 상징물을 두려워하는 반기독교적인 인물이 아니며, 또한 이 작품에는 기독교에 대한 언급이 전혀 나오지도 않는다.

기독교적 관점에서 볼 때, 르 파누의 「카르밀라」는 폴리도리의 『뱀파이어』와 어느 정도의 차이를 보인다. 로라는 아침, 저녁으로 아버지와 함께 가족기도를 하며, 로라의 이웃 마을 사람들은 장례식 때에 찬송가를 부르는 등, 기독교 공동체의 모습이 작품에 나타나기 때문이다. 하지만 뱀파이어 카르밀라가 찬송가를 극도로 혐오한다는 사실 이외에, 그녀에게서 적그리스도로서의 뱀파이어의 모습이 특별히 발견되지는 않는다.

스토커의 『드라큘라』는 이런 점에서 앞서의 뱀파이어 소설과 큰 차이를 보인다. 스토커는 드라큘라를 적그리스도로 설정하기 위해, 뱀파이어 민간전승에서 뱀파이어가 두려워한다고 전해지는 마늘과 종교적 상징물을 드라큘라가 혐오하고 두려워하는 것으로 묘사한다. 드라큘라를 처단하기 위해 사람들을 규합한 뒤, 반 헬싱 박사는 뱀파이어의 약점에 대해 이렇게 말한다.

> 우리가 알고 있는 이 마늘처럼 그를 괴롭혀 그가 힘을 발휘 못 하게 하는 것들이 있소. 내가 가진 이 십자가와 같은 성물에게 그는 아무것도 아닌 존재요. 하지만 이 성물이 있을 때 그[드라큘라]는 멀리 떨어져 존경을 표하며 침묵하게 되오... 그의 관 위에 야생장미 가지를 올려놓으면 그는 관에서 움직이지 못하게 되고, 성축된 탄환으로 그의 관을 쏘면 그는 진정으로 죽게 되오.[13]

마늘 이외에 드라큘라가 두려워하는 것은 대부분 기독교 상징물과 관련이 있다. 반 헬싱이 언급한 십자가와 성축된 탄환, 성모마리아를 상징하는 야생장미 이외에도, 드라큘라는 성수, 성체를 두려워한다. 반 헬싱이 드라큘라의 관에 성체를 뿌려 더 이상 드라큘라가 그 관을 사용하지 못하게 한 것도 이를 보여준다. 하지만 드라큘라가 두려워하는 성물과 기독교 상징물은 브람 스토커가 설정한 것이 아니라 뱀파이어 민간전승에서 거론되는 것들이다. 즉 뱀파이어의 반기독교적 특성은 민간전승에 의해 이미 부여되었던 것이다.

여기서 더 나아가 드라큘라를 기독교 사회를 위협하는 적그리스도의 전형으로 삼기 위해 스토커는 드라큘라의 흡혈 행위에 내재한 반기독교적인 의미를 강조한다. 기독교에서 피는 생명의 상징이다. 예수는 제자들과의 최후의 만찬에서 빵을 자신의 육신으로, 포도주를 자신의 피로 비유하면서 이것들을 먹고 마시면 영생을 얻을 것이라고 말한다. 바로 이 점에서 드라큘라는 예수와 정반대의 행위를 한다. 자신의 피를

---

13) Leslie Klinger, ed., *The New Annotated Dracula* (New York: Norton, 2008), pp. 339-40. 앞으로 이 책에 대한 인용은 괄호 안에 쪽수만 명기하겠음.

나누어주는 예수와는 달리 드라큘라는 다른 사람의 피, 즉 타인의 생명을 착취함으로써만 존속할 수 있기 때문이다. 게다가 예수는 자신의 피를 나누어 줌으로써 영생을 주지만, 드라큘라는 타인의 피를 앗음으로써 그들에게 죽었으면서도 죽지도 못하는 "언데드"(Un-Dead)로서의 영생을 준다. 스토커가 뱀파이어를 작품에서 "언데드"라고 명명한 것은 뱀파이어에 내재한 적그리스도적인 면모를 강조하기 위한 것이다.

흡혈을 하는 드라큘라의 적그리스도적인 면모는 드라큘라의 하수인이자 수어드(Seward) 박사의 정신병원에 수감된 렌필드(Renfield)라는 인물을 통해서 강조된다. 피는 생명이라는 상징적 의미의 기독교 교리를 왜곡하여 타자의 피를 마심으로써 생명을 연장할 수 있다고 믿는 렌필드는 일종의 현실 세계의 뱀파이어다. 따라서 자신에게 피를 공급해 줄 거라고 믿는 초자연적인 존재인 드라큘라는 그에게 신과 같은 존재, 보다 구체적으로 자신에게 피를 나누어 주는 예수와 같은 존재다. 그가 드라큘라의 종으로서 드라큘라를 섬기겠다고 맹세하는 것은 이 때문이다. 따라서 이 작품에는 성경이나 예수의 패러디가 많이 나오는 것이다.

자신이 수용되어 있는 정신병원에 드라큘라가 찾아올 것이라는 사실을 알고 있는 렌필드는, 신랑 예수의 도래를 손꼽아 기다리는 기독교 신자로서의 신부처럼, 드라큘라의 방문을 애타게 기다린다. 드라큘라가 자신이 마실 피를 무한히 공급하여 자신에게 영생을 가져다줄 것이라고 믿고 있기 때문이다. 따라서 자신이 드라큘라에게 선택받았다고 생각하는 렌필드는, 스스로를 어떻게 생각하느냐는 수어드 박사의 질문에, 자신은 살아서 하늘나라로 갔다고 전해지는 성경의 에녹(Enoch)과 같은 존재라고 대답하는 것이다.

이렇듯 뱀파이어는 적그리스도의 전형이기 때문에 네덜란드인 반 헬싱, 미국인 퀸시 모리스(Quincy Morris), 영국인 변호사 조나단 하커(Jonathan Harker), 영국인 의사 수어드, 영국 귀족 아서(Arthur) 등 다양한 국적의 기독교 사회를 지지하는 인물들이 드라큘라를 처치하기 위해 함께 힘을 모으는 것이다. 이들이 자신의 나라로 돌아가려는 드라큘라를 끝까지 추적하여 처단하려는 것은 드라큘라에 의해 뱀파이어가 된 루시(Lucy)에 대한 복수나, 드라큘라의 공격으로 점차 뱀파이어로 변해가는 미나(Mina)를 구하기 위해서만은 아니다. 기독교를 수호하고 인류를 구원하는 임무를 맡았다고 생각하는 중세의 십자군처럼 이들은 자신들이 하려는 일을 신이 부여한 임무로 간주하며, "신의 대리인"(432)으로서 뱀파이어 드라큘라를 죽여야 한다고 생각하는 것이다. 기독교 사회, 나아가 인류의 운명이 적그리스도인 드라큘라의 처단에 달려 있다고 생각하기 때문이다.

무의식에 억압된 인간의 이면으로서의 뱀파이어

적그리스도로서의 뱀파이어 드라큘라에 대한 당시 영국 사회의 두려움은 뱀파이어가 인간 무의식 혹은 무의식에 내재한 인간의 이면의 표상이라는 사실과 밀접한 관계가 있다. 민간전승에 나오는 뱀파이어나, 뱀파이어처럼 흡혈을 하는 것으로 알려진 신화적 존재들은 자고 있는 사람의 피를 빨며, 이를 의식하지 못하는 상태에서 피를 빨리는 사람은 후에 자신이 악몽을 꾸었다고 생각한다. 뱀파이어가 꿈을 통해 드러나는 인간 무의식의 상징으로 해석될 수 있는 것은 이러한 사실에 근거한다. 이런 사실에 착안하여 르 파누는 「카르밀라」에서 로라와 카르밀라가 만나는 장면이 꿈인지 생시인지 모호하게 묘사함으로써, 뱀파이어를 인간 무의식의 상징, 더 나아가 동성애적인 욕망의 상징으로 그려내었던 것이다.

하지만 르 파누는 작품 중반 이후부터는 동성애적 욕망의 상징으로서의 뱀파이어 보다는 카르밀라가 어떻게 사람들에게 접근하여 그들을 희생시켰는지, 그리고 어떻게 뱀파이어로 판명이 나서 처단되었는지에 작품의 초점을 맞추었다. 하지만 꿈이라는 통로를 통해 뱀파이어가 사람들에게 접근한다는 사실에서 뱀파이어 이야기가 인간 무의식에 관한 이야기가 될 수 있음을 간파한 스토커는 드라큘라를 인간 무의식의 상징 혹은 체현으로 해석될 수 있도록 민간전승에서 언급한 뱀파이어의 속성뿐만 아니라, 민간전승에선 언급되지 않은 뱀파이어의 속성도 드라큘라에게 부여한다.

드라큘라 성에서 면도를 하던 하커가 자신의 면도용 거울에, 거울 바로 뒤에 있던 드라큘라의 모습이 비치지 않는다는 사실을 통해 알게 된 것처럼, 드라큘라는 거울에 비치지 않는다. 슬라브 민족의 뱀파이어 민간전승 중에 뱀파이어는 거울에 비치지 않는다고 전해져 오는 것이 있는데, 이는 뱀파이어를 살아 돌아온 시체라기보다는 죽은 사람의 영혼, 즉 유령으로 보고 있기 때문이다. 하지만 스토커는 뱀파이어를 유령이라기보다는 인간 무의식 혹은 인간 무의식에 내재한 자아의 상징으로 제시하고자 거울에 비치지 않은 것으로 설정한다. 뱀파이어 민간전승에 나타나지 않지만, 드라큘라는 초대받은 곳에만 갈수 있다는 것도 이런 맥락에서 살펴볼 수 있다.

하커가 드라큘라 성 문 앞에 도착하자, 직접 문을 열어준 드라큘라는 하커에게 들어오라는 몸짓도 하지 않으며, 심지어 전혀 움직이지도 않는다. 그러면서 성에 들어오는 것은 스스로 들어오는 것임을 이렇게 강조한다. "'우리 집에 온 것을 환영하오! 자유롭게 그리고 당신 자유의지에 따라 들어오시오!'... 그는 나[하커]를 맞이하러 걸음을 떼려는 움직임도 하지 않고, 단지 조각상처럼 서 있었다"(42). 드라큘라는 희생자를 찾아가는 것이 아니라, 자신을 부르는 사람에게만 다가갈 수 있다. 즉 초대하는 사람에게만 갈 수 있다. 이는 뱀파이어가 외부에서 온 침입자가 아니라, 그를 부른 사람의 무의식 속에 처음부터 있었다는 사실을 의미하는 것이다.

몽유병을 앓고 있던 루시가 드라큘라의 공격에 더 많이 노출되었던 이유도 꿈이 무의식을 보여주는 통로이기 때문이다. 무의식에 내재한 자아의 상징으로서 드라큘라는 프로이트의 표현대로 억압되어 있지만 항상 존재하는 무의식처럼, 늘 인간과 함께 있다. 반 헬싱의 말처럼 "'그[드라큘라]는 인간이 있던 모든 곳에 알려져 있소. 고대 그리스, 고대 로마, 그리고 독일 전역에 걸쳐 그는 융성하였소"(338). 폴리도리의 뱀파이어 루스벤 경이 그리스에서 이안테를 살해하고, 바이런의 뱀파이어 다벨이 터키의 에베소에 있는 묘지에 묻히듯, 뱀파이어는 세계 곳곳, 인간이 있는 곳에, 늘 인간과 함께하는 무의식인 것이다.

뱀파이어 이야기가 인간 무의식에 관한 이야기, 더 나아가 억압된 자아에 대한 이야기임을 보여주기 위해 스토커는 뱀파이어처럼 피를 생명의 근원으로 여기며 피를 갈구하는 렌필드를 정신병원에 수용된 정신병자로 등장시키고, 이 정신병원을 운영하는 정신과 의사 수어드 박사를 드라큘라를 처단하고자 하는 인물로 등장시킨다. 더 나아가 드라큘라를 처단하기 위해 드라큘라의 속성을 연구한 반 헬싱 박사를 인간의 두뇌와 정신세계를 연구하는 뇌 과학자로 스토커가 설정한 것은, 뱀파이어 이야기가 인간 정신에 관한 것임을 말하기 위한 것이다.

2. 성적 욕망의 상징으로서의 뱀파이어

피와 흡혈의 의미

뱀파이어의 가장 근본적인 속성인 흡혈은 성행위로서의 상징성을 갖고 있다. 이는 피에 담긴 상징적 의미와 뱀파이어에게 피를 빨릴 때의 사람들의 반응을 보면 짐작할 수 있다. 19세기 빅토리아 시대 사람들은 피가 사람의 활력을 좌우한다고 믿어, 피가 결핍되면 힘과 기력이 빠지고 무기력증에 걸린다고 생각하였다. 하지만 남자의 경우 피뿐만 아니라 정액이 빠져나가도 같은 증상을 겪는데, 이는 정액을 구성하는 핵심 성분이 바로 피라고 생각하였기 때문이다. 즉 정액이 빠져나가면 정액을 만들기 위해 피가 소모되고, 결국 피가 결핍되어 힘이 빠진다고 믿었던 것이다. 따라서 피를 빨리고 피를 먹는 것은 정액을 소비하는 성행위의 은유가 될 수 있는 것이다.

따라서 피/정액을 소비하는 흡혈을 당할 때, 즉 뱀파이어에게 피를 빨리게 될 때, 자연히 성적으로 흥분하게 된다. 이러한 사실은 세 명의 여성 뱀파이어가 드라큘라 성에 갇힌 하커에게 접근하여 그의 피를 빨려는 순간 하커가 보인 반응에서 확연히 드러난다. 아름답고 관능적인 세 명의 여성 뱀파이어들이 누가 먼저 하커의 피를 빠느냐의 문제를, 누가 먼저 하커에게 키스하느냐는 식으로 이야기할 때, 하커는 성적으로 흥분하여 그들이 자신의 피를 빨아주기를 고대하기 때문이다.

이런 관점에서, 피를 주는 수혈도 성행위와 연관지어 생각할 수 있다. 드라큘라에게 수차례에 걸쳐 피를 빨렸던 루시는 (이런 의미에서 루시는 드라큘라와 수차례에 걸쳐 성행위를 한 것으로 볼 수 있다), 네 차례에 걸쳐 아서, 수어드 박사, 반 헬싱 박사, 퀸시 모리스의 피를 수혈 받는다. 피와 정액을 같은 의미로 받아들였던 당시의 견지에서 보자면 루시는 네 명의 남자와 상징적 의미에서 육체관계를 맺은 셈이다. 이러한 사실은 자신만이 루시에게 피를 주었다고 믿는, 루시의 약혼자 아서가 피를 줌으로써 자신은 루시의 실질적인 남편이 되었다고 말하는 데서 뿐만 아니라, 여러 남자의 피를 수혈 받은 루시는 "여러 명과 결혼한 사람"이라는 반 헬싱의 말에서 직접적으로 제시된다. 피의 교환에 다분히 성적 의미가 있다는 사실을 반 헬싱, 더 나아가 작가 스토커는 알고 있었기 때문이다.

루시만 드라큘라에게 피를 빨리고, 수혈을 통해 여러 남자들의 피를 받은 것은 아니다. 드라큘라가 여러 장소에 배치한 50개의 관의 행방을 찾는데 반 헬싱과 그의 일행이 골몰하던 며칠 동안, 렌필드(의 초대)를 통해 수어드 박사의 정신병원 안으로 들어온 드라큘라는 이 병원 건물 안에 임시로 거주하고 있었던 미나를 밤마다 찾아간다. 미나가 명확하게 인식하지 못하는 상황에서 그녀의 피를 빨던 드라큘라는 급기야 자신의 가슴에 상처를 내어, 거기서 흘러나오는 피를 미나에게 억지로 마시게 함으로써, 소위 "피의 세례"(baptism of blood)를 한다. 후에 당시 상황을 설명할 때, 미나는 남편 하커에게 미안한 감정을 느끼고, 아내의 이야기를 듣던 하커가 고통스런 신음소리를 낸 이유는 피의 상징적 의미를 생각해 볼 때 이해될 수 있는 것이다.

서로의 피를 마심으로써 드라큘라와 미나는 상징적 의미의 부부가 된다. 「창세기」에서 아담이 자신의 갈비뼈로 만든 이브를 보고 "살 중의 살이요, 뼈 중의 뼈"라고 지칭한 것처럼, 드라큘라가 자신의 피를 마신 미나를 "살 중의 살, 피 중의 피'"라고 말한 것은, 아담과 이브처럼 자신들도 하나의 몸이 되었음을 상징적으로 표현한 것이다. 후에 반 헬싱이 "피의 세례"라고 부른 이 행위를 통해, 드라큘라는 미나와 상징적 부부가 된 것이다.

무의식의 상징 혹은 무의식에 내재한 자아의 상징으로서 뱀파이어가 구체적으로 무엇을 상징하는가는 흡혈의 상징적 의미와 흡혈을 당하기 직전의 하커의 반응을 보면 짐작할 수 있다. 많은 비평가들이 지적하고 있듯이 뱀파이어는 인간에 내재한 성적 욕망의 상징이다. 데이비드 프라이스(David Price)는 드라큘라를 성적 충동인 리비도(libido)의 상징으로, 크리스토퍼 벤트리(Christopher Bentley)는 리비도의 저장고이자 본능적 에너지인 이드(Id)의 상징으로, 관웨이 유(Kwan-Wai Yu)는 "우리의 감추어진 불법적 욕망의 체현"(Kwan-Wai Yu 158)으로 보았다. 드라큘라를 규정하는데 비평가들이 사용한 용어 간에는 약간의 차이가 보이지만, 드라큘라가 사회적으로 용납되지 않는, "불법적인", 따라서 사회적으로 금지된 성적 욕망의 상징이라는 점에서는 의견의 일치를 보이고 있다. 즉 드라큘라는, 사회에 위협이 되기 때문에, 정신분석학에서 말하는 "억압"을 통해 무의식에 내재된 인간의 성적 욕망의 상징인 것이다. 따라서 소설 전반을 지배하는 공포는 금지된 성적 욕망(드라큘라)이 회귀함으로써 야기되는 공포인 것이다.

3. 성병의 상징으로서의 뱀파이어

19세기 빅토리아 시대의 영국 사회는 도덕과 체면을 중시하여, 사회규범을 준수하고, 금욕적이고 정숙한 삶을 이상으로 삼았지만, 아이러니컬하게도 이 시대에 많은 매춘이 벌어졌고, 이로 인해 성병도 급속도로 확산되었다. 당시에 성병이 얼마나 만연하였는가를 짐작케 하는 것은 전염병법안(Contagious Disease Act)의 통과다. 점차 확산하는 성병을 막기 위해 당시 영국 정부는 1864년 첫 전염병 법안을 통과시킨 이후, 계속해서 1866년과 1869년에 전염병 법안을 통과시켜, 집창촌에 거주하는 모든 여성들이 국가에서 시행하는 성병 검사를 의무적으로 받도록 하였다. 이처럼 성병의 확산은 당시 영국 사회의 근간을 뒤흔들 정도로 위협적이었는데, 이에 대한 두려움을 스토커는 흡혈을 하는 뱀파이어를 통해 상징적으로 표현하였던 것이다.

피의 의미와 흡혈의 의미를 고려해볼 때, 그리고 민간전승에서 뱀파이어가 전염병의 은유가 될 수 있다는 사실을 놓고 볼 때, 뱀파이어는 분명 성병의 상징이 될 수 있다. 더욱이 민간전승상의 뱀파이어와는 달리, 스토커가 이 작품에서 뱀파이어에 의해 피를 빨리는 사람, 즉 뱀파이어와 성관계를 갖는 사람도 뱀파이어가 된다고 설정한 것은, 뱀파이어 드라큘라를 19세기 당시 급속도로 번져가 당시 영국 사회를 위협하던 성병의 상징으로 제시하기 위한 것이다.

빅토리아 시대의 여성의 상황과 전통적인 여성상

영국의 정치이론가 존 스튜어트 밀(John Stuart Mill)은 1869년에 발표한『여성의 종속』(*The Subjection of Women*)에서 기독교 국가이자 문명국가인 영국이 여성들에게 권리를 주었다고 말하지만, 사실 아내는 "남편의 실질적 노예"(Mill 29)에 지나지 않으며, 법적인 권한도 노예 이상이 아니라고 주장하면서, 여성의 권리가 유린되는 현실을 비판하였다. 사실 밀의 주장처럼 빅토리아 시대의 여성은 사회적, 경제적, 법적으로 상당한 제약을 받았고, 독립된 인격체로서의 대우를 받지 못하였는데, 그 근저에는 가부장적 세계관이 자리하고 있었다.

집안의 가장으로서 남편이 군림하는 가부장적 사회에서 여성, 더 나아가 아내의 존재는 남편에게 종속적일 수밖에 없었다. 이런 가부장적 사회가 당시 내세운 이상적 여성상은 남편에게 복종하고 헌신적이며, 모성애를 지닌 어머니로서 아이들 교육과 양육에 책임지는 여성이었다. 여기에 더해 여성으로서 혹은 아내로서 순결과 정숙함은 당연히 지켜야 할, 모든 여성들의 기본적인 미덕이었다. "집안의 천사"라고도 불리던 이런 여성상은 모든 여성들이 따르고 본받아야 할 하나의 전형으로 이 여성상에서 벗어난 여성은 죄악시되었고, 더 나아가 정상적이지 않은 여성으로 간주되었다.

가부장 사회에서의 여성의 종속적인 위치는 법률적 상황에서도 엿보인다. 여성은 결혼을 하면 남편과 하나의 공동체를 형성한다는 생각에, 자신이 갖고 있던 재산은 물론이요, 자신이 새로 번 수입금도 모두 남편에게 법적으로 귀속되게 되었다. 여성은 독립적으로 은행 계좌를 개설할 수 없었으며, 남편의 법적 허락 없이 일체의 법률적 계약을 할 수도 없었다. 게다가 남편에게 부당한 대우와 학대를 받는다고 해도 여성은 이혼 소송을 제기할 수조차 없었다.

하지만 1867년에 제정된 소위 개혁법(Reform Act)에 따라 노동자의 투표권이 확대되면서 여성의 권리문제도 점차 사회적 관심의 대상이 되기 시작한다. 1870년에 처음으로 통과된 "첫 번째 기혼여성 재산법"(First Married Women's Property Act)을 시작으로 1882년 마지막 18번째로 "기혼여성 재산법안"(Married Women's Property Bills)이 통과됨으로써, 결혼 후에도 여성들은 자신의 재산권을 유지할 수 있게 되었고, 경제적으로 독립의 길을 걸을 수 있는 기회를 갖게 되었다. 또한 1884년에 통과된 기혼여성 재산법 수정조항에 따라 남편과 이혼할 수 있는 법적 가능성도 열리게 되었다.

4. 신여성으로서의 뱀파이어

19세기 말 여성의 권리를 어느 정도 보장하는 법안이 통과되고, 가부장적 체계의 문제점이 노출되자, 남성적 가치를 옹호함으로써 유지되었던 사회체제에 균열이 생기기 시작한다. 이런 분위기에 힘입어 기존의 수동적인 여성상을 거부하고 독립적인 여성의 지위를 주장하는 소위 "신여성"이 등장한다. 그들은 여성의 활동 영역을 가정 내로 국한시키며, 남편에게 복종하는 것을 미덕으로 삼는 가부장적 이데올로기와 그 이데올로기가 만든 이상적 여성상으로서의 "집안의 천사"가 되기를 거부하였다. 이들은 또한 남성의 전유물이었던 고등교육과 전문직도 추구함으로써 남성 중심의 당시 사회체계에 충격을 주었다. 하지만 당시 사회가 이들에 대해 가장 큰 충격을 받았던 요인은 신여성들이 여성을 남성에 종속시키는 결혼제도에 대해 부정적으로 생각하며, 자유로운 성 교제를 옹호하였다는 점이었다.

당시 가부장적 빅토리아 사회는 남성들과는 달리 여자들은 본래부터 성적 욕구가 없다고 생각하였다. 따라서 당시 사회는 성적 욕구를 가진 여성과 이러한 성욕으로 인해 혼전에 성관계를 갖거나, 여러 남자와 성관계를 가진 여성을 비정상적으로 생각하였다. 이런 의미에서 남성과의 자유로운 성 교제를 지지하였던 신여성들은 "퇴폐적인 성욕"(Ledger 102)을 지닌 반도덕적인 집단이며, 동시에 정상적인 여성이 아니며, 더 나아가 사회의 근간을 뒤흔드는, 따라서 금지되어야 할 뱀파이어와 같이 위협적인 존재로 간주되었다. 즉 윌리엄 휴즈(William Hughes)의 지적처럼 뱀파이어는 "성과 사회적 해방"(Hughes 5)을 꿈꾸는 신여성을 지칭하는 용어가 되었던 것이다.

여성의 성욕을 자연스러운 것으로 내세우며, 한 명의 남성에게 종속되는 것을 거부하는 신여성의 모습은 루시를 통해서 드러난다. 그녀는 미나에게 보내는 편지에서 자신이 같은 날 세 명의 남자에게 청혼을 받았다는 사실을 자랑스럽게 말하면서, 세 명의 남자가 모두 자신의 마음에 들었다는 사실을 밝힌다. “세 명의 남자 혹은 여자를 원하는 수만큼의 남자와 여자가 결혼하도록 왜 내버려두지 않지?”(111). 루시의 이 말은 자신의 절친한 친구 미나에게 장난스럽게 한 말이지만, 사실 루시의 속내를 어느 정도 반영하고 있는 이 말은 오직 한 남자와의 관계만을 인정하는 빅토리아 시대의 여성상과는 상당한 거리가 있다. 이런 점에서 여러 명의 남자와의 교제가 과연 잘못된 것인가 의문을 제기하는 루시는 신여성의 면모를 보여주고 있는 것이다.

루시가 신여성의 면모를 넘어서, 드러나지 않은 신여성이라는 사실은 그녀가 낮에는 보통 여자와 다를 바 없지만, 밤이 되면 몽유 상태로, 때로는 신발도 신지 않은 채, 드라큘라를 만나기 위해 집을 나선다는 점에서 드러난다. 드라큘라는 초대받지 않은 곳에는 가지 않는다는 사실을 고려해 볼 때 루시는 단순히 드라큘라의 희생자가 아니다. 오히려 그녀의 억압된 성적 본능이 몽유라는 매개체를 통해 루시를 드라큘라로 이끌었기 때문이다. 즉 루시 안에는 당시 사회가 비정상이라고 터부시하던 성적 욕망이 자리하고 있는 것이다. 루시가 네 명의 남자의 피를 수혈받았다는 사실도, 그녀가 자유로운 성 교제를 옹호하는 일종의 신여성임을 상징적으로 보여주는 것이다. 그런 의미에서 루시가 사후 뱀파이어가 된 것은 당연한 귀결인지도 모른다. 죽기 전에 루시는 이미 당시 사회가 부여한 여성성을 위반한 신여성으로, 신여성의 또 다른 이름인 뱀파이어였기 때문이다.

전통적인 여성상의 대척점으로서의 (이 작품에서 뱀파이어로 상징화되는) 신여성의 또 다른 특징은 성관계에서 이상적 여성상과는 달리 수동적이 아니라 성관계를 주도한다는 점이다. 여성은 성적 욕구가 없지만 남편의 요구를 들어주어야 하는 의무감에서 성관계를 허용하는 것이란 당시 사회의 통념에서 보면, 여성은 성관계에서 당연히 수동적일 수밖에 없다. 하지만 성적 욕구가 있는 신여성은 그런 사회적 통념을 무너뜨리며, 여성도 성관계를 주도할 수 있음을 주장한다. 하커가 세 명의 여성 뱀파이어를 드라큘라 성에서 만났을 때, 하커와 여성 뱀파이어의 행동을 보면 짐작할 수 있다.

> 난[하커] 그들[여자 흡혈귀]이 저 붉은 입술로 나에게 키스하기 바라는 사악하고 불타는 욕망을 느꼈다. 그녀의 숨결이 움직이는 것을 느낄 때까지... 즐거운 기대감으로 눈썹 아래로 바라보면서 조용히 누워있었다. 어떤 의미에서 그것은 달콤, 꿀처럼 달콤했다. 하지만 달콤함 밑에는 쓰라림, 지독한 혐오감도 있었다. 전율적이며 동시에 혐오스러운 관능미가 있었다... 그녀는 실제로 동물처럼 입술을 핥았고 희고 날카로운 이빨에 달빛이 비칠 때, 붉은 입술과 빨간 혀에서 빛나고 있는 액체를 볼 수 있었다. 난 황홀경에 빠져 눈을 감고 기다렸다. 뛰는 가슴으로 기다렸다. (79-81)

날카로운 이빨을 가진 동물처럼 공격적으로 하커의 피를 빨려는 여자 뱀파이어들의 모습은 이들이 피를 빨아주기를 혐오와 전율을 느끼면서 수동적으로 기다리는 하커의 모습과 대조를 이룬다. 흡혈이 성행위를 상징할 수 있다는 사실을 고려해 볼 때, 하커에게 달려드는 여자 뱀파이어와 가만히 누워 이를 기다리는 하커는 전통적으로 남녀에게 부여된 성 역할에 위배된다. 수동적으로 기다려야 할 여성이 적극적이고 주도적이며, 이를 주도해야 할 남성이 워윅(Warwick)의 말처럼, "눈썹 밑으로 내려다보는 수줍은 처녀"(Warwick 204)처럼 수동적이기 때문이다. 즉, 신여성으로서의 뱀파이어는 크리스토퍼 크라프트(Christo-

신여성의 상징으로서의 여성 뱀파이어

pher Craft)의 지적처럼, 전통적인 "성 정체성을 전도 혹은 전복"(Craft 120)함으로써 당시 사회에 또 다른 위협을 가하는 것이다.

이상적 여성이 갖추어야 할 주요 자질 중 하나는 모성애다. "가정의 천사"로서, 가정을 유지하고 자녀들을 키워야 하는 여성에게 모성성은 당연한 것으로 간주되었다. 하지만 이상적 여성성을 정면으로 거스르는 (뱀파이어로서의) 신여성은 이 모성애에 정면으로 도전한다. 그것은 신여성의 상징이기도 한 여성 뱀파이어, 구체적으로 드라큘라 성에 있는 세 명의 여자 뱀파이어와 후에 뱀파이어가 된 루시를 통해 나타난다.

여자 뱀파이어들이 하커의 피를 빨려던 순간 갑작스레 나타난 드라큘라는 이를 저지하며 자신이 하려던 일을 마칠 때까지 하커에게 접근하지 말라고 여자 뱀파이어들에게 경고한다. 이에 여자 뱀파이어들이 드라큘라가 바닥에 던져놓은 부댓자루를 가리키며 오늘 밤에 먹을 것을 달라고 하자, 드라큘라는 가져가도 좋다는 의미로 고개를 끄덕인다. 이때 비몽사몽 상태에 있던 하커는 부댓자루에서 "숨을 제대로 쉬지 못하는 아이의 숨이 막히는 듯한 소리와 나지막한 울음소리"(82)를 듣고는 경악하는데, 여자 뱀파이어들은 흡족한 듯이 부댓자루를 들고 사라진다. 드라큘라는 애초부터 여자 뱀파이어들에게 주려고 어린아이를 자루에 넣어 온 것이었다.

여자 뱀파이어가 어린아이의 피를 빤다는 사실은, 그들은 여성이라면 당연히 갖고 있어야 할 모성애를 지닌 "정상적인 여성"이 아니라는 것을 보여준다. 이는 뱀파이어가 된 루시에게도 드러난다. 마치 성경에 나오는 예수처럼, 죽은 지 삼일 뒤에 뱀파이어로 부활한 루시(이 또한 간접적인 기독교의 패러디다)는 밤마다 무덤에서 나와 피를 빨 대상을 찾는데 모두 어린아이였다. 실종되었다 발견된 어린아이들에 관한 신문기사를 본 반 헬싱은 죽은 루시가 뱀파이어가 되었음을 직감하고, 아서, 수어드, 모리스가 보는 앞에서 이를 확인하기 위해 이들을 데리고 루시가 묻힌 묘소 근처로 밤에 찾아간다. 시간이 얼마 지나지 않아 이들은 어린아이를 안고 무덤을 향해오는 루시를 발견하고 충격에 빠진다. "그것을 보고 나[수어드]는 얼마나 몸을 떨었는지 모른다! 그녀는 아무렇지도 않은 듯 그때까지도 가슴에 꼭 안고 있었던 어린아이를 매정하게 팽개쳤다. 그리곤 개가 뼈다귀를 보고 그러듯 아이를 보고 으르렁거렸다. 아이는 자지러지듯 비명을 지르며 바닥에 누워 신음하였다"(306).

뱀파이어가 된 루시는 어린아이들의 피를 빨 뿐만 아니라 아이들을 하찮은 물건처럼 아무렇게나 내동댕이치기까지 한다. 그녀에게 아이는 모성애로 보살펴야 할 대상이 아니라 자신의 먹이에 지나지 않는 것이다. 모성애라곤 전혀 찾아볼 수 없는 여자 뱀파이어의 이런 모습은 뱀파이어로 상징되는 신여성에 대한 당시 사람들의 생각을 짐작케 한다. 신여성들은 이상적 여성이 아닐뿐더러 "정상적인" 여성도 아니다. 보수적, 가부장적 관점에서 신여성은 뱀파이어에 지나지 않는 것이다.

5. 절대적 타자(타 인종)로서의 뱀파이어와 역 제국주의에 대한 공포

해외 식민지 개척을 일찍이 시작한 영국은 19세기 말에 이르러서는 해외에 엄청난 영토를 확보하였다. 그 결과 영국의 해외 식민지는 아프리카, 인도, 캐나다 등까지 뻗어가, 전 세계의 거의 4분의 1에 해당하는 땅을 영국령으로 만들며, 초강대국으로 부상하게 되었다. 경제적으로도 엄청난 이득을 가져다준, 해외 식민지 확장을 정당화하기 위해, 영국은 자신들의 목적이 영국의 우월한 문화를 알리고, 식민지를 개화시키는 것이라는 명분을 내세운다. 이처럼 해외 식민지화를 정당화하는 영국 제국주의의 근저에는 자국의 우월주의가 있는 것이다.

제국주의로 인한 식민지 확장과 더불어 외국과의 교역을 통해 영국인들은 이질적인 문화와 그 문화권에 속하는 사람들을 접하게 된다. 늘 보아왔던 영국인들과는 너무나도 다른 그들의 외모와 관습이 너무 낯설어, 영국인들은 그들이 과연 자신들과 같은 인간인지 따져보게 된다. 그러던 중 영국인들은 그들과의 차별성을 찾기 위해, 자신들이 생각하는 "정상적인" 국가와 인간에 대한 개념을 정립하기 위해 "본질적인

트란실바니아, 부코비나, 몰도바(몰다비아) 지도

영국의 특성"(Halberstam 16)이 무엇인지 정의할 필요성을 느끼게 된다.

런던을 떠나 드라큘라 성을 찾아가던 여정 중, 하커는 영국과는 아주 다른 낯선 상황을 접하게 된다. 그의 목적지는 "알려진 세상의 모든 미신들"(16)이 모여 있다는 카르파티아 산맥에 위치한 세 개의 나라, 즉 트란실바니아(Transylvania), 몰다비아(Moldavia) 그리고 부코비나(Bukovina)가 서로 경계를 이루는 지역의 동쪽 끝에 자리하고 있었다. 게다가 그가 가기로 되어있는 드라큘라 성은 지도에도 나와 있지 않은 곳이었으며, 그가 목적지로 가기 위해 이용할 수밖에 없던 기차는 열차 시간도 제대로 지키지 않았다. 정확히 작동되는 사회 시스템을 당연시하는 영국인 하커에게 이는 이해하기 힘든 낯선 상황이었던 것이다.

목적지로 가는 여정 중 하커가 접하게 되는 모든 것들도 역시 낯설었다. 시골 풍경은 아름다웠지만 특이하였고, 숙소에서 먹은 음식들도 이국적이었다. 이 지역의 관습과 문화, 사람들의 모습과 의상 또한 특이했다. 기묘한 옷차림의 농부들이 길가에 있는 예배당에서 무릎 꿇고 기도하는 모습, 온갖 종류의 기이한 의상들을 입은 여러 인종들, 특히 동양의 산적처럼 커다란 카우보이모자와 여러 개의 청동 못이 박힌 커다랗고 묵직한 벨트를 찬 슬로바키아 사람들, 악마로부터 자신을 보호하기 위해서라며 두 손가락을 하커에게 내미는 사람들, 이 모든 것들이 영국인 하커에

드라큘라 백작의 성에 들어가는 하커

게 너무나도 낯설고 기이했다.

그 낯설음은 하커가 드라큘라 성에서 보게 된 스가니인(Szgany)에 함축되어 있다. "이 지역에 국한된"(86) 집시들인 스가니인들은 "거의 법 테두리 밖에 있으며"(86) "미신을 제외한 종교가 없는"(88) 사람들이었다. 법을 중시하는 변호사이자, 과학적 사고와 이성을 중시하는 소위 문명국 영국에서 온 하커에게는 법을 무시하고, 미신만 믿는 스가니인들로 대변되는 이 지역 사람들은, 이질적이고 낯선 동시에 잘못된 삶을 사는 기이한 사람들로 느껴졌을 것이다.

이러한 이질감과 낯설음은 드라큘라 성에서 드디어 만나게 된 드라큘라를 통해 극대화된다. 입에서 악취를 풍기는 드라큘라는 끝이 몹시 뾰족한 귀에 날카로운 송곳니를 가진, 그리고 코 위쪽에서 눈썹이 거의 맞닿은 기이한 모습이었다. 하지만 하커가 가장 충격을 받았을 때는, 드라큘라가 마치 도마뱀처럼 성벽을 타고 거꾸로 내려가는 것을 목격할 때였다. "이것은 어떤 부류의 인간인가. 아니면 인간의 외형을 한 이것 안에는 어떤 부류의 존재가 들어있는가?"(76). 하커가 본 드라큘라는 인간의 모습을 한 정체 모를 괴물이었다. 하커가 목격한 낯선 문화권의 동 유럽인들처럼, 낯선 곳에 사는 낯선 모습의 드라큘라는 "근원적인 타자"(radical alterity, Cohen 7)로서, 괴물과 같았다. 즉, 드라큘라는 영국인과 다른, 영국인보다 "열등한 타 인종"으로서의 괴물인 것이다.

하커는 자신이 이런 괴물을 위해 런던에 거처를 마련해주고, 법률적인 자문까지 해주었다는 사실에 분노를 느낀다. 하지만 그의 분노는 곧 두려움으로 바뀌게 된다. 드라큘라에게 피를 빨린 사람 모두 뱀파이어가 된다는 사실을 알게 되어서였다. 즉 정상적인 인간이 아닌, 열등한 타인종의 상징으로서의 드라큘라가 "무는 것을 통한 뱀파이어의 믿을 수 없을 정도로 효율적인 생식력"(Ruthner 5)으로, 영국인들을 지신과 같은 종족(뱀파이어로 상징되는 열등한 인종)으로 만들고, 더 나아가 영국의 정체성을 무너뜨릴 것이라 생각하였기 때문이다.

스토커가 트란실바니아 출신의 드라큘라가 영국으로 진입하여 영국인들을 뱀파이어로 만드는 과정을 그렸던 것은, 해외로 뻗어 나간 영국의 제국주의가, 역으로 외국에 있는 "열등한" 타인종, 이민족을 영국으로 유입하는 결과를 초래함으로써, 순수 앵글로 색슨 사회, 더 나아가 영국의 정체성이 오염될 것에 대한 두려움을 보여주기 위한 것이다.

드라큘라에 의한 이상적 여성상의 오염

소설의 여주인공 미나는 남편 하커를 위해 자신의 모든 것을 헌신하는 여성이다. 그녀는 남편에게 도움이 되고자 속기와 타자를 배우고, 남편의 비상시를 대비해 열차 시간표까지 평소에 외워둔다. 또한 그녀는 루시의 죽음에 가슴 아파하는 아서, 수어드 박사, 퀸시 모리스를 마치 어머니가 아이를 달래듯 위로해주는 모성애가 넘치는 여성이다. 미나에게 위로를 받은 이들 모두가 앞으로 도움이 필요할 시, 미나를 위해 모든 것을 하겠다고 한 것도, 미나에게 감명 받았기 때문이다. 미나에게 감명 받은 사람은 이들뿐만이 아니다. 반 헬싱은 남편 하커에게 헌신적이며 명석한 두뇌와 논리로 자신들을 돕는 미나를, "여성의 심장"(woman's heart)과 "남성의 두뇌"(man's brain)를 가진 여인, 천국이 있다는 것을 보여주려고 신이 만든, "너무나 진실 되고 아름답고 고귀하며 너무나도 비이기적인 사람"(274)이라고 극찬한다. 한마디로 미나는 빅토리아 시대의 "여성적 미덕의 표본"(Stade 46)을 구현하는 "집안의 천사"인 것이다.

이러한 미나 조차도 드라큘라의 유혹을 벗어날 수는 없었다. 드라큘라가 수차례에 걸쳐 그녀의 피를 마셨으며, 강압적이지만 그녀도 드라큘라의 피를 마셨다는 사실은, 순혈 앵글로 색슨 족의 피를 가진 미나 조차도, "열등한 타 인종" 드라큘라에 의해 오염되었음을 보여주기 때문이다. 미나 자신도 드라큘라에게 흡혈을 당했다는 것이 어떤 의미인지 알고 있는 것 같다. 흡혈을 당했다는 사실을 깨닫자마자 미나는 마치 "오염물질을 제거하려는 듯이 그녀[미나]의 입술을 닦기 시작하며"(397), 자신이 "더럽다고"(unclean) 한탄하였기 때문이다. 미나가 "열등한 인종"/드라큘라에 의해 오염되었다는 사실은 반 헬싱이 미나의 이마 위에 올려놓은 성체에 의해 생긴 낙인과 같은 상처를 통해서도 제시된다. 이마에 상처가 생긴 순간 그것이 무엇을 의미하는지 아는 미나가 자신이 더렵혀졌다고 다시 한 번 통곡하는 것은 이 때문이다.

반 헬싱 일행이 트란실바니아에 있는 자신의 성으로 도망가는 드라큘라를 굳이 추격까지 하면서 그를 제거하려는 이유 중 하나는, 미나의 이마에 생긴 오염의 표식인 낙인을 없애기 위한 것이다. 오염을 보여주는 낙인을 없애기 위해선, 또한 미나가 사후 뱀파이어가 되지 않기 위해선, 드라큘라는 반드시 제거되어야 하기 때문이다. 적그리스도 드라큘라를 반드시 처단해야 하는 이유는 인류를 "악"의 마수에서 구하려는 목적도 있지만, 순수 영국 혈통의 미나를 열등한 타 인종에 의한 오염으로부터 구하기 위해서인 것이다.

중간자의 체현(體現)으로서 경계를 무너뜨리는 뱀파이어[14]

정체성은 범주를 통해서, 즉 자아와 타자를 구분하고 경계를 만듦으로써 형성된다. "순수한 정체성"이란 타자와 분명하게 구분되는, 단

---

14) 이 섹션은 2009년 『근대영미소설』에 수록된 본인의 논문 「불확실성과 중간자에 대한 공포: 전환기 시대의 고딕 드라큘라」에서 부분적으로 발췌해 수정하고 첨가한 것이다.

일한 집합체이기 때문이다. 따라서 정체성을 확보하기 위해 절대적으로 필요한 경계와 구분이 사라지면, (순수) 정체성은 가능하지 않게 되는 것이다. 드라큘라를 명확히 규정할 수 없고, 그의 정체성에 대해 분명히 말할 수 없는 이유는, 드라큘라는 경계를 짓거나, 명확한 구분을 거부하는 "중간자"(inbetween)적인 존재이기 때문이다.

드라큘라는 서양도 동양도 아닌 동유럽 출신이며(19세기 당시 서유럽인들은 동유럽인을 같은 유럽인으로 생각하지 않았다), 도마뱀처럼 성벽을 타고 내려갈 수 있는, 동물과 인간의 속성을 동시에 가지고 있었다. 하지만 결정적으로 그가 중간자적 존재란 사실은 반 헬싱이 드라큘라를 "언데드"(undead)라고 지칭한데서 찾을 수 있다. 언데드는 죽지도 살아 있지도 않은 자, 죽을 수 없는 죽은 자, 죽음과 삶의 중간지대에 존재하는 자를 말하기 때문이다. 이런 점에서 드라큘라는 경계를 그을 수 없는, 중간자의 체현(體現)으로 "이분법으로 나타낼 수 없는 경계 선상의 존재"(Shildrick 54)인 것이다.

경계 선상의 존재, 중간자의 체현으로서의 뱀파이어는 타자와의 경계 긋기와 구분을 통해 결정되는 정체성을 구분과 경계를 허물어버림으로써 와해시킨다. 그 이름이 시사하듯, 서구 유럽의 상징인 루시 웨스턴라(Lucy Westenra)[15]는 동유럽으로부터 침범한 드라큘라에 의해 뱀파이어가 되어, 서구 유럽이 갖고 있다고 믿어왔던 고유한 정체성이 허상임을 드러낸다. 드라큘라가 초대받은 곳에만 갈 수 있다는 사실은 루시가 상징하는 유럽 자체 안에 이미 뱀파이어로 대변되는 이질적인 요소가 있으며, 따라서 그들 간의 경계는 없다는 것을 보여주기 때문이다.

---

15) 루시(lucy)는 "빛"을 의미하고, 그녀의 성, "웨스턴라"(Westenra)가 "서구"라는 의미의 "Western"과 고대 이집트의 태양신을 의미하는 "Ra"의 합성어라는 사실에서도 이를 짐작할 수 있다.

이는 이상적 여성으로 칭송되는 미나의 경우도 마찬가지다. 반 헬싱은 미나와 함께 드라큘라를 처치하러 트란실바니아에 있는 드라큘라의 성으로 향하던 도중, 만약에 있을 뱀파이어의 공격에 대비해 미나 주변으로 둥그렇게 성체를 뿌린 뒤, 미나에게 원 밖을 나가지 말라고 당부한다. 반 헬싱이 "신성한 원"(holy circle 487)이라고 부르는, 성체를 둥그렇게 뿌린 원 안으로는 뱀파이어가 들어오지 못할 거라 생각해서다. 반 헬싱이 예상했던 대로, 세 명의 여자 뱀파이어들이 원 안으로는 들어오지 못하여 원 주위를 계속 맴돌 자, 이를 지켜보던 미나는 평온히 앉아 미소까지 지으며 반 헬싱에게 원 안은 안전하니 바깥으로 나가지 말라고 충고한다. 이 말에 자신이 걱정하는 것은 미나의 안전이라고 반 헬싱이 말하자, 미나는 웃으면서 "제가 걱정된다고요! 왜 저를 걱정해요? 저보다 더 저들로부터 안전한 사람은 없는데 말이에요"(487)라고 대답한다.

미나가 여자 뱀파이어들을 두려워하지 않는 이유는, 그들과 자신 사이를 경계 짓는 "신성한 원" 때문이 아니다. 미나가 그들을 두려워하지 않고 미소까지 짓는 것은 자신과 그들 사이엔 경계가 없으며, 자신도 그들과 다르지 않다는 것을 알고 있기 때문이다. 이런 사실은 여자 뱀파이어들이 미나에게 하는 말을 통해서도 드러난다. "이리와요, 자매여, 우리한테 와요, 이리와, 이리"(488). "신성한 원"이라는 경계가 뱀파이어로부터 보호해 주고 있던 사람은 미나가 아니라 바로 반 헬싱이었던 것이다. "피의 세례"를 통해 미나와 뱀파이어 드라큘라 사이엔 이미 경계가 사라졌기 때문이다. 미나에게 최면을 걸어 드라큘라가 보고 느끼고 듣는 것을 반 헬싱이 알아낼 수 있었던 것도 미나와 드라큘라 사이엔 아무런 경계가 없어서였다. "피의 세례"를 통해 미나와 드라큘라는 서로 구분이 되지 않는 하나가 된 것이다.

이런 점에서 드라큘라는 사회에 위협이 된다. 프로이트의 말처럼, 문명/사회란 금지된 욕망을 배척하고 억압함으로써, 즉 금지된 욕망과의 경계를 지음으로써 가능한 것이기 때문이다. 반 헬싱 일행이 드라큘라를 결단코 처치하려는 것은, 경계 긋기를 통해 형성되는, (미나가 대변하는) 사회를 존속시키기 위한 것이다.

주체의 분열을 드러내는 주이상스(Jouissance)로서의 뱀파이어

뱀파이어에게 흡혈을 당할 뻔하였다는 사실을 인지하거나, 흡혈을 당했다는 사실을 인지하는 사람은 하커와 미나 두 사람 뿐이다. 따라서 뱀파이어를 만났을 때 이 두 사람이 각각 어떤 반응을 하였고, 어떤 생각을 하였는지를 살펴보면 뱀파이어가 상징하는 인간의 욕망이 무엇인지, 그 욕망과 그 욕망을 가진 주체는 어떤 관계인지 이해할 수 있을 것이다.

드라큘라 성에서 여자 뱀파이어를 만났을 때 하커가 느꼈던 감정은 이중적이며 심지어 모순적이다. 갑작스럽게 나타난 세 명의 여자 뱀파이어가 가까이 다가오자 하커는 처음으로 극도의 공포를 느낀다. 하지만 이들의 "관능적인 붉은 입술"을 보자, 하커는 곧 "불타는 욕망"을 느끼게 된다. 이때 그가 느낀 상반되는 두 가지 감정에 대해 하커는 이렇게 말한다. "나를 불편하게 하는 뭔가가 있었다. 어떤 갈망과 동시에 끔찍한 두려움 같은 것이었다. 나는 그들이 저 붉은 입술로 내게 키스했으면 좋겠다는 사악하고 불타는 욕망을 가슴 속 깊이 느꼈다"(79).

미나가 드라큘라에 대해 느끼는 감정 역시 복합적이며 모순적이다. 이전에 수차례에 걸쳐 드라큘라에게 피를 빨렸지만, 자신의 피를 빨기 위해 온 드라큘라의 존재를 처음으로 의식하게 되었을 때, 미나가 느낀 첫 번째 감정은 두려움이었다. 그녀는 너무나도 두려워 말을 할 수도, 몸을 움직일 수도 없었다. 하지만 소리를 지르면 옆에 자고 있던 하커를 죽이겠다고 협박한 뒤 드라큘라가 그녀의 피를 빨기 시작하자, 미나는 싫지 않은 감정을 느꼈다고 고백한다. "나[미나]는 당황스러웠어요. 하지만 진짜 이상하게도 그[드라큘라]를 저지하고 싶지 않았어요"(396). 미나도, 하커처럼 뱀파이어를 두려워하면서도, 마음속 깊은 곳에선 뱀파이어를 대한 욕망을 동시에 느끼고 있었던 것이다. 하커와 미나가 뱀파이어에 대해 이렇듯 욕망과 혐오 내지 두려움을 동시에 느꼈던 것은 자신들이 욕망하는 대상이 사실은 금지된, 따라서 "사악한" 것이기 때문이다. 즉 욕망하는 것이지만 금지된 것이기 때문에 죄의식으로 인해 혐오감과 공포를 동시에 느꼈던 것이다.

뱀파이어에게 흡혈을 당할 때 느끼게 되는 상반되는 감정은 두려움(혐오)과 욕망만 이 아니다. 뱀파이어에게 흡혈을 당할 때, 직접적으로 경험하는 것은 육체적 고통과 쾌락이다. 뱀파이어가 두 개의 송곳니로 희생자의 목에 구멍을 내어 피를 빤다는 점과 흡혈이 성행위를 상징한다는 사실을 고려해보면, 흡혈을 당하는 사람이 고통과 쾌락을 동시에 느낀다는 것은 쉽사리 이해할 수 있다. 드라큘라에게 수차례에 걸쳐 흡혈을 당하여 결국 뱀파이어가 된 루시가 이를 명확하게 말해준다. 루시는 의식하지 못하는 가운데 드라큘라에게 흡혈을 당할 때, "아주 달콤하고 아주 괴로운 어떤 것"(166)을 느꼈다고 고백하였기 때문이다. 뱀파이어에게 흡혈을 당할 때 느끼는 고통과 쾌락은 상반되는 것처럼 보이지만 실상은 분리될 수 없는 것이다. 목이 이빨에 찔리는 고통을 당해야지만 흡혈이라는 성행위가 가능하기 때문이다.

분리될 수 없는 고통과 쾌락의 공존을 라캉은 주이상스(Jouissance)라 칭한다. 프랑스어로 주이상스는 "향락"이라는 의미지만, 오르가

즘 등과 같은 성적 쾌락의 의미를 내포하고 있어 주이상스는 "고통스런 (성적) 쾌락"으로도 풀이될 수 있다. 이런 의미에서 "모호하게 얽혀 있는 쾌락과 고통"(Khader 89)을 불러일으키는 드라큘라는 "불가능한 (여기서 불가능하다는 말은 언어화될 수 없는, 즉 말로 표현할 수 없다는 의미다) 주이상스의 말 없는 체현"(Žižek 209)인 것이다.

드라큘라가 주이상스의 체현이 되는 것은 뱀파이어가 금지된 (성적) 욕망을 상징하며, 동시에 금지되었기 때문에 욕망을 불러일으키는 존재, 루시의 표현대로 "아주 달콤하고 아주 괴로운 어떤 것"이기 때문이다. 따라서 주이상스(의 체현)로서 뱀파이어는 인간 주체가 분열(자신의 욕망으로부터 주체가 소외되었다는 의미에서 분열되었다)되었음을 보여준다. 자신이 원하는 것은 금지된 것이기 때문에 고통을 느끼지만, 금지된 것이기에 또한 욕망한다는 사실을 뱀파이어가, 혹은 뱀파이어를 통해 보여주기 때문이다. "경계 선상의 존재"로서 또한 경계를 무너뜨리는 뱀파이어는 경계를 통해 확보되는 단일하고 확고한 주체는 불가능하다는 것을 보여준다. 반 헬싱이 미나를 중심으로 그린 "신성한 원", 즉 뱀파이어와의 경계는 애당초부터 가능하지 않은 것이다. 미나는 뱀파이어를 일종의 "저주"(curse)로 여겼지만 본래부터 뱀파이어와 미나는 하나였기 때문이다.

뱀파이어의 영원한 회귀

자신의 성으로 퇴각하는 드라큘라를 쫓아 반 헬싱과 그의 일행은 트란실바니아로 간다. 드라큘라가 들어있는 관을 실은 집시들의 마차가 성 가까이 다가갔을 때, 말을 타고 추격하던 하커와 퀸시 모리스는 집시들의 마차를 멈추게 하고 관 뚜껑을 연 다음, 각각 칼로 드라큘라의 머리를 자르고 가슴을 찌른다. 그 순간 드라큘라는 흔적도 없이 사라진다. "그것은 기적과도 같았다. 하지만 바로 우리 눈앞에서 순식간에, (드라큘라의) 몸 전체가 무너져 재가 되어 우리 시야에서 사라졌다"(497). "하커와 모리스가 각각 휘두른 칼에 드라큘라는 제거된 것처럼 보인다. 하지만 스토커는 드라큘라가 살해당했다고 말하지 않았고, 단지 '우리 시야에서 사라졌다'라고만 말했을 뿐이다. 이 순간 스토커가 의도적으로 이 문구를 선택했는데, 이는 드라큘라가 죽은 것이 아니라 뱀파이어 킬러들에게 단지 보이지 않을 뿐이라는 것을 암시하기 위한 것이다" (Kim 220).

언데드인 뱀파이어 드라큘라는 궁극적으로 죽을 수 없다. 데이비드 펀터(David Punter)의 말처럼 "욕망은 결코 죽지 않는다"(Punter 19). 단지 억압되어 사라지는 것처럼 보일 뿐이기 때문이다. 또한 억압된 것은 프로이트의 말처럼 항상 회귀한다. 금지되어 "억압된" 욕망으로서의 뱀파이어의 귀환은 미나의 아이 퀸시 하커(Quincy Harker)를 통해 이루어진다. "미나는 자신을 위해 드라큘라와 싸우다 죽은 퀸시 모리스의 정신을 이어받기 바라며, 아이의 이름을 퀸시라고 지었지만, 그 아이는 퀸시의 정신을 이어받은 미나와 하커만의 아이가 아니다"(김일영 76). "피의 세례"를 통해 뱀파이어의 피가 흐르고 있는 미나가 낳은, 앞으로의 세대를 이어갈 미나의 아이는, 상징적으로 "드라큘라의 피를 이어받은 존재"(김일영 76)로 그를 통해 뱀파이어는 계속 회귀할 것이다. 금지된 욕망으로서의 뱀파이어는 경계 긋기를 통해 배척되지만, 나와 결코 분리될 수 없는, 나보다 더 나 같은 "나"이기 때문이다.

인용 문헌

김일영.「불확실성과 중간자에 대한 공포: 전환기 시대의 고딕 드라큘라」『근대영미소설』16.3 (2009):57-79.

Auerbach, Nina. *Our Vampires, Ourselves*. Chicago: Chicago UP, 1995.

Cohen, Jeffrey Jerome. Ed. *Monster Theory*. Minneapolis and London: University of Minnesota Press, 1996.

Craft, Christopher. "'Kiss me with those red lips': Gender and Inversion in Stoker's *Dracula." Representations* 8(1984):107-33.

Haberstam, Judith. *Skin Shows: Gothic Horror and the Technology of Monsters*. Durham and London: Duke University Press, 1995.

Hughes, William. *Beyond Dracula: Bram Stoker's Fiction and Its Cultural Context*. London: Palgrave, 2000.

Khader, Jamil. "Un/Speakability and Radical Otherness: The Ethics of Trauma in Bram Stoker's *Dracula*." *College Literature* 39.2 (2012): 73-97.

Kim, Il-Yeong. "The Vampire as a Figure of 'Objet a'/Object-Cause of Desire: Divided Subject and Desire in Bram Stoker's *Dracula*." *English Language and Literature* 62.2 (2016):207-23.

Ledger, Sally. *The New Woman: Fiction and Feminism at the Fin de Siecle*. Manchester: Manchester UP, 1997

Mill, John Stuart. *The Subjection of Women*. New Brunswick and London: Transaction Publishers, 2001

Pick, Daniel. "'Terrors of the Night': *Dracula* and 'Degeneration' in the Later Nineteenth Century." *Critical Quarterly* 30(1988): 71-87.

Punter, David. *The Literature of Terror Vol. 2. The Modern Gothic*. London and New York: Longman, 1996.

Ruthner, Clemens. "Vampirism as Political Theory: Voltaire to Alfred Rosenberg and Elfriede Jeliek." *Visions of the Fantastic*. Becker, Allienne. Ed. Westport, London: Greenwood Press, 1996:3-12.

Shildrick, Margrit. *Embodying the Monster: Encounters with the Vulnerable Self.* London: Sage Publications, 2001.

Stade, George. "Dracula's Women." *Partisan Review* 53(1986):200-15.

Stoker, Bram. *The New Annotated Dracula.* Ed. Leslie Klinger. New York: Norton, 2008.

Warwick, Alexandra. "Vampires and the Empire: Fears and Fictions of the 1890s." *Cultural Politics at the Fin de Siecle.* Ed. Sally Ledger. Cambridge: Cambridge UP, 1995.

Yu, Eric Kwan-Wai. "Productive Fear: Labor, Sexuality, and Mimicry in Bram Stoker's *Dracula.*" *Texas Studies in Literature and Language* 48.2 (2006):145-69.

Žižek, Slavoj. *The Sublime Object of Ideology.* London and New York: Verso, 1989.

9장

리처드 매티슨의 『나는 전설이다』(*I Am Legend*)에 나타난 사회적 불안의 표상으로서의 뱀파이어와 타자화의 악마성

리처드 매티슨의『나는 전설이다』(*I Am Legend*)에 나타난 사회적 불안의 표상으로서의 뱀파이어와 타자화의 악마성

새로운 현대적 뱀파이어의 전형

『나는 전설이다』(*I Am Legend*)는 1976년을 배경으로 한 소설로 미국 소설가 리처드 매티슨(Richard Matheson)이 1954년 출판한 작품이다. 션 모어랜드(Sean Moreland)가 "글로 쓴 공포소설의 전환점"(Moreman 130)이라고 평가하는 이 작품은 출판 당시 대단한 성공을 거두어, 1964년에는「지상 최후의 남자」(*The Last Man on Earth*), 1971년에는「오메가 맨」(*The Omega Man*), 2007년에는 같은 제목의「나는 전설이다」(*I Am Legend*) 등으로 영화화 되었다. 하지만『나는 전설이다』는 스토커의『드라큘라』이후 가장 있기를 누린 뱀파이어 소설이라는 점 외에도 새로운 뱀파이어 소설의 유형을 만들어낸, 클라젠(Clasen)의 표현을 빌리자면, "현대 고딕 소설의 이정표" (Clasen 313)를 세운 작품이다.

이 소설이 전통적 뱀파이어 소설과 크게 다른 점은 우선 시대적 배경이 먼 과거가 아니라 미래인 1976년이며, 그것도 뱀파이어 전설이 널리 퍼져있는 동유럽이 아니라, 작가의 나라이자 신진국가인 미국, 그것도 많은 사람들이 집중된 대도시 로스앤젤레스(Los Angeles)를 무대로 전개된다는 점이다. 이 소설이 기존의 뱀파이어 소설과 확연하게 구별되는 또 다른 점은 소설의 주 관심사 중의 하나가 뱀파이어 출현의 원인과 뱀파이어의 속성을 밝혀내고자 하는데 있다는 것이다. 따라서 소설의 화자이자 주인공 네빌(Neville)은 전통적 뱀파이어 소설의 효시인 『드라큘라』에서 제시되고 있는 뱀파이어의 속성을 단순히 기정사실로 받아들이지 않고, 왜 그런 속성을 가졌는지, 혹은『드라큘라』에서 제시된 뱀파이어의 속성들을 실제로 뱀파이어가 가졌는지 알아내고자 실험을 하고 연구도 한다.

그 결과 네빌은 뱀파이어란 뱀파이어 박테리아에 감염되어 죽었다가 신체 변형을 통해 되살아난 시체이며, 뱀파이어가 햇빛을 두려워하는 것은 시신을 숙주로 삼고 있는 박테리아가 햇빛에 취약하기 때문이라는 사실을 알아낸다. 네빌은 뱀파이어는 드라큘라와 같은 중세시대의 악마 혹은 초자연적인 존재에 의해서가 아니라, 박테리아 감염의 결과라는 사실을 다음과 같이 상징적으로 설명한다.

> 이 모든 것들에 여주인공의 침실 주변을 떠도는 핏발 어린 눈의 뱀파이어는 없었다. 사유지 창문에 날개를 파닥거리는 박쥐도 없었다. 이 모든 것들엔 초자연적 존재도 없었다... 악당은 바로 세균이었다. 사람들이 자신들의 두려움 앞에서 움츠리는 동안, 재앙을 퍼트리는 전설과 미신이라는 모호한 베일 뒤에 숨겨진 세균만이 있었다.[16]

뱀파이어를 전염병의 상징으로 보는 이런 시각은 매티슨 이전에 이미 다른 뱀파이어 문학에서도 찾아볼 수 있었다. 르 파누는「카르밀라」에서 전염병의 경로와 카르밀라라는 뱀파이어의 희생자가 발생하는 경로를 일치시킴으로써 뱀파이어와 전염병의 연관성을 제시하였고, 브람 스토커도『드라큘라』에서, 뱀파이어의 희생자가 사실상 성병에

16) Richard Matheson, *I Am Legend* (New York: Tom Doherty Associates Book, 1995), p. 88. 앞으로 이 책에 대한 인용은 괄호 안에 쪽수만 명기하겠음.

감염된 사람임을 시사 함으로써 뱀파이어와 전염병, 특히 성관계를 통한 성병과의 관계를 암시하였다. 단지 전염병의 매개체가 세균이라는 사실을 인지하지 못하였던 시기에 쓰인 작품들이었기 때문에 전염병의 매개물로서 뱀파이어라는 초자연적인 존재를 등장시켰던 것이다.

하지만 의학의 발달로 전염병과 세균의 관계, 그리고 세균의 전이가 어떻게 이루어지고 그 결과 전염병이 어떻게 발생하고 확산하는지 밝혀짐에 따라, 뱀파이어 신화에 함축된 뱀파이어의 의미를 포착한 매티슨은 뱀파이어의 확산을 세균감염에 의한 것이라는 결론을 내리고 이를 작품을 통해 그려냈다. 이런 의미에서 매티슨의 『나는 전설이다』는 "(뱀파이어) 신화와 사이언스 픽션을 연결한 최초의 현대적 시도"(Mary Pharr 95)로, 뱀파이어의 발생 기원을 "뱀파이어 세균"(vampiris bacillus, 87)에 의한 감염으로, 뱀파이어의 확산을 "역병"(plague)의 확산으로 설명함으로써, 새로운 현대적 뱀파이어 소설의 전형이 된 것이다.

작품 속에 나타난 뱀파이어의 상징

1. 사회적 약자로서의 뱀파이어

전통적 뱀파이어 소설에 등장하는 뱀파이어들은 인간보다 힘이 월등히 강하고 초자연적인 능력을 지니고 있다. 카르밀라는 여성임에도 불구하고 일반 남성을 압도하는 힘을 갖고 있었으며, 드라큘라는 남자 20명의 손힘을 가진 데다, 동물처럼 몸놀림도 빨라 인간이 물리적인 힘으로 대적할 수 없는 존재다. 하지만 『나는 전설이다』의 뱀파이어는 그 능력이나 힘 혹은 몸놀림에 있어서, 이늘 전통적 뱀파이어와는 확연히 다르다. 낮 동안에 이들은 완전한 코마 상태에 빠져 몸을 거의 움직이지 못하며, 활동할 수 있는 유일한 시간인 밤에도 별다른 힘을 갖고 있지 못하다. 따라서 이들은 다수임에도 불구하고 밤에 홀로 집 문을 걸어 잠그고 있는 네빌을 집 밖으로 끌어내지 못하고, 집안으로 쳐들어가지도 못하여, 네빌 스스로 밖으로 나오기만을 기다리는 무기력한 존재들이다.

이들의 무기력함은 이들이 코마 상태에 빠지는 해가 떠 있는 동안 절정을 이룬다. 아침이 되면 네빌은 뱀파이어가 거주하는 집으로 들어가 그들의 심장을 나무 말뚝으로 박아 죽이지만 뱀파이어들은 속수무책으로 당하기만 한다. 한 예로 낮에 뱀파이어의 집에 들어간 네빌이 여자 뱀파이어의 팔목을 잡고 침대에서 끌어내어 계단 아래로 끌고 가도 여자 뱀파이어는 아무 저항도 하지 못한다. 심지어 뱀파이어가 햇빛을 왜 두려워하는지 알아보기 위해 네빌이 머리 타래를 잡고 길가에 던져도, 여자 뱀파이어는 꼼짝도 하지 못한 채 햇빛 아래서 죽고 만다.

뱀파이어를 물건처럼 취급하는 네빌의 이런 모습과 이런 네빌에게 아무 저항도 하지 못하는 뱀파이어의 모습은 작품 곳곳에서 엿보인다. 뱀파이어가 왜 십자가를 두려워하는지 알아내기 위해, 혹은 뱀파이어가 『드라큘라』에서 그런 것처럼 실제로 십자가를 두려워하는지 확인하기 위해, 네빌은 자신의 집으로 여자 뱀파이어를 데려와 의자에 묶고는 눈앞에 십자가를 들이댄다. 십자가를 본 여자 뱀파이어가 경악을 하며 네빌을 물자, 네빌은 여자의 머리를 때린 뒤 여자를 끌고 다른 뱀파이어가 기다리고 있는 문밖으로 집어 던진다.

여자 뱀파이어들만 이처럼 무기력한 것은 아니다. 아내의 시신이 있는 성당 지하실을 찾아간 네빌은 지하실 구석에서 몸을 웅크리고 앉아 있는 남자 뱀파이이를 발견한다. 낮이 되어 햇빛을 피하고자 지하실로 들어온 뱀파이어였다. 하지만 네빌은 그가 자신의 아내의 시신에 손을 댈 수도 있었단 사실에 분개하여 그를 햇빛이 비추는 밖으로 끌어내어 사망에 이르게 한다.

이렇듯 해가 떠 있는 동안에는 절대적으로 무기력하게 되기 때문에 뱀파이어들은 자신들을 찾아내어 죽이는 네빌에게 발견되지 않도록, 은신처에서 숨어 지내며 두려움에 떤다. 이런 점에서 이 소설의 뱀파이어는 기존 뱀파이어 소설에 나오는 뱀파이어와는 정반대로 사회적 약자의 모습을 갖고 있다. 기회 있을 때마다 뱀파이어를 처단하며 자신의 이러한 행위를 정당화하는 네빌 자신도 뱀파이어가 사회적 약자일 수도, 또한 뱀파이어에게 적대적인 자신의 생각에 편견이 있을 수도 있음을 고백한다.

> 그[뱀파이어]가 필요로 하는 것이 다른 동물과 인간이 필요로 하는 것보다 더 충격적인가? 자신의 아이에게서 영혼을 앗아가는 부모의 행위보다 그의 행위가 더 잔인무도한가?... 그는 정치가가 될 신경증 환자를 낳은 부모들보다 더 나쁜 존재인가? 그는 자살 테러를 저지르는 민족주의자들에게 폭탄과 총을 팔아 번 돈으로 뒤늦게 재단을 세운 제조업자보다 더 나쁜 존재인가?... 그는 도처의 책 선반을 욕정과 죽음에 대한 소망으로 채우는 출판업자들보다 더 나쁜가? 신성으로 반성해 보아라. 뱀파이어가 그렇게 나쁜지?... 그런데 왜 이런 몰인정한 편견을 갖게 되었는가, 이 인정 없는 편견 말이다. 뱀파이어들은 왜 자신이 선택한 곳에서 살 수 없는가? 왜 그는 아무도 발견하지 못할 숨을 곳을 찾아야만 하는가? 우리는 왜 그가 제거되기를 바라는가?... 그는 생계수단도, 적절한 교육을 받을 방법도 없다. 그는 투표할 권리도 없다. 그가 밤에 약탈하며 살아가야 할 방법을 찾을 수밖에 없는 것은 놀랄 일이 아니다... 분명 그렇다. 그는 생각했다. 하지만 당신이라면 당신 누이가 그와 결혼하게 내버려 두겠는가? (32)

네빌은 뱀파이어가 보통 인간들보다 더 사악하고 더 나쁜가를 인간과 비교하여 따져본다. 우선 네빌은 살기 위해 사람의 피를 먹어야 하는 뱀파이어의 행위가 인간들이 하는 행위보다 더 충격적인지 의문을 제기한다. 이를 위해 네빌은 자신의 아이의 영혼을 앗아가는 부모의 행위가 단지 피를 빠는 뱀파이어의 행위보다 더 잔인무도할 수 있음을 지적하는 것으로 시작하여, 사람들을 현혹하는 정치인들, 테러집단에 무기를 팔아 돈을 버는 무기업자들, 욕정을 불러일으키는 책들을 출판하는 출판업자들이, 단지 사람의 피를 빠는 뱀파이어보다 더 사악한 존재임을 강하게 시사한다.

여기서 더 나아가 네빌은 뱀파이어에 대한 증오심은 잘못된 편견에서 비롯된 것으로 그들은 다른 식으로 살아갈 수밖에 없는 존재일 뿐, 근본적으로 악하지 않다고까지 말한다. 오히려 네빌은 적절한 교육을 받을 기회와 자신의 의사를 표현할 수 있는 기본적 권리인 투표권도 박탈당한 뱀파이어는 사회적 약자이며, 뱀파이어가 낮에는 숨어 지낼 수밖에 없고 밤에만 돌아다닐 수 있는 것도, 그들이 약자이기 때문이라고 말한다. 하지만 이렇듯 뱀파이어에 대한 거부감과 혐오감은 사회적 약자로서의 그들에 대한 편견에서 비롯된 것임을 인정하면서도, 네빌은 자신의 누이가 뱀파이어와 결혼하는 것에는 반대한다는 태도를 밝힘으로써 뱀파이어에 대한 편견은 극복될 수 없음을 고백한다.

2. 타자(Other)의 상징으로서의 뱀파이어

a. 아프리카계 미국인

뱀파이어 소설의 전통을 세운 『드라큘라』의 드라큘라처럼, 매티슨의 뱀파이어도, 클라젠의 지적처럼 "타자의 적절한 상징"(Clasen 318)이다. 하지만 드라큘라가 서유럽인에게는 낯선 이방인과 같은 동유럽인으로서의 타자의 상징이었다면, 미국을 배경으로 한 『나는 전설이다』의 뱀파이어는, 36세의 전형적인 백인 남성인 네빌과 대비되는 아프리카계 흑인으로서의 타자의 상징이다. 즉 "인종적인 적대감"(Mathews 92)이 팽배하기 시작하였던 1950년대 미국에서 살았던 매티슨은, 패터슨(Patterson)의 지적처럼, 뱀파이어라는 존재를 통해 당시 미국 백인사회가 두려워하였던 "아프리카계 미국인"(Patterson 21)으로서의 타자로 그리고 있는 것이다.

뱀파이어를 타 인종으로 보는 시각은 여자 뱀파이어에 대한 네빌의 태도에서도 드러난다. 밤마다 찾아오는 뱀파이어들은 네빌을 집 밖으로 불러내기 위해 여러 방법을 동원한다. 주로 벽돌을 집에 던지거나, 그의 이름을 부르며 집 밖으로 나올 것을 촉구하지만, 여성 뱀파이어들이 주로 쓰는 방법은 성적인 유혹이다. 네빌이 집안에서 자신을 바라보고 있다는 것을 눈치 챈 여자 뱀파이어들은 그를 집 밖으로 유인하기 위해 "놀라울 정도로 사악한 자세"(19)를 취한다. 이에 네빌은 강한 욕망을 느끼지만, 이를 억제하기 위해 필사적인 노력을 한다. 그러면서 자신이 읽은 책에 담긴 모든 지식도 자신 안에 있는 욕정의 불길, "육신의 욕망"(19)을 끌 수 없다는 사실에 분노한다. 뱀파이어에게 욕망을 느낀다는 것 자체가 그에게는 "인간에 대한 모욕"(19)이기 때문이다.

네빌이 이처럼 여성 뱀파이어에 대한 성적 욕망을 억제하려는 이유는 자신의 피를 순수한 피의 기준으로 삼고 있는 네빌에게 뱀파이어와의 육체적 접촉은 인간의 순수한 피를 오염시키며, 더 나아가 백인으로서의 자신의 정체성을 위협한다고 생각하기 때문이다. 따라서 네빌이 자신의 집을 요새화하며 뱀파이어의 접근을 필사적으로 막으려 하는 것은 백인으로서의 자신의 정체성을 수호하기 위한 몸부림이며, 낮 동안 코마 상태에 있는 뱀파이어를 죽이는 것은 자신의 정체성을 위협하는 타 인종을 말살하기 위한 것으로, 패터슨의 말처럼 "종족근절의 분위기"(Patterson 20) 마저 느끼게 하는 것이다.

하지만 점차 그 수가 늘어 대다수가 되어버린 뱀파이어가 둘러싼 상황에서 유일하게 남은 인간인 네빌이 버틸 가능성은 사실상 없게 된다. 네빌이 결국 자신의 집에서 뱀파이어 세균에 감염된 자들에 의해 끌려 나오게 되는 것은, 타 인종과 분리하여 살기 원했던 백인들의 바람이 좌절될 수밖에 없다는 사실을 상징적으로 보여주는 것이다.

b. 프롤레타리아 계급

이 소설에 등장하는 뱀파이어는 사실상 두 가지 집단으로 분류될 수 있다. 뱀파이어 박테리아에 감염되었다 사망한 후 다시 살아나 뱀파이어가 된 집단과 뱀파이어 세균에 감염되었지만 "섬유소를 제거한 피와 약"(155)을 통해 세균 증식을 억제함으로써 목숨을 유지하고 있는 단순 감염자 집단이다. 하지만 모든 감염자들이 결국 죽어서 뱀파이어가 된다고 믿었던 네빌은 단순 감염자들의 존재에 대해서 전혀 알지 못하였고, 따라서 단순 감염자와 뱀파이어를 구분하지 않고 모두 처단한다.

이 단순 감염자들에게는 뱀파이어와 네빌 모두가 적이다. 따라서 단순 감염자들은 뱀파이어와 자신들의 생존을 위협하는 네빌 모두를 제거한 뒤 자신들만의 사회를 만들고자 한다. 이런 점에서 네빌과 같은 사회적 강자로부터 자신들을 지키며, 자신들이 중심이 되는 사회를 만들기 위해 봉기하는 감염자들은, 매슈스(Mathews)가 지적하듯이, "프롤레타리아"(Mathews 92)의 모습을 갖고 있다. 모어랜드(Moreland) 또한 뱀파이어를 일사불란하게 처형하는 감염자들을 프롤레타리아 계급, 더 나아가 "폭력을 통해 사회를 접수하는 혁명적인 그룹"(Moreland 166)으로 보며, 이 소설이 "미국 영토에서 공산주의 혁명이 일어나는 것에 대한 두려움"(Moreland 81)을 그리고 있다고 주장한다. 이처럼 새로운 사회를 건설하고자 하는 감염자들을 프롤레타리아, 공산주의 세력으로 본다면, 소설 말미에 감염자들이 보낸 암살단에 의해 뱀파이어들이 학살당하고, 마지막 남은 인간 네빌마저 이들에게 포획되어 죽음을 맞이하게 된다는 사실은 프롤레타리아 혁명이 결국 성공을 거두게 될 거라는 메시지를 작가가 말하고 있다고 해석될 수 있다.

3. "친숙한 타자"로서의 뱀파이어와 인간의 경계 붕괴

네빌이 뱀파이어를 제거하려고 하는 것은 뱀파이어가 자신을 위협하는, 더 나아가 인간으로서의 자신의 정체성을 위협한다는 판단에서이다. 하지만 뱀파이어가 자신의 정체성을 위협한다는 사실은 역으로 뱀파이어와 인간 사이에 근본적 차이가 없다는 의미가 된다. 뱀파이어가 인간과 아무 관계가 없다면 인간으로서의 정체성에 위협이 될 수는 없기 때문이다. 네빌은 자신의 정체성을 지키기 위해 뱀파이어를 타자로 간주하며 자신과 다른 존재, 즉 자신과 뱀파이어간의 경계를 확보하려 한다. 하지만 클라젠의 지적처럼 "뱀파이어는 인간 이하이면서 동시에 기이하게도 정상적인 사람 "(Clasen 321)이며, 앤드류(Andrew)의 말대로, 인간의 근원적인 모습을 가진 "친숙한 타자"(Andrew 92)다.

뱀파이어가 근본적으로 인간과 다를 바 없다는 사실은 뱀파이어를 누구보다도 경계하는 네빌 자신이 인정한다. 혼수상태에 빠진 여자 뱀파이어를 끌고 나오면서 네빌은 "이런 사람들은 그[네빌]와 같다"(39)

고 인정하며, 말뚝으로 여자 뱀파이어를 처치할 때마다, "왜 그들은 모두 나에게는 캐시처럼 보이지?"(26) 라고 하면서, 뱀파이어 세균에 감염되어 죽은 딸 캐시와 뱀파이어가 다르지 않을 수 있다는 사실을 인정한다.

뱀파이어가 인간과 근본적으로 다르지 않다는 사실은 네빌의 전 직장 동료였던 코트만(Cortman)의 입을 통해서 제시된다. 뱀파이어 박테리아에 감염된 뒤 뱀파이어로 부활한 코트만은 밤마다 네빌의 집을 찾아와 그의 이름을 부르며 "나와"(come out)하고 소리치는데, 이는 네빌이 뱀파이어인 자신과 다르지 않다는 것을 인정하고 집 밖에 몰려있는 뱀파이어 대열에 합류하라는 말처럼 들린다. 즉 코트만의 이 외침은 네빌에게 스스로 뱀파이어임을 고백하라는, 즉 "커밍아웃"(coming out)하라는 요구인 것이다. 이 말에 뱀파이어와 확실한 경계를 긋고 싶어하는 네빌은 오히려 더욱 분노를 느끼며, 코트만을 제거하기 위해 아침만 되면 코트만을 찾아다녔던 것이다.

뱀파이어가 인간인 자신과 다를 바 없는 존재라는 사실을 네빌이 깨닫게 되는 상황이 벌어진다. 세균 증식을 억제하는 약 덕분에 뱀파이어가 되지 않은 감염자들이 한밤중에 갑작스럽게 네빌의 집 부근에 들이닥쳐 네빌의 집을 에워싸고 있던 뱀파이어들을 창과 총으로 죽이기 시작하자, 이들의 뾰족한 창에 가슴이 찔린 뱀파이어의 몸에서 피가 솟구쳐 나오는 것을 본 네빌은 마치 자신이 창에라도 찔린 듯 고통을 느끼며 죽어가는 뱀파이어에 대해 동정심을 느낀다.

뱀파이어에 대한 네빌의 동정심은 감염자들이 코트만을 찾아낼 때 최고조에 이른다. 자신을 죽이려는 감염자들로부터 도망가기 위해 지붕 위로 올라간 코트만이 감염자들이 쏜 총에 수차례 가슴을 맞자, 네빌은 마치 자신이 실제로 총에 맞은 듯한 느낌이 든다.

> 네빌은 거의 자신이 직접 몸에 총알을 맞은 듯한 느낌이 들었다. 코트만의 몸이 총알을 맞고 경련을 일으키듯 움직이는 것을 보았을 때, 그의 몸도 경련을 일으키듯 움직였다. (159)

네빌은 코트만이 총을 맞은 순간, 그와 자신을 동일시하며, 그와 같이 고통을 느끼며, 심지어 코드만처럼 경련까지 일으키는 것이다. 게다가 계속 난사되는 총에 코트만이 지붕에서 떨어져 죽음을 맞이할 때, 네빌은 자신도 모르게 눈물을 흘리며, 코트만의 이름을 부른 뒤, 두 눈을 감는다. 그는 이 순간 코트만의 죽음으로 인해 자신의 시대도 끝이 났다고 생각했던 것이다.

코트만을 통해 제기된 뱀파이어와 인간 사이의 불분명한 경계는 대재앙이 벌어진 3년 뒤, 네빌이 만나게 된 루스(Ruth)란 여성을 통해 완전히 와해된다. 소위 뱀파이어 세균에 감염되었지만 약을 통해 바이러스 확산을 막아 생명을 유지하고 있던 루스는, 네빌에게 접근하기 위해, 마치 감염되지 않는 정상적인 사람처럼 보이도록, 햇볕에 그을린 듯 몸에 갈색 염료를 바르고 대낮에 네빌이 있는 근방을 배회한다. 자신이 최후의 인간이라고 생각하였던 네빌은 대낮에 돌아다니는 루스를 보고 놀라며 달아나는 척하는 그녀를 잡아 집으로 데려온다. 집에서 살아있는 인간 루스와 오랜만에 정신적 교감을 나눈 네빌은 루스가 설령 박테리아에 감염되었다 하더라도 죽이지 않고 치료책을 찾아보겠다는 결심을 한다. 여태껏 감염자와 뱀파이어를 구분하지 않고 처치하였던 네빌은 루스와의 만남을 통해 감염자도 자신과 같은 인간이라는 사실을 깨달았던 것이다. 크리스티(Christie)의 지적처럼, 네빌이 갖고 있던 "뱀파이어/ 인간, 죽은 자/ 죽지 않은 자에 대한 이분법적 이해는, 낮 동안 걸어 다니는 인간 여자처럼 보이는 루스를 네빌이 만날 때 직접적으로 도전을 받았던 것이다"(Christie 74-75). 감염자들도 네빌과 같은 인간이라는 사실은, 자신이 감염자라는 사실이 밝혀지려는 순간 네빌을 혼절시키고 남겨둔 루스의 편지를 통해 더욱 분명하게 밝혀진다. 편지에서 루스는 감염자들이 어떻게 약을 통해 목숨을 유지하고 있으며, 앞으로 어떻게 살아갈지를 논의하고 있다는 사실을 밝힘으로써 감염자들도 네빌과 다를 바 없는 인간이라는 사실을 분명히 말해주었기 때문이다.

4. 사회적 증후와 불안과 두려움의 표상으로서의 뱀파이어

공포의 대상으로서 뱀파이어는 사회적 증후를 보여주며, 동시에 사회 속에서 인간이 느끼는 불안의 표상이다. 최후의 인간으로 네빌의 관점에서 진행되는 이 소설의 근저에는 사회적 문제와 그 사회 안에서 개인이 느끼는 불안과 공포가 자리하고 있다. 네빌이 20세기 영국 시인 오든(W. H. Auden)의 시에 곡을 붙인 작곡가 레너드 번스타인(Leonard Bernstein)의 「불안의 시대」(*The Age of Anxiety*)를 언급하며, 번스타인도 불안했을까 생각해보는 것은 자신이 현재 불안을 느끼고 있다는 사실을 시사한다. "'불안의 시대'가 그의 귀에 고동쳤다. 불안의 시대, 그는 생각에 잠겼다. 레니, 당신은 불안하다고 생각하는가?"(31). 하지만 네빌이 느끼는 불안과 공포는 단순히 개인적인 것이 아니라, 클라젠의 지적처럼, 재앙을 몰고 온 세계대전 이후에 도래한 "문화적 불안"에 기인한 "보편적인 인간의 공포"(Clasen 313)다.

a. 고립된 인간의 불안

네빌이 느끼는 불안과 공포는 핵전쟁 이후, 즉 2차 세계 대전 이후

냉전시대-미국과 소비에트 연방의 대립

도래한 시대적 상황과 연관이 있다. 2차 세계대전 이후 벌어진, 미국을 중심으로 하는 자본주의 세력과 소비에트 연방을 중심으로 하는 사회주의 세력의 대립은 냉전 시대로 이어져, 미국과 소비에트 연방을 비롯한 양측 동맹국 사이에는 적대적인 갈등과 경쟁, 긴장 상태가 이어진다. 2차 세계대전을 겪었던 매티슨에게 이런 상황은 적대적인 세력으로부터 어떻게 자신을 지켜내고 생존할 수 있는가의 문제로 치환될 수 있다. 매티슨이 이 작품의 모티브 중 하나가 "위협적인 세계에 고립되어 살아남고자 하는 개인"(Matheson, *Collected Stories V.1* 7)이라고 말한 것도 이 때문이다. 매티슨은 모든 사람들이 뱀파이어로 변한 세상에서 생존을 위해 싸우는 네빌이라는 "한 남자의 투쟁"(Monnet 217)을 통해, 냉전 시대와 같은 상황에 처한 사람들의 공포와 불안을 그려내고자 한 것이다.

적대적 환경에 처한 네빌의 첫 번째 행동은 자신의 적, 즉 뱀파이어의 침입을 막기 위해 뱀파이어가 싫어하는 마늘 화환을 만들어 집안 곳곳에 걸어두고, 집의 창문은 모두 판자로 막으며, 밤에는 문의 빗장을 걸어 잠그는 것이었다. 즉 자신의 집을 요새화하여, 뱀파이어들로부터 자신을 방어하는 것이었다. 하지만 뱀파이어의 위협보다 더 심각한 것은, 모든 사람들이 뱀파이어로 변하는 상황 속에서 인간이 느끼게 되는 고립과 고립에 대한 불안과 공포다. 고립의 "심리적 도덕적 의미"(Monnet 214)를 파헤친 이 작품의 주인공 네빌이 겪게 되는 극도의 고립은 가족을 모두 잃게 되는 상황을 통해 압축적으로 제시된다.

딸을 잃은 뒤 아내 버지니아마저 세상을 떠나자 네빌에게는 시간이 멈춘 듯, “버지니아와 함께 삶과 세상이 정지하였다”(69). 이런 상황에서 네빌은 삶에 있어서 사람 간의 사랑이 얼마나 중요한지 깨닫게 된다. 뱀파이어에 관한 자료를 찾기 위해 도서관을 찾은 네빌은 대재앙이 닥쳐 모든 사람들이 죽거나 뱀파이어가 되기 전, 이곳에서 책 정리를 하였을 도서관 여직원을 상상하며, 그녀가 사랑받고 사랑하는 것의 의미를 모른 채 죽었거나 뱀파이어가 되었다면 그녀의 삶은 무의미하였을 거란 생각을 해 본다. 동시에 최후의 인간이 되어 그 누구와도 사랑을 나눌 수 없게 된, 무의미한 삶을 자신이 왜 계속 살아가려 하는지 자문해 본다. “그는 왜 자신이 계속 살아가기를 바라는지 자문해 보았다. 그는 생각했다. 아마도 진짜 이유는 없을 것이다. 난 그저 너무나 멍청하여 끝내지 못한 것뿐이다”(64).

인간을 포함한 모든 생명체들이 뱀파이어 세균에 감염되어 죽거나 뱀파이어가 되어 절대적 고립에 처한 네빌은 어느 날 자신의 집 마당에서 감염되지 않은 개를 발견하게 된다. 네빌은 이를 보고 너무도 놀라 몸을 움직일 수조차 없었지만, 네빌을 본 개 역시 몹시 놀라 달아난다. 달아나는 개를 쫓아갔지만 결국 놓친 네빌은 자신의 “동반자”가 될 수도 있는, “살아있는 존재”(94)를 잃었다는 사실과 앞으로 40여 년 동안 이런 식으로 홀로 살아가야 한다는 생각에 절망한다.

네빌은 살아있는 유일한 생명체인 개를 다시 만나기 위해 집 마당에 매일 햄버거와 우유, 물 등을 갖다 놓고, 이를 먹으러 찾아온 개를 지켜보면서 혹 다른 인간 생존자가 있다면 언젠가 만날 수도 있을 거라는 희망을 가져본다. “그는 언젠가 자신과 같은 누군가를 발견할 거라는 희망에 매달렸다. 남자건, 여자건, 어린아이건, 그건 중요치 않았다. 섹스는 빠르게 그 의미를 상실해갔다. 그는 여전히 고독을 느꼈다”(101).

네빌이 간절히 원하는 것은 남자로서의 자신의 욕구를 채워줄 여자가 아니라, 같은 인간으로서 동료의식을 가질 수 있는 사람, 그것이 불가능하다면 살아있는 생명체로서 자신과 공동체 의식을 가질 수 있는 대상이다. 네빌이 개와의 만남을 고대하였던 이유는 바로 이 때문이다. 모든 것이 죽었거나 세균에 감염된 상황에서, 네빌은 살아있는 생명체와의 관계를 통해 절대적 고립에서 벗어나기를 갈구하였던 것이다.

마침내 네빌은 먹을 것을 찾아 집 가까이 온 개를 집안으로 데려올 수 있었지만, 개는 어디선가에서 이미 심하게 다친 상태였다. 집안에 들어와서도 불안해하며 자꾸 도망가려는 개를 네빌이 먹을 것을 주며 달래자, 개는 더 이상 네빌을 거부하지 않고 그의 품을 받아들인다. "개는 멍하고 아픈 눈으로 그[네빌]를 쳐다보더니 혀를 머뭇거리듯 내밀고는 네빌의 손바닥을 거칠게 침을 묻히며 핥았다"(110). 이 순간 오랜만에 생명체와 교감을 나눈 네빌은 너무나도 감격한 나머지 목이 메여 말없이 눈물을 흘린다.

기적적으로 맺게 된 생명체와의 교감은 오래가지 못한다. 심한 부상을 입은 개는 결국 일주일 뒤 세상을 떠났기 때문이다. 이 이후로 더욱 고립감을 느끼게 된 네빌은 생명체를 만나기 바란다는 것은 헛된 희망이라는 생각을 다시금 하게 된다. 따라서 네빌은 이제 피할 수 없는 고립에서 벗어나려고 더 이상 시도하지 않으며, 이런 상황에 대해 절망조차 하지 않게 된다. 절대 고립은 피할 수 없는 자신의 상황이라는 것을 받아들이게 된 것이다.

뱀파이어가 된 코트만이 감염자들에게 쫓길 때, 네빌이 코트만을 걱정하며 그가 무사히 도망치기를 염원하였던 것도 같은 맥락으로 이해할 수 있다. 밤마다 네빌을 찾아와 그의 이름을 부르며, 집에서 나오라고 소리쳤던 코트만은 "네빌과의 과거 유대를 상기시키는 존재"(김일영 43)로, 네빌을 과거와 연결하는 유일한 끈이다. 비록 뱀파이어가 되어 네빌에게 위협적인 존재가 되었지만, 코트만은 절대 고립의 상태에 처한 네빌을 유일하게 인지하는 인물이기 때문이다. 이런 코트만도 결국 감염자들에 의해 처형되자 네빌을 아는, 혹은 알고 있던 존재는 모두 사라지게 된다.

작품 말미에 감염자들에게 붙잡혀, 사형될 위기에 처한 네빌이 탈출을 시도하지 않은 것도 이런 맥락에서 이유될 수 있다. 갇혀있는 데다 감시까지 받고 있어 탈출할 수 없지만 네빌이 아무 저항도 하지 않은 이유는 자신이 누구인지 유일하게 알던 코트만이 사라진 지금, 자신은 영원히 혼자일 수밖에 없다는 사실을 구금된 자신을 바라보는 감염자들의 표정을 통해 깨달았기 때문이다. "창백한 얼굴의 그들은 모두 그[네빌]를 바라보고 있었다. 갑작스럽게 생각이 들었다. 이제 나는 비정상적인 사람이다. 정상은 대다수의 개념이다. 많은 사람의 기준이지 단지 한 사람의 기준이 아니다. 급작스러운 그러한 깨달음은 그[네빌]가 그들의 얼굴에서 보았던 두려움, 무서움, 움츠리게 할 정도의 공포와 합쳐졌다. 그는 그들이 자신을 두려워한다는 것을 알았다... 로버트 네빌은 지상의 새로운 인종들을 쳐다보았다. 그는 자신이 그들에게 속하지 않는다는 것을 알았다. 그는 자신이 뱀파이어처럼 제거되어야 할 저주이자 검은 공포라는 것을 알았다"(169). 이들의 공포스런 표정을 본 네빌은 자신이 이들 집단에 속할 수 없음을 알게 된다. 절대적으로 동질감을 느낄 수 없다고 생각하였던 뱀파이어, 더욱 정확히 말해, 뱀파이어 박테리아 감염자들이 거꾸로 네빌을 뱀파이어와 같은 두렵고도 이질적인 존재로 보고 있다는 사실을 깨달았기 때문이다. 이에 홀로 존재하는 삶의 무의미를 깨달은 네빌은 자신의 사형집행이 이루어지기 전에, 루스가 몰래 건네준 알약을 먹고 자실하기로 결심한다.

이 순간 네빌은 마지막 인간인 자신이 사라지면 앞으로 자신은 뱀파이어처럼 전설로 전해질 것이란 사실을 깨닫게 된다.

b. 핵전쟁, 세균전에 대한 두려움.

사회적 불안과 두려움의 표상이 된 뱀파이어가 세균감염에 의한 것이라면 뱀파이어 세균이 발생하게 된 원인은 작품 해석의 중요한 축을 차지한다. 세계대전이 끝나자, 곧 뱀파이어 세균이 번지기 시작하며, 모래 폭풍도 불어 닥쳐, 사람들은 원인을 알 수 없는 병에 걸리고, 모래 폭풍으로 인해 숨쉬기조차 힘들어진다. 네빌의 아내 버지니아도 이유를 알 수 없이 몸이 아파 아침마다 일어나기 힘들어하였고, 네빌의 딸 캐시도 호흡하는데 몹시 힘들어하여 침대 위에 텐트를 쳐 모래가 들어오는 것을 막아야 했다. 생태계에도 기이한 현상이 감지되기 시작하였다. 네빌이 "곤충의 시대"(55)라고 부를 정도로 모기와 파리, 벼룩들이 급격히 늘어났고, 거대한 메뚜기와 같은 변종 곤충들이 곳곳에서 생겨나 퍼지기 시작했던 것이다. 사람들이 병에 걸리는 원인에 대해 논의하던 중, 버지니아는 갑자기 급증한 변종 곤충들이 세균을 퍼트리는 것 같다며 변종 벌레의 출현과 모래 폭풍의 발생이 핵폭발에 의한 것일 거라는 추측을 하자, 네빌도 그럴 가능성을 인정하면서, "세균전"(Germ warfare 57)의 여파로 인한 것일 수도 있다는 추측을 한다.

세균전

변종 곤충과 벌레가 왜 생겨났는지, 갑자기 모래 폭풍이 왜

핵전쟁의 공포를 가져온 2차 대전-히로시마에 투하된 원자 폭탄

전 세계적으로 일어났는지, 그리고 뱀파이어 세균이 왜 생겨났는지에 대한 명확한 답은 작품에 제시되어 있지 않다. 하지만 핵폭탄이 투하된 2차 세계대전을 경험한 매티슨은 핵폭발로 인해 인류가 재앙을 맞이할 수 있다는 불안과 두려움을 느꼈던 것 같다. 이는 단지 매티슨의 생각만은 아니었다. 혹순(Hock Soon)의 지적처럼, 핵전쟁이 벌어진 뒤 나온 많은 1950년대와 60년대 미국 소설들은 "핵으로 인한 세상의 종말과 그 여파에 대한 두려움"(Hock Soon 92)을 다루고 있기 때문이다. 거기에 더해 세균전 역시 매티슨을 비롯한 많은 사람들의 공포의 대상이었다. 2차 세계대전 중 실제로 박테리아, 바이러스, 곰팡이 등의 생물독소나 세균을 통해 인명을 살상하는 방안이 모색되었고, 이에 대한 연구도 활발히 진행되었기 때문이다.

매티슨의 이 소설은 뱀파이어 세균이 핵전쟁의 여파로 생긴 것일 수도 있고, 세균전에 사용된 것일 수 있다는 가능성을 제시함으로써 핵전쟁과 세균전에 대한 불안을 그리고 있는 것이다. 작중 네빌이 듣는 음악 중 하나가 가상의 인물인 로지 레이(Roger Leie)의 「역병의 해」("The Year of the Plague")라는 사실은 뱀파이어는 결국 역병을 지칭하며, 이 역병은 인간이 만든 재앙이라는 사실을 보여주는 것이다.

c. 세상의 종말(apocalypse)에 대한 두려움

1) 가족과 공동체의 붕괴

핵전쟁이나 세균전을 통해 모든 인류가 사라지고 뱀파이어 혹은 뱀파이어 세균 감염자만이 남게 된다는 내용을 담고 있는 이 소설은 결국 우리가 문명사회라고 자부하는 것이 확고한 것이 아님을 보여준다. "현상(現狀) 세계를 위협하는"(Hock Soon 91) 뱀파이어의 출현은 인류 문명의 취약성을 드러내며 문명의 근간을 이루는 질서와 시스템이 언제든 붕괴되고 해체될 수 있음을 보여주기 때문이다.

이 소설에서 뱀파이어 세균의 확산에 따라 가장 먼저 붕괴되는 것은 가족과 공동체다. 뱀파이어 세균 감염자들이 사망하자 이들이 뱀파이어로 부활하는 것을 방지하고, 세균의 확산을 막기 위해 정부는 도시 외곽에 거대한 구덩이를 파 모든 감염된 시신을 강제적으로 화장하도록 하고, 이를 거부하는 사람들은 사형에 처한다. 뱀파이어 박테리아에 감염되어 사망한 캐시도 이와 같은 운명을 피할 수 없었다. 캐시의 시신을 안고 있던 네빌에게서 누군가가 캐시의 시신을 빼앗아 불구덩이에 던졌던 것이다.

네빌의 불행은 여기서 끝나지 않는다. 평소 호흡 곤란을 겪던 버지니아마저 세균감염으로 사망한 것이다. 하지만 네빌은 화장하는 대신 아내의 시신을 매장하기로 한다. 아내마저 불구덩이에 던져버리는 것은 더 이상 참을 수 없었던 것이다. "얼마나 많은 남편이 삶과 사랑을 공유하였던 여자를 불구덩이에 던져 넣었을까? 얼마나 많은 부모가 사랑하던 자식들을 화장하였고, 얼마나 많은 자식들이 사랑하는 부모를 수십 미터 깊이의 땅속에 있는 불덩이에 던졌을까?"(73). 따라서 네빌은 남몰래 아내의 시신을 매장하기 위해 코트만에세 차를 빌리러 산다. 하지만 코트만과 그의 아내 역시 세균에 감염되어 코마 상태에 빠진 것을 보고 코트만의 허락 없이 그의 차를 몰아 후미진 곳에 버지니아의 시신을 묻는다.

하지만 네빌에게 경악할 만한 일이 벌어진다. 버지니아를 매장한 지 이틀 뒤, 버지니아가 뱀파이어로 부활하여 네빌의 피를 빨기 위해 집으로 돌아온 것이다. 이에 충격을 받은 네빌은 어쩔 수 없이 뱀파이어 처치법에 따라 버지니아의 가슴에 말뚝을 박아 최종적으로 사망에 이르게 한다. 뱀파이어 세균에 감염되어 사망한 버지니아를 네빌 자신이 직접 처형함으로써 더 이상 그녀와의 가족관계는 가능하지 않다는 것을 보여준 것이다.

뱀파이어의 출현은 가족관계뿐만 아니라 동료들과의 관계도 붕괴시킨다. 아침이면 네빌을 태워 공장으로 함께 출근하였던 네빌의 직장 동료 코트만은 이제 완전히 낯선 뱀파이어가 되어 그의 피를 먹기 위해 밤마다 네빌을 찾아온다. "벤 코트만을 보면서 그곳에 서 있는 것은 기이했다. 이제 밴은 그[네빌]에게 완전히 이질적인 존재였다. 일찍이 그는 저 사람과 함께 일하러 차를 타고 가면서 차와 야구와 정치에 관해 이야기를 나누었다. 후에는 질병에 관해 이야기를 나누었고, 버지니아와 캐시는 어떻게 지내는지에 대해서도 이야기를 나누었다"(65). 네빌과 코트만은 단순한 직장 동료가 아니고, 미국인의 인기 스포츠인 야구와 정치에 대해 논하고, 가족에 관해 서로 소식을 주고받을 정도로 막역한 사이였다. 하지만 뱀파이어가 된 코트만은 더 이상 과거의 동료가 아니다. 네빌에게 코트만은 이제 그만큼 더 낯선 존재, 더 나아가 적이 된 것이다.

2) 종교의 붕괴

뱀파이어가 된 아내를 직접 처형한 이후, 절망에 빠져 집에 돌아가지 않으려던 네빌은 사람들이 떼 지어 다니며 회개하라는 소리를 듣게 된다. 이때 어떤 남자가 네빌에게 갑자기 다가와 구원받으라며 커다란 텐트가 쳐진 곳으로 데려간다. 수많은 사람들이 모여 있는 그 텐트 안에서 누군가가, 신의 영광을 찬미하고 인간의 죄에 대해 무릎 꿇고 신에게 용서를 빌지 않으면 뱀파이어가 된다고 소리치자, 텐트 안에 있던 사람들은 일제히 할렐루야를 외치며 신을 찬양한다. 하지만 이들 모두 결국은 죽음을 피하진 못하고 모두 뱀파이어가 된다. 네빌은 아이러니컬한 어조로 이렇게 말한다. "사람들은 해결책으로서 원시적인 숭배에 의존했다. 하지만 별로 성공을 거두지 못했다. 그들은 다른 사람들처럼 빠르게 죽었을 뿐만 아니라, 핏줄에는 두려움이 흐르고, 가슴엔 공포를 느끼며 죽었다"(115).

사람이 뱀파이어로 변하게 된 이유를 신에 대한 인간의 죄에서 찾으며 회개할 것을 주장한 기독교인 모두가 결국은 뱀파이어가 되었다는 아이러니컬한 사실은 뱀파이어가 기독교나 기독교 신의 응징과는 아무 관계가 없음을 보여준다. 네빌은 이 이후 현미경을 통해 뱀파이어가 세균감염에 의한 것이라고 알게 되지만, 그 이전에 한 십자가 실험을 통해서도 뱀파이어가 기독교와 아무 관계가 없다는 사실을 입증한다.

스토커의 『드라큘라』와 같은 전통적인 뱀파이어 문학에서 뱀파이어는 반기독교적인 존재로 기독교 상징물인 십자가를 두려워했다는 사실을 상기하며 사실관계를 확인하기 위해 네빌은 뱀파이어를 묶은 뒤 눈앞에 십자가를 들이댄다. 하지만 네빌은 모든 뱀파이어들이 십자가를 두려워하는 것이 아님을 알게 된다. 실험 결과 뱀파이어가 살아생전에 갖고 있던 종교에 따라 십자가를 두려워할 수도, 그렇지 않을 수도 있다는 것을 알게 되었던 것이다. 생전에 기독교인이었던 뱀파이어는 현재 자신의 추한 모습에 기독교 상징물을 두려워하지만, 코트만처럼 유대교를 믿던 사람은 십자가를 두려워하지 않고 오히려 유대교 경전인 토라를 두려워한다는 것을 안 것이다. 즉 뱀파이어와 종교의 관계는 단순히 심리적인 문제란 것을 네빌을 알게 되었던 것이다.

따라서 뱀파이어의 출몰로 인해 오히려 네빌은 자신이 믿어왔던 기독교에 대해 회의를 하기 시작한다. 이는 네빌이 오랜만에 살아있는 개를 만난 뒤, 개가 무사히 살아남아 자신과 다시 만나길 간절히 기도하기 시작하는 장면에서 엿보인다. "너무나도 놀랍게도, 그[네빌]는 개가 무사하기를 더듬거리며 기도하였다. 이 순간 그는 자신을 창조한 신을 믿을 필요를 몹시 느꼈다. 하지만 기도를 하면서도 그는 스스로를 자책하였다. 그는 언제라도 자신의 기도를 스스로 조롱하기 시작할 수 있다는 것을 알았다"(96). 기도하는 순간에도 네빌은 자신이 하는 기도가 아무 소용없음을 알고 있으며, 자신이 기도하는 것 자체가 위선적인 행동이라고 의식하고 있기 때문에, 기도하는 자신을 언제든 스스로 조롱할지 모른다고 고백한다. 뱀파이어가 신의 심판이 아니며, 세균감염의 결과라는 사실을 알아내었고, 대재앙으로부터 살아남기 위해 신을 찬양하여야 한다고 주장하였던 기독교인들이 어떤 운명을 맞이하였는지 목격한 그로서는, 기독교에 대한 믿음을 더 이상 가질 수 없었던 것이다.

3) 지식과 과학의 종말

가족과 공동체의 해체 그리고 종교에 대한 믿음의 붕괴 이후, 네빌에게 남은 유일한 희망은 객관적 지식의 토대라고 믿는 과학이다. 과학적 사고를 하는 아버지 프리츠(Fritz)의 피를 이어받은 네빌은 "일은

올바른 방식, 즉 과학적 방식으로 해야 한다"(27)고 믿는다. 네빌에게 객관적인 진실을 밝혀낼 수 있는 과학은 문제 해결을 가능하게 할 수 있는, 따라서 그가 의지할 수 있는 최후의 보루인 것이다.

과학적 사고와 과학에 대한 네빌의 믿음은 그가 로스앤젤레스에 있는 도서관의 과학실(science room)을 찾아간 데에서도 짐작할 수 있다. 그는 과학적으로 뱀파이어 정체를 밝힐 수 있고, 더 나아가 "과학이 상황을 해결할 거라는 믿음"(103)을 갖고 있었기 때문이다. 따라서 뱀파이어의 속성을 밝히기 위해 무자비한 실험을 뱀파이어와 뱀파이어 세균 감염자들에게 하면서도 그는 어떠한 죄책감을 느끼지 않았던 것이다. 하지만 도서관에 도달한 순간 네빌은 인류의 지식이 담긴 책들이 대재앙을 막지 못하였단 사실에 책들이 과연 쓸모 있는지 생각해본다. "그는 생각했다. 이 모든 책들은 지구의 지성의 잔여물, 부질없는 정신의 부스러기들, 인간을 멸망으로부터 구할 힘이 없는 가공품들의 혼합물이다"(78).

실제로 네빌은 루스의 편지를 통해 감염된 사람들이 약을 개발하여 뱀파이어 세균의 증식을 억제함으로써 생명을 유지하고 있다는 말을 듣고는, 다시 현미경으로 세균을 관찰한 결과, 세균이 계속 돌연변이를 일으킨다는 사실을 알게 된다. 확고하다고 믿어왔던 자신의 과학적 추론이 잘못되었음을 깨닫게 된 순간, 네빌이 여태까지 가졌던 과학에 대한 믿음과 이성적 인간으로서의 자부심이 흔들리게 된다. 따라서 최후의 인간으로서의 그의 죽음은 인간의 종말인 동시에 인류 문명과 인류의 믿음 체계의 종말이다. 혹순의 지적처럼 "죽임을 당하는 것은 단지 한 명의 인간이 아니라, 오래된 초라하지만 위험한 믿음 체계인 것이다"(Hock Soon 105).

작품의 주제

1. 인간이 만든 재앙에 대한 경고

네빌이 믿어왔던 모든 것이 무너지는 세상, 상식이라고 생각한 것이 사실이 아닌 세상, 죽은 자가 걷는 세상, 믿을 수 없는 것이 벌어지는 세상은 분명 종말의 세계다. 하지만 이런 세계를 만든 것은 바로 인간이다. 인간이 만든 핵무기와 인간이 벌인 세균전이 이런 세상의 종말을 가져왔기 때문이다. 따라서 인류 파멸의 원죄가 인간에게 있음을 보여주고 있는 이 소설은 "핵무기에 의한 대량살상의 위험에 대한 통렬한 코멘트"(Brayton 67)이며, 그 재앙의 결과로 탄생한 뱀파이어는 인류가 저지른 죄에 대한 응징이며, 동시에 인간의 죄를 드러내는 증상인 것이다.

2. 독단주의에 대한 비판

네빌의 고립된 상황은 2차 세계대전 이후 도래한 냉전 시대의 산물이다. 이분법적 논리가 지배하였던 냉전 시대의 특징은 경직된 자기중심적 사고다. 백인 남성으로서 네빌은 자신을 정상적인 인간의 기준으로 삼고, 감염자나 뱀파이어들을 열등한, 더 나아가 제거되어야 할 대상으로 간주한다. 매티슨이 뱀파이어에 둘러싸인 네빌을 통해, 정확히 말해 뱀파이어에 대한 네빌의 이러한 태도를 통해 보여주고자 하였던 것은 바로 인간의 주관적 인식과 독단적 사고의 위험성이다.

네빌이 뱀파이어와 뱀파이어 세균 감염자들을 구분하지 않고 모두 제거하려 하였던 이유는 감염자들도 결국은 죽어 모두 뱀파이어가 되어 자신을 공격할 것이란 생각에서였다. 하지만 루스가 "어떻게 그들이[감염자] 살아남지 못하리라는 것을 당신이 알죠?"(146)라며, 감염되었어도 살아있는 사람이 있을 수 있지 않으냐고 의문을 제기하자, 늘 자기 생각이 옳다고 생각해왔던 네빌이 처음으로 감염자들을 무차별적으로 죽인 자신의 행위가 잘못된 것일 수도 있다는 생각을 하게 된다. 감염자의 입장에서 네빌의 독단을 지적한 루스와의 만남을 통해, 네빌은 처음으로 타자의 입장에서 타자를 바라보며 자신이 독단적일 수 있음을 인식하게 된 것이다.

3. 타자화의 악마성

네빌이 감염자와 뱀파이어를 구분하지 않고 제거하려 하였던 것은 자신 이외의 모든 존재를 타자화, 즉 괴물로 간주하였기 때문이다. 하지만 역설적으로 네빌의 이러한 독단적 사고로 인해 네빌 자신이 괴물이 된다. 네빌이 아무 감정 없는, 잔인한 괴물 같은 존재가 되었는지는 루스와의 만남을 통해 드러난다. 루스가 "정상적인" 인간이 아니라 감염자일 수도 있다는 생각에 그녀의 피 검사를 하겠다는 네빌은, 설령 루스가 감염되었다 하더라도 죽이지 않고, 치료책을 마련해 보겠다고는 하지만, 실상 그는 루스가 감염되지 않은 정상적인 사람으로 판명될 경우를 더욱 우려한다. 그러면 자신과 루스는 유일하게 남은 "정상적인" 인간으로서 서로 사랑을 하고, 자식도 낳게 될 거라는 생각에 공포를 느꼈던 것이다.

> 그[네빌]는 자신이 성질 못된 골수 독신주의자가 다시 되었다는 사실을 갑자기 깨달았다. 그는 더 이상 자신의 아내, 아이, 자신의 과거에 대해 생각지 않았다... 그는 자신이 해야 할 희생과 다시 받아들여야 할 책임감이 두려웠다. 그는 자신의 마음을 주는 것이 두려웠다... 그는 다시 사랑하는 것이 두려웠다. (139)

오랫동안 고립된 생활을 해왔던 네빌은 이제 서로 마음을 주고 사랑하는 것 자체가 두려워졌다. 사랑에 수반되는 책임감과 타자에 대한 배려를 할 자신이 없었기 때문이다. 따라서 네빌은 루스가 정상적인 인간으로 판명될 경우, 그런 상황이 도래할 가능성이 있기 때문에, 루스의 피 검사를 하기 전에 그녀를 죽이고 싶은 충동을 느낀다.

> 이제 그녀를 죽일까? 조사하지도 말고 죽여서 태워버릴까? 그의 목구멍이 움직였다. 이런 생각이 그가 받아들인 세상, 그러니까 살인이 희망보다 더 쉬운 세상이 어떠한지 보여주는 끔찍스러운 증거였다. (140)

그동안 수많은 뱀파이어와 감염자들을 죽여 왔던 네빌에게는 살인이 사랑보다도 훨씬 쉬운 일이 되었다. 네빌에게 있어서 사랑은 오랫동안 해오지 않아 감당하기 어려운 일이지만, 살인은 늘 해왔던 일상적 행위였기 때문에 대수로운 일이 되어버린 것이다. 타자와의 소통 없이 오랫동안 살아왔던 네빌은 자기중심적, 독단주의적 사고에 빠져 타인과 그 어떤 관계도 맺지 못하는 무감각한 괴물이 되어버린 것이다. 바로 이런 점에서 진짜 괴물은 뱀파이어나 감염자들이 아니라 네빌 자신인 것이다.

자신이 정상이며 뱀파이어나 감염자들은 비정상인, 즉 괴물로 간주해왔던 네빌은, 감염자들에게 체포되어 처형될 때를 기다리는 동안, 나

수가 감염자들인 세상에서 자신이 오히려 비정상인 즉 괴물이란 사실을 알게 된다. 그가 생각해왔던 선과 악의 개념이 뒤바뀌고, 정상과 비정상, 인간과 뱀파이어의 관계가 전도된 것이다. 자신을 바라보는 감염자들의 공포에 질린 시선에서 네빌은 자신이야말로 그들에게는 "그들이 결코 보지 못했던, 그들이 안고 살아야 할 질병보다도 더 끔찍스러운 재앙"(169), 뱀파이어와 같은 존재임을 깨닫게 된 것이다.

이 작품이 기존의 뱀파이어 소설과 다른 점이 바로 여기에 있다. 기존의 뱀파이어 소설에서 뱀파이어는 "정상적인 질서"(Moreland 80)와 사회체계를 위협하는 괴물이지만, 이 작품의 괴물은 대다수를 차지하는 감염자들의 사회를 위협하고 감염자들을 뱀파이어로 규정하며 처단하고자 하였던 최후의 인간 네빌이기 때문이다. 김일영의 지적처럼 "질서를 깨트리고 사회에 위협이 되는 존재, 즉 괴물은 애당초부터 흡혈귀들이 아니라 이들을 괴물로 규정짓고 처형하였던 네빌"(44)이며, "정상적인 질서"의 회복은 감염자들이 아니라, 네빌 자신의 죽음을 통해서 이루어질 수 있는 것이다. 즉 이 소설이 그리고 있는 진정한 의미의 뱀파이어는 네빌이 제거하려던 뱀파이어나 감염자들이 아니라, 이들을 타자화, 즉 괴물로 간주하였던 네빌 자신이다. 네빌은 타자화를 통해 뱀파이어라는 전설이 된 것이다.

인용 문헌

김일영. 「스토커의 흡혈귀 드라큘라에 대한 (재)해석으로서의 매티슨의 『나는 전설이다』」. 『근대영미소설』 22집 1호. 23-48.

Brayton, Sean. "The Racial Politics of Disaster and Dystopia in *I Am Legend*." *The Velvet Light Trap* 67 (2011):66-76.

Christie, Deborah and Lauro, Sarah Juliet. Eds. *Better off Dead: the Evolution of the Zombie as Post-Human*. New York: Fordam Univ UP, 2011.

Clasen, Mathias. "Vampire Apocalypse: A Biocultural Critique of Richard Matheson's *I Am Legend*." *Philosophy and Literature* 34.2 (2010): 313-28.

Hock Soon, Andrew. "The Inhumanity of Christ: Damnation and Redemption in Richard Matheson's *I Am Legend*." *Studies in the Literary Imagination* 46.2 (2013):91-108.

Matheson, R. *Collected Stories. Vol. 1*. Ed. Stanley Wiater. Colorado Springs: Gauntlet Press, 2003.

______. *I Am Legend*. New York: Tom Doherty Associates Book, 1995.

Mathews, Cheyenne. "Listening 'The White Man's Burden': Evolution of the Vampire from the Victorian Racialism of *Dracul*a to the New World Order of *I Am Legend*." *Images of Modern Vampir*e. Eds. Brodman, Barbara and James, Doan. Madison: Fairleigh Dickinson UP, 2013. pp. 85-98.

Monnet, Agnieszka Soltysik. "They are Legend: The Popular American Gothic of Ambrose Bierce and Richard Matheson." *A Companion to American Gothic*. Ed. Charles Crow. West Sussex: John Wiley, 2014. pp. 212-22.

Moreland, Sean. "Shambling Toward Mount Improbable to Be Born: American Evolutionary Anxiety and the Hopeful Monsters of Matheson's *I Am Legend*". *Generation Zombie: Essays on the Living Dead in Modern Culture*. Eds. Boluk, Stephanie and Lenz, Wylie. Jefferson: McFarland and Company, 2011. pp. 77-89.

Moreman, Christopher. "Let this Hell be Our Heaven: Richard Matheson's Spiritualty and Its Hollywood Distortions." *The Journal of Religion and Popular Culture* 24.1 (2012): 130-47.

Patterson, Kathy Davis. "Echoes of *Dracula*: Racial Politics and the Failure of Segregated Spaces in Richard Matheson's *I Am Legend*." *Journal of Dracula Studies* 7(2005):19-27.

Pharr, Mary. "Vampiric Appetite in *I am Legend*, 'Salem's Lot,' and *The Hunger*." *The Blood is the Life: Vampires in Literature*. Eds. Heldreth, Leonard and Pharr, Mary. Bowling Green: Bowling Green State UP, 1999. pp. 93-103.

10장

사회적 병폐와 증상으로서의 좀비

사회적 병폐와 증상으로서의 좀비

좀비와 대중문화

죽음에서 돌아온 시신으로서의 좀비는 역시 죽었다 부활한 뱀파이어와 공통점이 있다. 삶과 죽음의 경계를 무너뜨렸다는 점에서, 즉 죽었으나 죽지 않은 것처럼 움직인다는 점에서, 뱀파이어와 좀비 모두 소위 "언데드"라고 불리기 때문이다. 하지만 둘 사이에는 외관상 큰 차이가 있다. 뱀파이어는 길어진 송곳니에 핏기가 없어 창백할 뿐, 생전의 모습을 거의 그대로 유지하지만, 좀비는 부패한 시신의 외관을 갖고 있기 때문이다.

하지만 이들의 차이점은 외관상에만 국한되지 않는다. 『나는 전설이다』에 나오는 뱀파이어를 제외한 전통적인 뱀파이어는 두뇌회전이 빠르고 판단력 또한 뛰어나며, 게다가 힘 또한 인간보다 월등히 강하다. 심지어 드라큘라는 변신 능력과 날씨를 통제할 수 있는 초능력까지 갖추고 있다. 반면 좀비는 움직임이 둔하고, 사고능력과 판단력이 거의 없으며, 힘 또한 보통 사람들보다 강하지도 못하다. 따라서 분명한 특질을 갖춘 전통적 뱀파이어와는 달리 좀비는 그저 움직이는 시체로서 뚜렷하고 선명한 개인적인 캐릭터를 갖고 있지 않기 때문에, 하나의 캐릭터보다는 사회적 증후를 보여주는 집단으로서의 성격이 강하다.

동유럽의 민간전승에 기반을 둔 뱀파이어처럼 아프리카 민간전승에 기반을 둔 좀비는 서구 사회에 소개된 이래로 대중문화 속에 퍼지기 시작하여, 영화나 소설뿐만 아니라, 애니메이션, 비디오 게임 등 거의 모든 매체에 등장하게 된다. 여기서 더 나아가 페론(Perron)의 지적처럼 "영역도 고향이란 개념도 없는 표류성의 유기물"(Perron, *Written Dead* 27)인 좀비는 여러 미디어에 동시 다발적으로 등장하기도 하고, 다른 장르에서 같은 좀비를 언급하기도 한다. 1996년 비디오 게임으로 선보인「레지던트 이블」(*Resident Evil*)은 1998년『레지던트 이블: 엄브렐라 컨스피러시』(*Resident Evil: Umbrella Conspiracy*)라는 제목의 페리(J. D. Perry)가 쓴 소설로 각색되었고, 2009년에 출간된 조나단 마버리(Jonathan Maberry)의 소설『최초 감염자』(*Patient Zero*)에 등장하는 의사는 테러리스트가 퍼트린 세균에 감염되어 죽었다가 되살아난 기이한 존재를 보고 1968년에 나온 조지 로메로(George Romero) 감독의「살아있는 죽은 자의 밤」이란 영화를 언급한다. "「살아있는 죽은 자의 밤」이란 그 영화 알고 있습니까? 여기 이 자를 살아있는 죽은 자라고 부르는 건 참 적절하다고 생각합니다"(Perron, *Written Dead* 28 재인용).

이처럼 좀비가 등장하는 비디오 게임이 소설화되고, 기존의 좀비 영화에 나오는 좀비의 모습을 그대로 재현한 소설과 때로는 영화의 후기작처럼 쓴 좀비 소설도 나오는 등, 좀비는 "미디어를 넘나드는 현상"(Perron, *Written Dead* 27)으로서 비디오 게임과 소설, 영화와 소설의 경계를 넘나들며 "우리의 대중문화의 중심역할" (Blanton 1)을 하게 되었다.

좀비 용어의 기원과 의미

많은 영화와 소설, 대중 매체와 미디어를 횡단하며 전 세계적으로 널리 알려진 좀비의 역사, 정확히 말해 좀비가 전 세세적으로 알려진

지는 그리 오래되지 않았다. 좀비의 역사를 알기 위해선 우선 좀비라는 단어의 유래부터 살펴보아야 한다. "zombie" 혹은 "zombi"로 표기되는 좀비란 단어는 콩고 사람들이 신처럼 숭배하였던, 혹은 신의 의미를 가진 콩고어 "은잠비"(Nzambi)에서 파생되었다는 설과, 앙골라(Angola) 북부의 반투 어족(語族)인 킴분두(Kimbundu)어로 죽은 자의 영혼을 의미하는 "음줌베"(nzúmbe)에서 파생되었다는 설, 그리고 서부 아프리카의 민속종교인 부두교의 최고의 정령을 의미하는 "Le Gran Zombi"에서 유래되었다는 설이 있다.

좀비란 용어가 지존의 존재를 가리키는데 사용되었다는 사실은 영국의 낭만주의 시인 로버트 사우디(Robert Southey)가 1819년에 집필한 『브라질 역사』(*History of Brazil*)의 삼권에서 17세기에 도망간 노예들이 만든 팔마레스(Palmares)란 나라의 지도자를 좀비라고 언급한 사실에서 짐작할 수 있다. 위크스(H. Weeks) 또한 「콩고 식인종 사이에서」("Among Congo Cannibals" 1913)란 글에서 좀비는 "지존의 존재"(Boon, *Written Dead* 16)를 지칭한다고 말하고 있다. 하지만 좀비란 용어는 아프리카를 넘어 유럽 사회로 이전되면서 의미의 변화가 일어나는데, 이를 알기 위해서는 이 용어가 어떻게 유럽 사회에 도입되었는지의 과정을 살펴보아야 한다.

17세기부터 여러 유럽 국가들은 캐리비언 지역의 여러 나라들을 자국의 식민지로 삼으며 이곳에 노예의 노동력을 기반으로 한 수많은 사탕수수 농장을 세운다. 하지만 열악한 상황에서 강제 노역에 시달린 노예들이 많이 사망하자 노동력 부족 현상을 해결하기 위해 아프리카에서 포획한 노예를 노예무역을 통해 들여오게 되는데, 이 중 프랑스가 식민 지배하였던 아이티에 아프리카 노예들이 들어와 정착하면서 이들의 민속종교인 부두교 또한 유입되게 된다. 민속식물학자이자 좀비 의식의 권위자인 웨이드 데이비스(Wade Davis)에 따르면, 이 부두교의 유입과 더불어 부두교에서 거론되는 좀비라는 용어가 아이티로 전해졌으며, 이는 크리올 말로 "zobi"로 번역되었다가 후에 "zombie"로 바뀌게 되었다고 한다.

하지만 아이티에 정착하게 된 이 좀비라는 용어는 "최고의 정령" 혹은 "신"의 의미를 상실하게 된다. 프랑스 출신의 메드릭 루이(Mederic Louis Elie Moreau de Saint-Mery)는 『지형학적인 기술』(*Description Topographique* 1797)에서 크리올 말로 좀비는 "혼, 죽음에서 돌아온 자"(Ellis 213 재인용)를 의미한다고 하였고, 프랑스 인류학자인 알프레드 멧록스(Alfred Metraux)가 좀비를 "주술사가 영혼을 빼내 노예로 만든 사람"(Ellis 206 재인용)으로 정의하였다는 사실에서 짐작할 수 있듯이, 아이티에 정착한 좀비라는 용어는 더 이상 신과 같은 경배의 대상이 아니고 죽음에서 돌아온 자, 즉 영혼 없는 시신의 의미를 갖게 된 것이다.

좀비 용어의 의미 변화

좀비란 용어가 아이티에 정착하면서 이처럼 변화된 데에는 서구인들의 식민주의적 사고가 자리하고 있다. 19세기 후반에서 20세기 초반 사이 서인도 제도를 방문한 여러 유럽인들은 기행문이나 보고서 형식으로 아이티를 소개하는 글을 썼는데, 여기서 좀비 신화를 아이티의 흑인 거주자들을 비하하는데 이용하였고, 더 나아가 흑인들이 믿고 있던 부두교 역시 원시적이고 미신적인 종교라고 비난하였다. 이들은 19세기 당시 프랑스로부터 이미 독립하였던 아이티가 스스로를 자율적으로 통제할 수 없는 나라임을 강조하고, 아이티 사람들이 숭배하던 좀비를 위험한 야수나 사악한 존재로 비하함으로써, 서구인들이 그들을 식민통치할 필요가 있음을 글을 통해 간접적으로 역설하고자 하였던 것이다.

좀비 파우더와 좀비

좀비가 영혼 없는 노예 혹은 죽음에서 돌아온 자의 의미가 된 데에는 실제로 아이티에서 행해진 흑마술로서의 부두교의 역할을 들 수 있다. 좀비화 과정을 연구한 인류학자 웨이드 데이비스의 저서 『뱀과 무지개』(*The Serpent and the Rainbow*)에 의하면, 부두교의 사제 보커(bokor)는 그들만의 비밀 조직에 의해 생산되고 통제되는 "꾸 푸드르"(coup poudre)라고 불리는 일종의 좀비 파우더(이것의 주성분은 복어에서 추출한 테트로도톡신이라 한다)를 사용하여 사람을 일정 기간 동안 가사(假死)상태로 만드는데, 후에 가사상태에서 깨어난 사람은 산소결핍으로 의해 뇌가 손상되어 자발적으로 생각할 수 있는 능력을 상실하게 된다고 한다. 좀비는 부두교의 사제가 좀비 파우더로 정상적인 사람의 뇌를 손상시켜 자신의 명령에 절대적으로 복종하게 만든 이런 사람들을 지칭하며, 좀비 파우더로 좀비를 만들어 마음대로 지배하는 부두교 사제 보커는 좀비 마스터라고도 불린다고 한다.

(영혼을 빼앗긴) 되살아난 시체

좀비 파우더를 투입한 사람은 가사 상태에 빠져 마치 죽은 것처럼 보이는데, 이를 죽은 것으로 오인하여 일단 장례를 치르면, 보커는 장례 후 무덤을 파 가사 상태에 빠진 사람을 다시 살려놓은 것처럼 위장한다. 좀비가 부두교의 사제에 의해 "되살아난 시체"를 의미하게 된 것은 바로 이 때문이다.

역시 부두교에 근거한 또 다른 좀비의 기원도 좀비 마스터로도 불리는 보커와 관계가 있다. 노예가 필요한 의뢰인의 부탁을 받은 보커는 실제로 죽은 지 얼마 되지 않은 사람을 무덤에서 꺼낸 후 그의 이름을 몇 번 부르면 죽은 사람이 되살아난다고 하는데, 이때 보커는 되살아난 사람의 영혼을 빼내어 항아리에 담은 뒤 양손을 묶어 의뢰인에게 팔아넘긴다는 것이다. 이런 점에서 부두교의 좀비는 영혼을 빼앗긴 자, 혹은 되살아난 시체, 즉 언데드의 의미를 갖게 된 것이다.

여기서 한 가지 주목할 점은 부두교의 좀비 마스터가 좀비를 만드는 이유다. 아프리카로부터 부두교가 유입된 아이티에는, 1697년 프랑스의 식민지가 된 이후 수많은 사탕수수 농장이 세워졌다. 이 농장을 운영하는 데는 많은 일손이 필요했는데, 아프리카에서 데려온 흑인 노예만 가지고는 한계가 있었다. 이에 농장주들은 좀비 마스터에게 좀비를 데려달라고 의뢰를 하였고, 좀비 마스터는 멀쩡한 사람을 좀비로 만들어 이들 농장주에게 노예로 팔았다는 것이다. 이런 점에서 부두교의 좀비는 제국주의의 산물이며 흑인 노예제도와 밀접한 관계가 있는 것이다.

부두교 좀비의 전파

17세기 후반 프랑스 식민지가 되었던 아이티는 18세기 말과 19세기 초에 걸친 소위 아이티 혁명 (Haitian Revolution, 1791-1804)을 통해 캐리비안 국가 중 첫 번째 독립국가가 되고 노예제도를 철폐한다. 하지만 독립 후 아이티는 정치적 갈등으로 극심한 혼란에 빠지고, 심지어 대통령이 암살까지 당한다. 이에 1915년 미국은 아이티의 붕괴를 막고 무정부 상태를 방지한다는 명분하에 아이티를 침공하여 점령한다. 하지만 아이티 점령 후 미국은 곧바로 식민 정책으로 강제 노역을 시키면서 아이티 원주민을 착취하기 시작하는데, 이에 부두교와 이와 관련된 아이티의 비밀 집단은 미국에 반기를 들며 반란을 주도해 급기야 1934년 미국으로부터 독립을 이룬다.

미국이 아이티를 점령하여 식민지화한 1915년부터 1934년 사이, 아이티에 경제적 기반을 둔 미국인들은 아이티 원주민들의 종교인 부두교를 접하게 되었고, 아이티를 방문한 미국 여행객들 또한 부두교와 좀비에 관한 이야기를 듣게 된다. 이들을 통해, 특히 아이티에서 보고 들은 것을 여행기 형식으로 기록한 미국인들을 통해, 부두교의 좀비는 미국 본토의 일반 대중에까지 알려지게 되었던 것이다. 부두교의 좀비를 소개한 당시 주요 문헌들로는 1929년에 출판된 벡위드(Martha Warren Beckwith)의 『검은 선로』(*Black Roadways*)와 윌리엄 시브룩(William Seabrook)의 『마술의 성』 (*The Magic Island*), 그리고 1933년에 출판된 존 휴스톤 크랙(John Houston Craige)의 『검은 바그다드』(*Black Bagdad*) 등이 있는데, 이중 시브룩의 『마술의 성』 은 좀비신화가 아이티를 넘어 미국과 전 세계에 전해지는데 가장 큰 역할을 한다.

민간전승과 인류학에 의존하여 기행문 형식으로 기술한 이 책에서 시브룩은 부두교에 관한 이야기를 다루고 있는데, 특히 이 책의 두 번째 파트인 「사탕수수밭에서 일하는 죽은 자」(“Dead Men Working in the Cane Fields”)에서 부두교에 의해 좀비가 되어 사탕수수 농장에서 일하는 사람들에 관한 이야기를 다음과 같이 전한다. “그들 말에 따르면, 좀비는 무덤에서 꺼내 마법에 의해 살아있는 것처럼 보이는 영혼 없는 인간의 시신이다. 이런 일을 할 수 있는 능력이 있는 사람들은 새로 묻은 무덤에 가서 시신이 썩기 전에 시신을 파낸 다음, 그 시신을 자극하여 움직이게 하고, 그 다음 그것을 하인이나 노예로 만든다" (Seabrook 93).

시브룩의 설명에 따르면 부두교 좀비가 만들어진 이유는 노동력 착취를 위한 것이다. 좀비는 정상적 정신활동을 할 수 없기 때문에 불평하지 않고 시킨 일을 기계적으로 하기 때문에 사탕수수 농장을 경영하는 사람 측에서는 매우 유용한 일꾼이 되기 때문이다. 이런 점에서 필립스 (Gyllian Phillips)의 말처럼, "좀비란 용어가 영어로 이전된 것은 식민 역사에 그 뿌리를 두고 있는 것이다"(Phillips 27). 따라서 좀비는 노예의 또 다른 이름이며, 실제로 "걸어 다니는 시신이라기보다는, 농장에서 강제노역을 하는 불쌍한 정신박약아, 백치에 지나지 않는 것이다"(Ellis 227).

좀비의 유형: 좀비 드론(Zombie Drone)과 좀비 구울(Zombie Ghoul)

유럽과 미국의 제국주의와 식민지배하에 생겨난 부두교의 좀비, 혹은 아이티의 좀비는 움직이기는 하지만 어떠한 고통과 감정을 느끼지 못하며, 사고도 할 수 없는 존재다. 살아있지만 실제로 산 것이 아닌, 혹은 죽었지만 단지 움직이기만 하는 이들은 노동을 착취당하면서도 아무런 저항도 하지 못하는 노예와 같은 절대적 약자다. 좀비의 유형을 세분화한 케빈 분(Kevin Boon)은 이러한 부두교의 좀비를 "자아를 빼앗긴", "노예 노동에 이용되는 영혼 없는 껍데기"(Boon, *Better Off Dead* 57)인 "좀비 드론"(zombie drone)으로 칭한다.

부두교 좀비의 특성을 공유하면서도 부두교 좀비와는 판이한 새로운 유형의 좀비가 1960년대에 처음으로 등장하는데 그것은 문학이 아니라 영화에서였다. "좀비 영화의 셰익스피어"(Bishop, Raising 198)라고 불리는 조지 로메로 감독이 1968년에 제작한 영화 「살아있는 시체들의 밤」(*Night of the Living Dead*)에 등장하는 좀비가 바로 그것이다. 로메로 감독은 부두교 좀비 혹은 아이티 좀비에, 시체를 먹는다고 전해지는 구울(ghoul) 혹은 사람의 피를 빨아먹는 뱀파이어의 속성을 가미하여 새로운 유형의 좀비를 이 영화에서 창조하였던 것이다.

케빈 분이 "좀비 구울"(zombie ghoul, Boon, *Better Off Dead* 57)이라고 칭한 이 유형의 좀비는 부두교 좀비처럼 되살아난 시체로 어떠한 고통과 감정을 느끼지 못하며, 아무런 사고를 하지 못한다. 하지만 좀비 구울은 좀비 드론과는 다른 면에서 커다란 차이를 보인다. 우선 좀비 구울은 부두교와 아무런 관련이 없다. 이들은 보커, 즉 좀비 마스터에 의해 되살아난 시체가 아니며, 또한 좀비 마스터와 같은 타인의 조정을 받지도 않고, 부두교의 좀비처럼 노예로서 사회적 약자의 모습도 갖고 있지 않다.

오히려 이들은 맹목적인 본능에 따라 뱀파이어나 구울처럼 인간의 피와 살을 탐하여, 동물처럼 이빨을 드러내며 인간을 공격하여 인간의 생존을 위협하는, 공포스런 "살아있는 시체"다. 더더욱 부두교 좀비와 다른 것은 뱀파이어에게 피를 빨려 죽은 사람이 뱀파이어로 부활하는 것처럼, 혹은 감염자가 세균을 전이시키는 것처럼, 좀비 구울에 의해 물린 사람은 죽어서 똑같이 좀비 구울이 된다는 점이다. 바로 이런 점에서 로메로 감독의 피에 굶주린 좀비 구울은 『나는 전설이다』에 나오는 뱀파이어와 유사하다. 사실 로메로 감독 스스로 인정하였듯이 「살아있는 시체들의 밤」은 뱀파이어 소설이지만 좀비 영화에 "주요 영향"(Moreland 80)을 미친 매티슨의 『나는 전설이다』에서 많은 영감을 받은 영화였기 때문이다.

우선 매티슨의 뱀파이어는 좀비처럼 집단으로 행동하며, 기존 뱀파이어와 달리 초월적인 능력이나 힘을 갖고 있지 않다. 이들은 사람의 피를 갈구하지만 궁극적으로 피를 통한 세균감염에 의해 생겨난 존재들로, 역시 피를 통해 상대를 감염시켜 뱀파이어로 만든다. 이런 점에서 기존의 뱀파이어보다는 오히려 좀비 구울과 유사한 특징을 많이 갖고 있는 매티슨의 뱀파이어는 로메로가 창조한 좀비 구울의 모델이자 원형인 것이다.

이 새로운 유형의 좀비 구울은 로메로의 좀비 영화 시리즈물인 「시체들의 새벽」(*Dawn of the Dead* 1978), 「시체들의 낮」(*Day of the Dead* 1985), 「랜드 오브 데드」(*Land of the Dead* 2005)를 통해 로메로 좀비의 전형을 이루게 되었는데, 많은 좀비 영화가 로메로 영화의 영향을 받아 로메로 좀비를 모델로 삼음으로써, 사람의 인육을 맹목적으로 탐하는 좀비 구울은 이후에 등장하는 좀비들의 대표적인 특징이 된다. 좀비 구울을 탄생시킨 로메로 영화는 그 뒤를 이어 나온 수많은 좀비 영화 "장르의 확고한 원본"(Bishop, "Raising" 199)이 된 것이다.

좀비의 메타포

1. 타자로서의 좀비

부두교 좀비와 로메로 감독의 영화에서 출발한 좀비 구울은 각각 살아 움직이는 시체로서의 좀비와 살아 움직이는 시체이면서 동시에 인육을 갈망하는 포식자와 같은 좀비를 지칭하지만, "메타포로서의 좀비의 유용성은 실제로 제한이 없다"(Boluk 9)고 말할 정도로 좀비는 다양한 메타포로 사용될 수 있다. 오늘날 수많은 좀비 소설과 영화가 끊임없이 나오는 것도 단순히 살아 움직이는 시체로서의 의미를 넘어, 좀비가 여러 메타포로 사용될 수 있기 때문이다.

좀비가 갖는 대표적인 메타포 중 하나는 타자다. 브람 스토커의 드라큘라나 매티슨의 『나는 전설이다』의 뱀파이어가 타자로서의 상징적 의미를 가지고 있다고 이미 설명한 바 있다. 드라큘라는 동유럽인으로서, 매티슨의 뱀파이어는 아프리카계 미국인으로서, 각각 서유럽인과 백인 미국인에게는 이질적인 타자로서 각인되기 때문이다. 이와 마찬가지로 살아있는 시체 좀비도 타자로서의 상징성을 갖고 있다. 하지만 좀비가 대변하는 타자는 뱀파이어로 대변되는 타자보다도 훨씬 이질적인 타자들이다. 그 이유는 부두교/아이티 좀비의 유래에서 찾을 수 있다. 부두교 좀비는 아이티에 유입된 아프리카 부두교에 의해 만들어진 좀비다. 따라서 부두교/아이티 좀비의 타자성은 아이티라는 타인종이 갖는 타자성에 부두교라는 이질적인 종교가 갖고 있는 타자성이 결합된 것이다. 즉 부두교의 좀비는 타인종과 이질적인 종교가 결합한 결과이기 때문에 그 타자성은 무엇보다도 절대적인 것이다.

1930년대에 미국의 산업화는 절정에 이르기 시작했고 이로 인해 많은 노동력이 필요했던 미국으로 수많은 이민자들이 유입된다. 유입된 사람들 중에는 아이티에서 노예로 일했던 아프리카인들도 있었는데, 이들의 수적 증가와 함께 미국 본토의 아프리카계 미국인(Afro american)의 수도 급증하여, 이들이 미국 인구를 차지하는 비율은 급속도로 증가한다. 미국은 본래 이민자의 나라로 다양한 국적과 인종으로 구성된 나라이지만, 이런 현상에 미국 사회의 주류를 이루던 백인들은 이들 흑인들을, 미국의 정체성을 훼손시킬 수 있는, "국가의 인종적 순수성에 대한 위협"(Degoul 18)으로 보게 되었다.

특히 아이티 흑인의 미국 사회로의 유입은 미국 백인사회에 엄청난 두려움을 주었다. 아이티인은 미국인에게 부두교를 떠올리게 하였고, 부두교는 식인행위를 조장할 뿐만 아니라 사람들을 좀비로 만드는 사술을 행한다고 미국인들은 생각하였기 때문이다. 즉 부두교가 좀비를 만든다고 믿었던 미국인들은 자신들도 부두교를 통해 좀비가 될 수 있다는 두려움에, 부두교를 믿는 아이티 사람들을 공포의 시선으로 보았던 것이다. 따라서 아이티는 곧 부두교이며 부두교는 좀비라는 공식을 믿었던 미국 사회는 타 인종을 두려워한 나머지, 1930년대에 미국의 48개 주는 백인 미국인들의 타인종과의 결혼을 법적으로 금지하기에 이른다. 백인이 인종적 규범을 어기면 백인과 흑인의 경계가 무너지고, 이로 인해 백인의 우월성이 무너진다고 생각하였기 때문이다.

당시 화이트 좀비(white zombie)에 대한 공포가 있었던 것도 이와 같은 맥락에서 이해될 수 있다. 당시 미국인들은 본래 좀비는 흑인, 특히 아이티의 흑인만이 되어야 하는데, 백인이 인종적 경계를 무너뜨리면 백인도 좀비가 될 수 있다고 믿었기 때문이다. 즉 미국인들은 부두교를 믿는 아이티인 들을 타인종으로서의 타자성을 넘어, 흑마술을 부리는 악마, 백인종을 말살하려는 괴물과 같은 존재로 보았던 것이다.

2. 알터이고(Alter Ego)로서의 좀비

하이드나 뱀파이어와 같은 괴물은 타자처럼 보이지만 사실 내 안에 억압된 자아, 더 나아가 알터이고로서의 상징을 갖고 있음은 앞서 밝힌바 있다. 바로 이런 점에서 좀비도 알터이고의 상징이자, 더 나아가 인간 자체를 대변할 수 있다. 좀비는 바로 내 스스로가 변한 모습, "인간의 괴물스런 버전"(Paffenroth, *Generation Zombie* 18)으로, "나" 안에 잠재한 "나"이기 때문이다. 좀비가 그 어떤 괴물보다도 공포스럽고 위협적인 이유도 여기에 있다. 나를 위협하는 좀비가 "나" 자신이 될 수 있다는 사실은 나를 언제든 해칠 수 있는 나의 적이 바로 "나"일 수 있다는 사실이기 때문이다. 게다가 내가 변한 좀비가 나와 본질적으로 다르다고도 말할 수 있는 것도 아니다. 부두교 좀비나 좀비 구울 모두 내가 변한 "나"로, 비록 괴물처럼 흉측하지만 변하기 전의 나보다 덜 참다운 "나"라고 말할 수 없듯이 말이다.

약물을 통해 지킬 박사의 몸이 하이드의 몸으로 변하듯이, 좀비는 우리의 변화를 직접 신체를 통해 표현한 결과물이다. 즉 타자시하는 좀비가 사실 내가 변한 것이란 사실은, 지킬과 하이드의 관계처럼, 좀비와 나는 하나라는 의미가 된다. 그런 점에서 프레드 보팅(Fred Botting)의 지적처럼 "좀비들은 바로 우리들이며... 인간과 괴물의 차이는 바뀔 수 있고 정의하기 어려우며, 나와 타자를 구분하는 경계는 흐릿한 것이다"(Botting 189). 지킬박사와 하이드의 경계가 무너지듯이 누구나 다 좀비가 될 수 있다는 사실은 인종적 경계나 자아와 타자간의 근원적 구분은 불가능하다는 사실을 시사한다. 좀비 바이러스는 인종과 계급의 구별 없이 모든 사람들을 똑 같은 좀비로 만들기 때문이다. "좀비의 근원적인 전복적인 능력은 차이를 무너뜨리는 능력"(Boluk, *Zombie Generation* 9)에 있기 때문이다.

네 안의 나, 혹은 나와 구분되지 않는 나로서의 좀비는 언캐니를 불러일으킨다. 좀비는 "근원적으로 인간의 기이한 메타포"(Bishop, "Raising" 201)로 기이할 정도로 낯설게 느껴지지만 사실은 숨겨져 왔던 나의 모습이기 때문이다. "최상의 언캐니는 시신, 레브넌트, 영혼과 유령과 관계되는 것을 통해 나타난다"(Freud, *The Uncanny* 148)는 프로이트의 말도 이런 맥락에서 이해될 수 있다. 시신이나 유령은 공포를 불러일으키지만 우리가 언제든 될 수 있는 미래의 나, 혹은 내안에 잠재되어 있는 또 다른 나이기 때문에 언캐니를 불러일으킬 수 있는 존재인 것이다. 좀비가 최상의 언캐니를 보여주는 매개체가 될 수 있는 것은 이 때문이다. 되살아난 시신으로서의 좀비는 친숙할 정도로 잘 알고 있지만, 결코 받아들이고 싶지 않은, "인격화된 우리 자신의 죽음" (Pegg 2004)이기 때문이다.

사회적 증상의 체현으로서의 좀비

1. 사회적 자아로서의 좀비

하나의 집단을 이룸으로써 그 집단의 성격을 나타내는 좀비는 특정인을 대변하는 것이 아니라 사회가 만든, 따라서 사회적 모습을 나타내는, 사회적 증후의 체현이다. 따라서 공포의 대상으로서의 좀비는 사회의 "많은 문화적 불안의 상징물"(Tenga, *Written Dead* 10)로서 "당시 우리의 가장 큰 공포가 무엇인지 반영한다"(Boluk, *Zombie Generation* 2). 좀비 문학이 "사회적 코멘트의 도구"이자 "인간 상황의 거울" (Tenga, *Written Dead* 12)이 될 수 있는 것도 이 때문이다.

부두교의 좀비는 영혼을 빼앗긴 자, 혹은 흑마술에 의해 되살아난 시체로 노예의 삶을 산다. 이는 좀비가 자율성을 상실하고 전적으로 타인에 의해 조종당하는 존재라는 의미다. 따라서 상징적 의미에서의 좀비는 사회(제도)에 의해 전적으로 억압되고 통제된, 얼굴 없는 군중으로 정체성을 상실한, 획일화된 인간인 것이다. 이런 점에서 노예제도와 제국주의의 산물로서의 좀비는 궁극적으로 인간을 통제하는 사회의 속성과 사회체제의 모습을 보여준다.

2. 자본주의, 소비주의하의 인간의 모습

좀비 마스터에 의해 통제되고 그의 명령에 노예처럼 복종하는 좀비 드론과는 달리 좀비 구울은 아무런 통제도 받지 않고, 단지 인육만을 추구하는 "맹목적 본능을 가진 존재"(Bishop, "Raising" 201)다. 따라서 좀비 구울은 소비하고자 하는 "근절될 수 없는 욕구이외에 그 어떠한 목적도 없는, 단순한 물질적인 껍데기"(Moreland, *Generation Zombie* 77), 더 나아가 아무런 사고 능력이 없는 "순수 욕동"(pure drive, Muntean, *Better Off Dead* 90) 그 자체로 보인다.

하지만 좀비 구울의 인육을 향한 맹목적 욕망 혹은 인육을 소비하고자 하는 욕동은 본래부터 있던 것이 아니라, 자본주의와 소비주의 사회에 의해 형성되고 부여된 것이다. 라캉에 대 명제중 하나는 "나의 욕망은 타자의 욕망이다". 나의 욕망은 (대)타자가 원하는 것이며, 나는 (대)타자가 원하는 것은 나의 욕망으로 오인, 혹은 나의 욕망으로 삼는다는 것이다. 따라서 라캉이 말하는 (대)타자는 상징계이자 인간 사회 혹은 사회 시스템의 또 다른 이름이기 때문에, 나의 욕망은 상징계/사회의 욕망이며, 나의 욕망은 상징계/사회가 부여한 욕망이 된다. 이를 현재 자본주의 사회에 적용시켜보면 상징계 즉 현대 자본주의 사회는 소비주의를 통해 유지되기 때문에, 대타자/상징계로서의 자본주의 사회의 욕망인 소비주의를 그 구성원들은 자신의 욕망으로서 오인하거나 자신의 욕망으로 삼게 되는 것이다. 즉 좀비 구울로 대변되는 맹목적 욕망이나 소비주의는 자본주의 사회(시스템)가 그 구성원들에게 심어준 것이다.

이런 점에서 "영원한 항구적인 욕망의 형태로 자본주의 실현에 대한 비전"(Boluk, *Zombie Generation* 7)을 추구하는 좀비 구울 역시 소비주의를 낳은 자본주의가 만들고 통제하는 존재다. 즉, 부두교 좀비가 좀비 마스터의 통제와 조정을 받듯이, 좀비 구울의 지배자는 바로 소비주의를 근간으로 하는 자본주의 사회로, 우드 로빈(Wood Robin)의 지적처럼 좀비는 "자본주의하의 인간관계의 논리적 결말"(Robin 213)인 것이다.

부두교 좀비이건 좀비 구울이건, 사회 속에서의 인간의 모습, 더 나아가 좀비를 만든 사회의 속성을 보여준다는 점에서, 좀비는 사회적 증상을 체현하는 캐릭터이며, 따라서 좀비문학은 사회 비평이 될 수 있다. 그것이 노예제도를 합리화하고 타인종을 타자화하는 제국주의 사회이건, 소비주의를 통해 유지되는 자본주의 사회이건 간에, 사회의 산물인 좀비는 사회의 문제점을 드러내고 그 문제점을 좀비라는 몸을 통해 구현한다. 좀비는 사회적 증상의 체현이기 때문이다.

좀비 종말론(Apocalypse)

뱀파이어의 확산을 실제로는 세균에 의한 전염병의 확산으로 이해하게 되었듯이, 좀비 구울에게 물린 사람도 좀비 구울이 된다는 사실은, 좀비 구울도 세균감염에 의한 전염병, 그리고 좀비 구울의 확산도 전염병의 확산으로 이해될 수 있다. 즉, 좀비 구울은『나는 전설이다』

의 뱀파이어처럼 세균 감염을 통해 탄생한, 전염병의 원흉이자 전염병 그 자체인 것이다. “일찍이 초자연적 존재였던 것이 이제는 역병의 상징이 된 것이다”(Boluk, *Zombie Generation* 6)

좀비 구울이 보다 공포스러운 점은 바로 이러한 사실에 근거한다. 좀비 구울은 희생자들을 예외 없이 모두 좀비로 만들기 때문에 인류의 존립에 위협이 되기 때문이다. 좀비 구울이 등장하는 로메로 감독의 영화에 인류의 종말이라는 모티브가 늘 담겨있는 이유도 여기에 있다. 좀비의 확산, 보다 정확히 말해 좀비 바이러스의 확산은 인류의 종말을 불러올 수 있기 때문이다. 이런 점에서 뱀파이어를 세균 감염으로 설명한 매티슨의 『나는 전설이다』는 로메로 감독의 좀비 구울의 탄생에 결정적 역할을 한 것이다. 매티슨의 소설 역시, 마지막 남은 인간 네빌의 죽음을 통해, 궁극적으로 세균에 의한 인류의 종말을 이야기하고 있기 때문이다.

인류의 종말을 가져올 수 있는 좀비 구울은 세균감염을 통해 확산되기 때문에 몇 좀비 영화나 소설에서는 좀비라는 용어 대신 “감염자”(infected)라는 용어를 사용한다. 좀비가 바이러스 감염에 의한 것이라는 사실을 분명히 한 것이다. 따라서 현대의 좀비 서사는 1348년에 이태리에서 발생한 역병을 배경으로 이태리의 보카치오가 1351년에 쓴 『데카메론』(*Decameron*)이나, 영국에 페스트가 창궐하던 1665년을 배경으로 영국 소설가 다니엘 디포(Daniel Defoe)가 쓴 『역병의 해 일지』(*Journal of a Plague Year* 1722)와 일맥상통한다. 제이니(Stephen Zani)이 지적처럼 이미 “좀비 서사의 등가물이 중세 기간 동안 유럽에서 발생하였던 역병 서사의 형태로 문학에 많이 나타났던 것이다”(Zani, *Better Off Dead* 100). 즉 좀비 서사는 역병 서사인 것이다.

현대의 좀비 서사가 중세 시대의 역병서사와 상통한다는 사실은 좀비 바이러스의 창궐이 인간에 대한 징벌로 해석될 수 있다는 점에서도 드러난다. "역병"(plague)의 라틴어 어원인 "plaga"는 "하늘의 징벌"의 의미를 갖고 있다. 즉 역병으로서의 좀비는 인간의 잘못에 대한 신의 심판, 혹은 신의 징벌로서 간주될 수 있는 것이다. 이는 좀비라는 재앙은 인간 스스로 자초한 것이며 인간의 잘못으로 좀비 바이러스가 생성되었다는 의미다.

좀비 바이러스의 발생을 인간의 잘못에 두는 좀비 서사의 전통은 로메로 감독의 좀비 구울 창조에 지대한 영향을 미친 매티슨의 『나는 전설이다』에서도 찾을 수 있다. 『나는 전설이다』에서 뱀파이어 세균은 방사능을 방출하는 핵전쟁이나 세균전에 의해 생성된 것이며, 핵전쟁으로 인해 발생한 변이된 곤충과 모래 폭풍이 뱀파이어 세균을 확산시켰기 때문이다. 『나는 전설이다』의 영향을 받은 로메로 감독의 「살아있는 죽은 자의 밤」 역시, 좀비 출몰을 자연 순리에 역행하는, 인간의 잘못된 과학적 시도에 두고 있다. 인간이 금성에 보낸 우주 탐사선이 지구에 없는 방사능을 갖고 지구로 귀환하는 바람에, 최근에 죽어 묻힌 사람들이 좀비로 부활하여 산 사람을 공격하였기 때문이다. 이런 점에서 좀비는 인간의 죄악의 결과물이며, 인간의 자연에 대한 도전에 대한 응징이다. 좀비 서사가 사회에 대한 비판의 메시지를 담고 있고, 좀비가 좀비를 만든 사회에 대한 경고이며 징벌인 이유는 여기에 있다.

인용 문헌

Bishop, Kyle. "Raising the Dead". *Journal of Popular Film and Television* 33.4 (2006): 196-205.

Blanton, Robert. "Zombies and International Relations: A Simple Guide for Bringing the Undead into Your Classroom." *International Studies Perspectives* 14 (2013): 1-13.

Boluk, Stephanie and Lenz, Wylie. "Introduction: Generation Z, the Age of Apocalypse." *Generation Zombie: Essays on the Living Dead in Modern Culture.* Eds. Boluk, Stephanie and Lenz, Wylie. McFarland & Company, Inc., 2011. 1-17.

Boon, Kevin. "Trailing the Zombie Through Modern and Contemporary Anglophone Literature." *The Written Dead.* Eds. Bishop, Kyle and Tenga, Angela. McFarland & Company, Inc. 2017. 15-26.

.... "The Zombie as Other: Mortality and the Monstrous in the Post-nuclear Age." *Better off Dead.* Eds. Christie, Deborah and Lauro, Sarah Juliet. Fordham UP, 2011. 50-60.

Botting, Fred. "Globalzombie: From White Zombie to World War Z." *Globalgothic.* Ed. Byron, Glennis. Manchester UP, 2013. 188-201.

Brayton, Sean. "The Racial Politics of Disaster and Dystopia in *I Am Legend*." *The Velvet Light Trap* 67 (2011): 66-76.

Degoul, Franck. "'We are the Mirror of your Fears': Haitian Identity and Zombification." *Better off Dead.* Eds. Christie, Deborah and Lauro, Sarah Juliet. Fordham UP, 2011. 9-23.

Ellis, Markman. *The History of Gothic Fiction.* Edinburgh University Press, 2000.

Freud, Zigmund. *The Uncanny.* New York: Penguin, 2003.

Moreland, Sean. "Shambling Towards Mount Improbable to be Born: American Evolutionary Anxiety and the Hopeful Monsters of Matheson's *I Am Legend* and Romero's *Dead* Films." *Generation Zombie: Essays on the Living Dead in Modern Culture.* Eds. Boluk,

Stephanie and Lenz, Wylie. McFarland & Company, Inc., 2011. 77-89.

Muntean, Nick. "Nuclear Death and Radical Hope in Dawn of the Dead." *Better off Dead*. Eds. Christie, Deborah and Lauro, Sarah Juliet. Fordham UP, 2011. 81-97.

Pegg, Simon. "Afterword. Miles Behind Us. The Walking Dead 2." *Image Comics*, 2004.

Perron, Bernard. "The Attributes and Qualifiers of Literary Zombies." *The Written Dead*. Eds. Bishop, Kyle and Tenga, Angela. McFarland & Company, Inc. 2017. 15-26.

Robin, Wood. "Essays on the living dead from the 1970s and 80s." 213.

Seabrook, William. *The Magic Island*. N. Y: Harcourt Brace. 1929.

11장

아포칼립스적 비전과 사회 비평:『세계대전 Z』(*World War Z*)

아포칼립스적 비전과 사회 비평: 『세계대전 Z』(*World War Z*)

작품의 출판과 비평

세계대전 Z

좀비 구울, 즉, 인육을 먹으려 맹목적으로 달려드는 언데드로서의 좀비 소설의 결정판은 2006년에 출간된 맥스 브룩스(Max Brooks)의 『세계대전 Z』(*World War Z*)에 나타난다. 좀비와의 전쟁을 겪은 인류의 생존기를 인터뷰 형식으로 쓴 이 소설은 출간되자마자 대성공을 거두었다. 출판된 지 5년 만에 백 만권이 팔린 이 소설은 『뉴욕 타임즈』(*New York Times*)에 4주 동안 베스트셀러 리스트에 올랐고, 2007년에는 오디오북 버전으로 나와 오디 어워드(Audie Award)를 수상하였으며, 2013년에는 영화로 제작되기도 하였다.

이 책에 대한 비평가들의 반응 또한 호의적이었다. 스티븐 실버(Steven H. Silver)는 이 소설이 국제적인 시각을 잘 그려낸 것을 장점으로 꼽았고, 『시카고 리더』(*Chicago Reader*)는 이 소설이 인간 상황의 어두운 면을 깊이 있게 다루었다고 평가하였다. 하지만 이 소설이 갖고 있는 가장 큰 의미는 문학의 하부 장르로만 여겨지던 좀비 소설이 본격적인 문학의 주류에 편입될 수 있다는 가능성을 보여주었다는데 있다. 『세계대전 Z』는 좀비 소설의 영역을 넓히고, 좀비 소설의 수준을 높인 문학 작품으로 평가받기에 손색이 없기 때문이다.

좀비와의 전쟁을 다룬 『세계대전 Z』에 등장하는 좀비의 속성과 특성을 이해하기 위해선, 브룩스가 이 작품에 앞서 2003년에 먼저 출간한 『좀비 서바이벌 가이드』(*The Zombie Survival Guide*)에 등장하는 좀비의 특징을 알아야 한다. 브룩스는 이 책에 나오는 좀비의 속성을 일종의 후속편인 『세계대전 Z』에 등장하는 좀비에 그대로 적용시켰기 때문이다.

브룩스의 좀비는 치유할 수 없는 바이러스에 감염되어 죽었다 다시 되살아난 언데드로서 로메로 감독의 좀비 구울처럼 사람의 인육을 맹목적으로 탐한다. 또한 실질적으로 이미 죽은 자들이기 때문에 이들의 몸은 피 대신 거무스름한 고름으로 가득 차 있고, 몸이 부패하기는 했지만, 감염되지 않은 시신보다는 부패의 속도가 더디다. 또한 좀비 드론처럼 말이나 사고를 하지 못하고, 동작은 느리다. 여기에 더해 브룩스의 좀비는 항상 신음하는 듯한 소리를 내며, 로메로의 좀비가 그렇듯 두뇌가 파괴되어야만 죽는다. 브룩스는 민간신앙에 나오는 좀비 드론과 로메로 감독의 좀비 구울의 특성에 자신이 만들어낸 새로운 특징을 더해 자신만의 좀비를 창조해 낸 것이다.

이런 점에서 작가 자신이 인정하듯, 로메로 감독의 좀비에 영향을 받아 만든 브룩스의 좀비는 로메로 감독의 좀비의 모델인 매티슨의

『나는 전설이다』에 등장하는 뱀파이어의 계보를 잇는다. 매티슨의 뱀파이어와 로메로의 좀비 역시 세균감염에 의한 결과물이었듯이, 브룩스의 좀비도 세균 혹은 "걸어 다니는 역병"(Walking plague)[17]으로서의 좀비 바이러스 그 자체이며, 매티슨의 뱀파이어와 로메로의 좀비가 사람의 피와 살을 탐하듯이, 브룩스의 좀비도 인육을 탐하기 때문이다. 여기에 더해『세계대전 Z』가 매티슨의 뱀파이어 소설과 로메로의 영화의 계보를 잇고 있다는 사실은 세균 감염으로 인해 전 인류가 종말을 맞이하거나, 종말의 위험에 처하는 모습을 그리고 있다는 점에서 명확히 드러난다. 즉『세계대전 Z』는 세균감염으로 인한 세상(인간)의 종말(의 위험)을 그린, 혹은 인류 종말에 대한 두려움을 그린 아포칼립스(apocalypse) 소설인 것이다.

좀비 서사와 아포칼립스(Apocalypse)

1. 세상(인류)의 종말로서의 좀비 서사

14세기에 발생한 흑사병 혹은 역병은 유럽인구의 3분의 1을 사망에 이르게 한다. 하지만 세균에 대해 알지 못했던 당시로서는 흑사병의 원인이 무엇인지 또한 왜 흑사병이 번지는지 이해하지 못했고, 따라서 치료책도 없었다. 원인과 치료책을 모른다는 점에서 흑사병은 치명적이며 인류의 생존을 위협하였다. 매티슨의 뱀파이어 바이러스나, 로메로 감독의 좀비 바이러스 또한 감염율이 100 퍼센트인데다 치료제 또

17) Max Brooks, *World War Z* (Broadway Paperbacks: 2006), p.1. 앞으로 이 책의 인용은 괄호 안에 쪽수만 명기하겠음.

한 없어 치사율이 100 퍼센트일 정도로 치명적이어서 역시 인류를 위협한다. 이런 점에서 좀비 바이러스는 보다 강력한 흑사병의 한 형태이며, 좀비 서사는 "흑사병을 대신한 좀비에 의한 종말"(Ahmad, *Generation Zombie* 134)을 그리는 종말 서사, 즉 아포칼립스 서사인 것이다. "역병이라는 종말론적이며 초자연적인 힘"(Boluk, *Generation Zombie* 6)을 상징하는 좀비가 등장하는 좀비 영화가, 카일 비숍(Kyle Bishop)의 말처럼, "파괴적인 사건이 인류를 거의 무기력하게 만드는 세상"(Bishop, "Raising" 201)을 배경으로 하는 이유는 여기에 있다.

2. 진실을 드러내는 서사로서의 종말 서사

세상(인류)의 종말이란 뜻의 아포칼립스(apocalypse)는 그리스 어원(ἀποκάλυψις)으로 "계시" 혹은 알려지지 않던 것을 "드러낸다"는 의미를 갖고 있다. 즉 아포칼립스 서사는 "인간의 본성, 존재, 죄에 대한 끔찍한 진실"(Boluk, *Zombie Generation* 8)을 드러내는 서사인 것이다. 따라서 종말 서사로서의 좀비서사는 좀비 자체에 대한 이야기라기보다는, 인류를 위협하는 좀비를 만든 인간 사회의 병폐와 좀비(바이러스)의 확산을 야기한 사회의 문제를 드러내고 이야기인 것이다. 특정 국가 혹은 특정 사회가 아니라 전 세계를 배경으로 좀비 서사가 전개되는 것은 좀비를 통해 드러나는 문제가 인간과 사회의 보편적 문제이기 때문이다. 즉 좀비는 개인적인 문제가 아니라, 인간의 근원적인 모습 혹은 인간 사회의 본질을 드러내는 사회적 증후인 것이다.

작품 분석

작품의 구성

소설의 부제인 "좀비 전쟁의 구두 역사"(An Oral History of the Zombie War)가 말해주듯, 이 소설은 좀비와의 전쟁을 직, 간접적으로 경험하고 목격한 사람들과의 구두 인터뷰를 모은 형식으로 이루어졌다. 유엔 전후 위원회(United Nations Postwar Commission)의 일원으로 이 인터뷰를 직접 시도한 이 글의 화자이자, 편집자는 위원회 위원장과 자신간의 "원칙상의 갈등"(Vermeulen 877)의 으로 인해 이 글이 나오게 되었다고 밝힌다.

보고서 위원회 위원장은 그의 인터뷰가 "너무 개인적"(1)이며, "너무 많은 의견과 너무 많은 감정"(1)이 개입되어, "인간적 요소에 의해 흐려지지 않은 명확한 사실과 수치"(1)만 담아야 할 공식 보고서로서는 부적절하다며 보고서에 포함시키지 않는다. 하지만 "인간적 요소"야말로 좀비와 인간의 차이라며 인터뷰 내용을 보고서에 포함시킬 것을 화자가 계속 고집하자, 위원장은 인터뷰 내용을 개인적으로 출간할 것을 권유하였고, 그 권유에 따라 화자는 인터뷰 내용을 비공식적인 책으로 출판하였던 것이다.

하지만 편집자는 인터뷰 내용의 객관성을 확보하기 위해, 원래의 위원회 보고서에 담긴 객관적인 사실에 근거하여 인터뷰를 진행하였으며, 자신의 존재를 가능한 드러내지 않기 위해 이름을 밝히지 않았고, 자신의 견해를 밝히는 대신 상대방의 대답을 있는 그대로 기록하는 방식을 택한다. 따라서 이 인터뷰에는 "이야기를 하는 사람에게 두주(頭註)를 제공하거나 때때로 질문하고 프롬프트를 주는 것 이외에, 화자의 목소리는 거의 존재하지 않는 것이다"(Vermeulen 877). 이런 점에서 이 구전 보고서는 "'차가운, 냉정한 데이터'를 편찬하고 남은 잔존물"(Vermeulen 878)로서, 프레드 보팅(Fred Botting)의 말처럼, "좀비 전쟁으로 인한 고통, 황폐화, 재건에 대한 인간의 증언을 기록한 유엔 보고서의 보완물"(Botting 197)이 되는 것이다.

작품에 나타난 좀비의 모습

브룩스는 『좀비 서바이벌 가이드』에서 이미 좀비의 신체적 특징과 특성에 대해 논의하였기 때문에, 『세계대전 Z』에서의 좀비의 모습도 어떨지 짐작할 수 있다. 하지만 이 소설에서 브룩스가 말한 좀비의 특징이 어떻게 드러나고 있는지, 또한 구체적으로 어떤 특성을 갖고 있는지 살펴보는 것은 좀비와의 전쟁을 다룬 이 소설이 전하는 메시지에 근접할 수 있을 것이다.

최초의 공식적인 좀비(좀비 바이러스에 감염된) 환자는 행정상으로는 이름이 없지만, 주민들이 신(新)다창이라고 부르는 중국의 어느 지역에 살고 있던 12세 소년이었다. 마을주민들 대부분은 본래 2000년 전 "삼국시대"(4)부터 있었던 다창(Dachang)이라는 마을에 살던 사람들이었다. 중국 정부가 삼협댐(Three Gorges Dam)을 건설하면서 저수지 수위가 올라가 다창이 물에 잠기게 되자, 이곳에 살던 마을 사람들은 자신이 살던 집의 벽돌 하나하나까지 빼내어, 높은 지역에 다시 집을 짓고 마을을 이루었는데, 자신들이 살던 마을에 대한 향수로 이곳을 신다창이라고 불렀던 것이다. 이 신다창에 살던 12세 소년이 자신의 아버지와 함께 다창에 있던 집으로 들어가 물건들을 꺼내오려고 물속에 들어가던 중, 물속에 있는 무엇인가에 의해 발이 물려 좀비가(좀비 바이러스에 감염) 되었던 것이다.

연락을 받고 소년을 진단하기 위해 마을로 찾아간 중국인 의사 광징슈(Kwang Jingshu)는 놀라운 광경을 목격하게 된다. 마을 사람들에 의해 입에 재갈이 물리고 팔목과 다리가 묶인 소년은 "동물처럼 버둥거리며"(7), 으르렁거렸는데, 더욱 놀라운 것은 소년의 상처부위에선 피가 아니라 "갈색의 끈적끈적한 물질"(7)이 흘러나오고 있었으며, 소년의 심장이 뛰지 않았고, 맥박도 느껴지지 않는다는 것이었다. 소년은 육체적으로 이미 사망한 상태였지만 살아 움직이고 있었던 것이다. 좀비에 대해 전혀 듣지도 알지도 못했던 광징슈에게 이해할 수 없는 일이었다. 하지만 충격적인 것은 이미 몇 마을 사람들을 물어뜯었던 이 소년은 자신의 손과 팔이 몸에서 찢겨져 나가는 상황에서도 아무 고통도 느끼지 않고, 자신의 몸이 어떻게 되든 전혀 개의치 않으며, 눈앞에 보이는 먹이에만 집중하는 "포식 동물"(7)처럼 광징슈를 바라보며, 그의 살을 먹기 위해 이빨을 드러내고 달려들려고 한다는 점이었다.

캐나다의 마약 경비대인 패트리시아 공주의 캐나다 경보병 3 대대(Third Battalion of Princess Patricia's Canadian Light Infantry)에서 근무하던 스탠리 맥도날드(Stanley MacDonald)가 목격한 좀비도 이와 유사한 특징을 갖고 있었다. 키르기스스탄(Kyrgyzstan)에서 마약업자를 추적하던 중, 맥도날드와 그의 일행은 산속 동굴로 들어가게 된다. 동굴 안에는 여러 시신들과 피, 그리고 떨어져 나간 살덩이가 널려 있었는데, 그 중에서 맥도날드는 바닥 위로 삐져나온 사람의 손 하나를 발견한다. 그때 일을 그는 다음과 같이 증언한다.

> 손 하나가 석회석에서 삐져나왔습니다. 그것은 여전히 움직이고 있었죠. 나는 앞으로 몸을 숙이고 그 손을 움켜잡았는데, 그게 날 잡는 게 느껴졌습니다. 마치 강철 같았습니다. 거의 내 손가락을 으스러뜨릴 정도였죠. 난 물러서서 빠져나오려했습니다. 하지만 놔주질 않더군요. 그래서 난 발을 바닥에 대고 더 힘껏 당겼습니다. 그러니까 처음엔 팔이, 다음엔 머리가, 그 다음엔 커다란 눈과 회색 입술을 한 찢겨진 머리가 나왔습니다. 그 다음엔 다른 손이 나와 내 팔을 꽉 잡았습니다. 다음엔 어깨가 나왔고요. 난 뒤로 넘어졌고, 그것의 상체가 밖으로 나왔습니다. 허리 아래 부분은 바위 사이에 그대로 낀 상태였습니다. 창자로 상체와 연결된 채 말입니다. 하지만 여전히 움직이고 있었던 그것은 나를 붙잡고는 내 팔을 제 입으로 가져가려 하였습니다. (20)

좀비가 죽었지만 살아 움직이는 시체라는 것을 이 장면은 확실히 보여주고 있다. 좀비는 손이 찢겨져 나가도, 심지어 상체와 하체가 거의 분리되어도 움직이며, 심지어 신체가 분리된 상태에서도 맥도날드의 살을 먹기 위해 그의 팔을 자신의 입으로 가져가려 했기 때문이다. 그런데 여기서 주목할 점은 좀비의 신체 기관 중 가장 활발히 작동하는 것은 물려고 하는 입이라는 것이다.

이는 12세 중국인 소년의 경우도 마찬가지였다. 손발이 묶인 상태에서도 소년은 광징슈를 물려고 하였고, 손발이 묶이기 전엔 이미 몇 명의 사람들을 물어뜯었기 때문이다. 무엇인가를 먹으려는 입은 "의식적인 생각 없이"(260), 오로지 먹으려는 "순수한 생물학적 본능"(260)만 있는 좀비의 특성을 보여주는데, 이는 두뇌만 살아 있고 다른 신체 기관은 실제로 죽어있는 좀비의 유일한 목표는 인육이라는 사실을 분명히 드러낸다.

좀비는 인육이라는 목표물을 향한 맹목적 욕망 이외에 그 어떠한 룰이나 규칙을 가지고 있지 않아 예측이 불가능하며, 생각과 사고를 할 수 없기에 타협을 할 수도 없다. 좀비에게는 바이러스처럼 아무 생각 없이 그저 감염시키고 소비하고자 하는 맹목적 욕망만 있을 뿐이다. 좀비가 궁극적인 두려움의 대상이 되는 이유는 여기에 있다. 인육을 먹으려는 본능만 남아 그 어떠한 타협도 하지 않는 좀비와의 전쟁은 전면전이 될 수밖에 없기 때문이다. 호놀룰루 회담 후, 좀비와의 전쟁을 지휘하였던 담브로시아(D'Ambrosia) 장군은 좀비와의 싸움이 전면전일 수밖에 없는 이유를 이렇게 설명한다. "그들[좀비]은 결코 타협하지도, 굴복하지도 않는다. 그들은 끝까지 싸우려든다. 우리들과 달리 그들 하나하나는 매 순간 이 지상의 생명체를 먹는데 바치기 때문이다"(273).

좀비는 설득과 타협이 안 되는 폭풍과 지진과 같은 자연재해다. 자연재해는 규칙에 따라 발생하는 것이 아니라 그냥 예고 없이 찾아오며 타협을 하지 않기 때문이다. 뇌가 파괴되기 전까지 끊임없이 입을 벌리고 달려드는 좀비가 세상의 종말을 가져올 수 있고, 좀비 서사가 종말 서사 즉 아포칼립스에 대한 두려움에 대한 이야기가 될 수 있는 이유다.

아포칼립스(종말) 서사로서의 좀비서사

1. 문명 붕괴의 서사

논리와 이성이 통하지 않고, 타협이 불가능한 좀비는 규율과 질서, 법에 근간을 둔, "문명의 완전한 전복"(Paffenroth, *Generation Zombie* 18)을 야기할 수 있다. 좀비와 같은 "재앙에 직면한 상태에서 법, 가족, 신성한 것에 대한 믿음 등 우리 문명을 한데 묶는 제도들은 붕괴되고 잘못된 것임이 드러나게 될 것이기 때문이다"(Zani, *Better Off Dead* 101). 이런 점에서 무질서와 혼란을 불러오는 좀비는 문명사회를 유지하는 법이나 제도가 절대적이지 않다는 것을 보여주면서, 더 나아가 문명사회를 붕괴시킬 수 있는 것이다. 따라서 호놀룰루 회담에서 미국 대통령이 하는 말처럼 좀비와의 싸움은 인류의 생존을 넘어 문명의 생존을 위한 싸움인 것이다. "우리는 단지 우리의 육체적 생존을 위해서만 싸우는 것이 아니라 우리 문명이 생존하도록 하기 위해 싸우는 것입니다."(148)

아포칼립스 서사로서 "종말론적 실재"(Bishop, "Dead Man Still Walking" 20)를 그리고 있는『세계대전 Z』에는 우크라이나에서 좀비와의 전쟁에 참여하였던 군 장교의 말처럼 "조직과 질서, 통제의 완전한 붕괴"(116)가 일어난다. 이는 카일 비숍(Kyle Bishop)의 말처럼, "버려진 대도시의 거리, 버려진 인간의 시체와 불법을 저지르는 패거리들"(Kyle Bishop, "Dead Man Still Walking" 17-18) 등의 모습을 통해 제시되는데, 이는 좀비가 전 세계적으로 광범위하게 확산된 대공포(great panic)시기에 명확히 드러난다.

대공포가 시작되자 사람들은 앞 다투어 자신이 살던 곳으로부터 달아나기 위해 되는대로 짐을 챙겨 차를 타고 도피하기 시작한다. 하지만 일시에 수많은 사람들이 차를 타고 나오는 바람에 도로는 버스, 승합차, RV, 트럭 등 온갖 종류의 차량으로 뒤덮여 차들은 길을 따라 조금씩 진행하거나 멈추어 서있다. 게다가 많은 사람들이 차량에 타기 위한 공간을 확보하려고 갖고 나왔던 온갖 물건들을 버려 가방과 상자, 심지어 가구와 그랜드 피아노로 뒤덮인 길은 더 이상 도로라고 부를 수도 없는 상태가 된다. 이런 상황에서 멈추어 선 차 사이로 좀비들이 들이닥쳐 차 안에 있는 사람들은 밖으로 나오지 못하거나, 좀비의 공격으로 차 안에서 좀비로 변하는 아수라장이 펼쳐진다.

배를 통해 탈주하려는 사람들이 겪는 상황도 이와 별반 차이가 없었다. 좀비를 피해 사람들은 좀비가 쫓아올 수 없는 바다나 섬으로 가기 위해 배란 배는 모두 이용하여 탈주하려 한다. 하지만 누구나 다 배를 탈 수 있는 것은 아니었다. 사회 기반 시스템이 무너진 상태에서 배를 타려면 많은 돈과 지위가 필요하여 가진 돈을 다 주어야만 하는 경우가 있었고, 심지어 돈을 아무리 주어도 배를 타지 못하는 경우도 있었다. 또한 사람을 차별하여 젊은 여자나 백인만 태우는 배도 있었고, 심지어 인도에서는 "불가촉천민"(72)이라고 배에 태우지 않는 사례도 있었다. 기본적인 룰과 시스템이 작동하지 않는 상황에서 배에 승선하느냐 못하느냐는 선장이 임의적으로 결정하는 사안이었던 것이다. 하지만 배에 승선한다고 안전이 보장되지는 않았다. 배 위에서 좀비가 발생할 경우 오히려 배 자체가 "떠다니는 도살장"(73)으로 변하기 때문이다. 이를 피해 바다로 뛰어드는 사람들 역시 죽음을 피할 수는 없었다. 그들은 해저에서 돌아다니는 좀비들의 희생물이 되었기 때문이다.

좀비의 확산이 덜한 지역에 사는 사람들 역시 이런 대혼란과 무질서에 노출된다. 좀비의 확산이 광범위하게 벌어졌던 대공포시기에 "이웃 안전 팀"(Neighborhood Security Team)의 일원으로 매일 이웃집들을 방문하며 점검하는 일을 맡았던 조 무하마드(Joe Muhammad)는 사람들을 위협하는 것은 좀비만이 아니라 약탈자들이라고 한다. 약탈자들은 남의 물건을 빼앗기 위해 사람을 죽이는 일까지 서슴지 않았는데, 더 심각한 점은 이 약탈자들이 "상습적인 범죄자"(155)라기 보다는 "생존하기 위해 물품이 필요한 사람"(155)들이었다는 것이다. 좀비의 출몰은 사회 시스템을 붕괴시키고 위기의식을 조성하여 평범한 사람들을 범법자, 더 나아가 약탈자로 만들었던 것이다.

이러한 상황은 좀비의 출몰로 대혼란을 겪으며 무법지대가 된 뉴욕 주 남동부에 있는 용커스(Yonkers)에서도 재현된다. 좀비를 진압하기 위해 용커스에 군인으로 투입되었던 토드 와이니오(Todd Wainio)에 따르면, 용커스에 거주하던 "사람들은 몹시 흥분하여 집을 판자로 둘러싸고, 음식과 총을 훔치며, 움직이는 모든 것들을 총으로 쏘았다"(93)고 한다. 게다가 방화가 빈번하게 벌어지고 차량으로 사람들을 치어 죽이는 사례가 만연하여, 좀비에 의해 죽은 사람보다 사람들에 의해 죽은 사람이 더 많았다고 한다. 좀비의 출현으로 용커스는 법과 질서가 얼마나 쉽사리 붕괴될 수 있는지, 그리고 세상의 종말이 어떤 것인가를 보여주는 도시로 변해버린 것이다.

대공포로 인한 종말론적 대혼란은 돈 많은 저명인사의 대저택에서 사설 경호원으로 근무하였던 션 콜린즈(Sean Collins)의 증언을 통해서도 생생하게 드러난다. 콜린즈 이외에 수많은 사설 경호원들이 경호하는 대저택에는 많은 사람들이 몇 년 동안 먹을 수 있는 음식이 준비되어 있었고, 바닷물을 식수로 만들 수 있는 장치와 자가발전 시설이 있어 외부로부터 물자 반입을 하지 않더라도 자급자족할 수 있는 곳이었다. 게다가 좀비가 들어오지 못하도록 저택 주변을 높은 벽으로 쌓았고, 좀비의 움직임을 감지할 수 있는 센서를 설치하였으며, 좀비를 퇴치할 수많은 무기도 비치하였다. 따라서 이 대저택의 주인은 이곳이 절대적으로 안전하다는 확신 하에 지인들을 이곳으로 초대하였고, 자신이 이들을 보호하고 있다는 사실을 광고하기 위해 대저택에서의 자신들의 삶을 티브이 방송에 내보내기까지 한다.

하지만 정작 이 대저택으로 쳐들어온 것은 좀비가 아니라 사람들이었다. 티브이 방송을 통해 이 대저택에 대해 보고 들었던 사람들이 이곳이 좀비로부터 안전하다는 생각에 총과 무기를 들고 쳐들어온 것이었다. 이는 결국 대저택의 주인이 고용한 사설 경호원들과 저택에 쳐들어 온 사람들 간의 총격전으로 이어지는데, 경호원으로 일했던 콜린즈는 당시의 상황을 이렇게 설명한다. "당신이 들을 수 있는 것은 총소리다. 우리의 총소리와 그들의 총소리들이다. 단지 우리 사설 경호팀의 총소리만이 아니었다... 많은 사람들이 자신의 경호원들에게 자신을 보호하라고 명령했다... 평생 총 한번 쏴보지 않았던 가련한 20대 경호원들은 그렇게 했다. 그들은 오래 가지 못했다. 하지만 고용된 경호원 중에는 편을 바꾸어 공격자에 가담한 사람들도 있었다. 난 남성 동성애자 미용사가 여배우의 입을 편지봉투 뜯는 칼로 찌르는 것을 보았다... 그것은 아수라장이었다. 당신이 생각하는 세상의 종말과 똑 같았다" (87-88).

법과 질서가 무너지고 오로지 살겠다는 본능에 따라 폭력적으로 변한 사람들이 서로 총을 겨누며 싸우는 모습은 콜린즈의 말처럼 세상의 종말이 어떤 것인지 보여준다. 어쩌면 좀비를 피해 대저택에 들어오려는 사람들이나, 그들의 침입을 막기 위해 경호원들에게 무차별 사격을 명령하는 대저택의 주인이야말로, 문명사회의 이성적 인간의 모습은 찾아 볼 수 없는, 맹목적인 폭력성을 지닌 좀비와 같은 존재들이다.

이 사건은 또한 사회에 내재한 계급간의 투쟁과 불평등을 보여준다. 션 콜린즈의 말처럼 세상의 종말을 보여주는, 아수라장 같은 상황은 좀비가 쳐들어와 벌어진 것이 아니라, 좀비의 위협으로부터 "숨을 안전한 장소를 단지 원했던, 그렇게 부자가 아닌 사람들"(88) 때문에 벌어진 일이기 때문이다. 즉 이들 간의 싸움은 좀비와 인간의 싸움이 아니라, "가진 자"와 "가지지 못한 자" 사이에 벌어진 싸움으로, 좀비는 단지 간접적인 원인만 제공할 뿐이다. 이런 점에서 종말론적 좀비 서사는 사회에 내재한 계급간의 갈등을 표면화하고, 불평등한 사회구조의 병폐를 보여주고 있는 것이다.

좀비의 직접적인 공격을 받지 않고, 단지 좀비의 위협만 느끼는 상황에서도 사회 시스템은 붕괴되고 인간 사이의 연대의식은 훼손될 수 있다. 이러한 사실은 좀비가 추운 지방에서는 얼어붙는다는 정부의 말에 따라, 캐나다 북쪽의 아북극 지방으로 이주한 사람들을 통해서 확인된다. 미국 위스콘신 출신의 제시카 핸드릭스(Jessica Hendricks) 가족은 겨울이 되면 좀비들이 얼어붙어 고향으로 돌아올 수 있을 거란 생각에 마치 장기간 캠핑을 떠나듯 아북극 지방으로 간다. 이곳에 도착한 이들 가족은 처음엔, 역시 좀비를 피해 이곳으로 온 다른 사람들과 캠핑을 즐기듯, 서로 모여 불을 같이 쬐기도 하는 등 우호적 관계를 유지한다. “초창기엔 모두 다 우호적이었어요. 우리는 협력을 했죠. 우리는 다른 가족과 우리가 필요로 하는 것을 서로 교환하였고, 그들로부터 사기도 했어요... 엄마와 아빠가 음식을 찾으러 나갈 때면, 항상 나를 이웃에 맡겼고요” (126).

하지만 일 개월이 지나 가져온 음식이 바닥나기 시작하며 날씨도 추워지자 사람들은 변하기 시작한다. 같이 모여 불을 쬐는 일도 없어지고, 같이 식사를 하거나 노래하는 일도 사라진다. 뿐만 아니라, 모여 사는 공동체의 일원으로서 지켜야 할 일도 하지 않았다. 자신의 쓰레기를 치우지 않았고, 아무 곳에서나 배설하면서도 치우기조차 하지 않았던 것이다. 또한 이웃 간에 불신이 싹 터, 서로를 위협적인 존재로 보기 시작하면서 제시카의 부모는 더 이상 제시카를 이웃에 맡기지 않게 되었다. 폭행도 빈번하게 일어나고, 남의 물건을 도둑질하거나 심지어 강탈하는 일까지 생겼다. 위기 상황에 처하자 공동체를 존속시킬 그 어떤 규범이나 시스템도 작동하지 않게 되고, 문명인을 자처하던 사람들이 서슴지 않고 범법행위와 약탈행위까지 저지르는 상황이 벌어진 것이다.

이보다 더 극단적인 상황은 제시카 가족이 이곳에 온지 3개월이 지난 11월에 벌어지기 시작한다. 가져온 식량이 거의 바닥나 먹을 것이 없게 된 사람들은 기아로 허덕이기 시작하였고, 제시카와 그녀의 부모 역시 심각한 영양실조로 목숨을 부지하기 어렵게 된다. 이런 상황에서 제시카의 부모는 극단적인 선택을 한다. 영양실조에 걸린 제시카를 살리기 위해 라디오를 팔아 인육으로 만든 스튜를 사서 먹였던 것이다. 하지만 이는 제시카 가족만 겪는 일이 아니었다. 이곳에 모인 많은 사람들이 살아남기 위해 식인행위를 하였기 때문이다. 좀비를 피해서 캐나다 북쪽으로 피난 간 사람들이 살아남기 위해 아이러니컬하게도 좀비처럼 인육을 먹는 상황에 처하게 된 것이다. 이들의 식인행위는 인류 종말이라는 아포칼립스적 상황을 문자 그대로 실현하고 있는 것이다.

문명사회 더 나아가 인류가 종말을 맞이하게 될 거라는 공포는, 작품에 등장하는 영화 제작자 로이 엘리엇(Roy Elliot)의 말처럼, 인류의 적인 "종말에 대한 절망 신드롬"(159)을 낳으며, 견뎌내겠다는 의지와 삶의 의미에 대한 믿음을 박탈하고, 무력감에 빠지게 함으로써, 사람들을 죽음으로 이끈다. 멀쩡했던 사람들이 갑자기 사망하고, 집단 자살이 벌어지는 것은 바로 종말에 대한 절망 신드롬, 즉 세상의 종말이 다가왔음을 보여주는 신호였던 것이다.

2. 사회 문제를 보여주는 좀비/아포칼립스 서사

다른 좀비 영화나 소설에서와 같이 이 소설에 등장하는 좀비는 하나의 집단으로 등장하기 때문에 "걸어 다니는 시체", "살아있는 시체", "언데드", 또는 인육을 먹는다는 의미에서 "구울", 혹은 좀비(Zombie)의 첫 철자인 "Z"나 이와 유사한 철자 "G", 혹은 이 철자를 사용해 만든 단음절 "잭"(Zack)으로 통칭된다. 하나의 집단으로서 좀비는 세상의 종말을 가져오는 아포칼립스적 존재로서 뿐만 아니라, 진실을 드러내는 아포칼립스적 존재이기도 하다. 즉 이 소설의 좀비는 세상의 종말을 가져올 수도 있는 좀비 사태에 대응하는 개인이나 국가의 반응과 태도를 통해, 인간과 사회 혹은 국가의 숨겨진 모습을 드러내는 매개체인 것이다.

좀비 바이러스의 확산과 인간의 탐욕

이 소설에서 좀비 바이러스가 어떻게 생성되었는지에 대한 원인은 분명하게 제시되지 않는다. 중국 공산주의 정부가 세균전을 위한 프로그램의 일부로 좀비 바이러스를 비밀리에 연구하던 중 좀비 바이러스가 유출되었을 가능성이 미약하게 암시되었을 뿐, 별 다른 원인을 제시하지 않기 때문이다. 하지만 좀비 바이러스가 중국에서 시작되었다는 것과 중국에서 바이러스에 감염된 사람들이 다른 나라로 도피하는 바람에 바이러스가 세계 곳곳으로 번져간 것만은 분명하다.

하지만 좀비 바이러스의 확산은 중국으로부터의 도피자들 때문만은 아니었다. 좀비 바이러스가 전 세계적으로 퍼진 데에는 "세상 사람들의 탐욕과 무슨 대가를 치루더라도 이득을 보려는 필요"(Baldwin 415)가 자리하고 있다. 이런 좀비 바이러스의 확산을 부채질한 인간의 탐욕을 잘 보여주는 경우는 불법 장기이식이었다. 불법 장기이식으로 많은 돈을 벌었던 브라질 의사 올리베이라(Oliveira)에 따르면, 장기의 출처는 "신의 도시에서 온 빈민가 아이, 중국의 정치범 수용소의 불운한 대학생" (27-28) 등 다양하였지만, 중국이 가장 많이 장기 수출을 하였고, 그 중에는 오염된 장기도 많았다고 한다. 하지만 장기이식을 원하는 돈 많은 "유럽, 아랍 세계, 심지어 정의로운 척하는 미국"(27)에서 온 사람들은 장기의 출처를 묻지 않고 많은 돈을 지불하더라도 장기 이식을 원했고, 장기가 부족한 의사들은 돈을 벌기 위해 불법으로 유통되는 장기도 마다하지 않았으며, 장기의 오염여부조차 따지지 않았다. 바로 이것이 좀비가 확산되는데 결정적인 역할을 하게 된다. 좀비 바이러스에 오염된 장기를 이식받은 사람들은 사망한 뒤, 모두 좀비로 변해 좀비의 확산이 그만큼 빨라졌기 때문이다.

좀비 (바이러스)의 은폐를 통해 드러난 국가와 사회의 문제점

1. 중국 공산주의 정권의 폐쇄성

좀비 바이러스가 전 세계적으로 확산된 데에는 불법 장기 유통이외에 좀비 (바이러스)의 존재에 대해 알면서도 여러 나라들이 국가적 차원에서 이를 은폐한 것이 큰 요인으로 작용한다. 좀비 바이러스를 조직적으로 은폐하는데 있어 최전선에 나선 나라는 좀비 바이러스의 발생지이기도한 중국이나. 공식적으로 최초의 좀비 바이러스 감염자인

신(新)다창의 12세 소년을 진찰한 광징슈는 과거 동료였으며 현재는 충칭 대학 전염병 연구소(Institute of Infectious Diseases at Chongqing University)에서 일하는 구 웬 쿠에이(Gu Wen Kuei)에게 전화를 걸어 소년의 기이한 증상을 설명하고 자문을 구한다. 하지만 쿠에이는 "로봇 같은 단조로운 목소리"(9)로 마치 연설을 연습하듯이, 혹은 대사를 읽듯이, 광징슈에게 현재 있는 곳에 가만히 있고, 소년에게 물린 사람들의 이름을 알려달라고 한다. 그리고 누구라도 혼수상태에 빠지면 창고에서 나와 출입문을 봉쇄하라고 조언한다. 광징슈가 그와의 전화를 끊은 지 채 한 시간도 안 돼, 50명이라는 대규모의 중국 비밀경찰인 공안부(Goanbu)가 몰려와 소년과 소년에게 물린 마을 사람들을 어디론가 데리고 가고, 쿠에이에게 전화를 건 광징슈 또한 체포하여 아무런 재판 없이 구금된다.

이러한 일련의 상황은 좀비 바이러스에 감염된 사람이 12세 소년이 처음이 아니란 사실을 암시한다. 소년이 무엇인가에 의해 물린 뒤 좀비가 되었다는 것은, 그 전에 이미 좀비가 존재하고 있었다는 의미이기 때문이다. 이는 광징슈의 전화를 받은 쿠에이의 반응을 통해서도 짐작할 수 있다. 쿠에이가 광징슈에게 소년을 가둔 창고의 출입문을 잠그라고 충고하고, 동시에 무기를 소지하고 있는지를 물었던 것은, 좀비의 존재와 좀비가 얼마나 위험한지 잘 알고 있단 증거이기 때문이다. 중국 당국이 좀비에 대해 발설하지 말 것을 명령하였기 때문에 쿠에이는 광징슈에게 직설적으로 말하지 못한 것뿐이다.

중국 당국이 좀비의 존재를 알고 있으며 이를 은폐하려고 한다는 사실은 공안부 사람들이 소년과 소년에게 물린 마을 사람들을 데리고 갔다는 사실에서도 짐작할 수 있다. 그들은 소년에게 물린 사람도 좀비가 된다는 것을 알고 있었던 것이다. 게다가 그들이 좀비가 된 소년에 대해 제보했던 광징슈를 아무런 이유도 대지 않고 체포, 구금하였던 것도 좀비의 정체가 사람들에게 알려질 것을 우려해서였던 것이다.

12세 소년 이전에 좀비 바이러스 감염자가 있다는 사실을 중국 정부가 알고 있었다는 것은 웜브룬(Warmbrunn)이라는 이스라엘 정보원의 증언을 통해서도 입증된다. 이스라엘로부터 입수한 암호 해독기로 중국 정보기관의 암호를 풀었던 대만 정보기관이 자신들이 해독한 암호 내용이 상식적으로 말이 안 된다며 이스라엘 정보국에 암호해독기의 문제점을 제기하지만, 웜브룬은 암호 해독기가 정상적으로 작동하였고, 중국 정보기관이 암호를 정확히 풀어냈다는 사실을 알게 된다. 단지 그 내용이 바이러스 감염자가 사망한 뒤 곧이어 되살아나 “살인적 버서커”(homicidal berzerker, 33)가 되었다는, 믿기지 않는 것이었을 뿐이었다. 즉 중국 당국은 좀비의 존재에 대해 전 세계가 알기 이전부터 이미 알고 있었고, 좀비가 인육을 먹는다는 사실까지도 파악하고 있었던 것이다.

중국 정부가 좀비 바이러스에 대해 이처럼 조직적인 은폐를 시도하는 것은 바이러스의 생성이 중국 정부의 책임일 수 있다는 의혹이 들게 한다. 좀비가 중국 정부가 시도한 세균실험과 같은 반인륜적인 행위의 결과물이라면 폐쇄적인 중국 공산주의 정부는 좀비의 발생 더 나아가 좀비라는 존재를 숨기려 하였을 것이란 것이다. 이는 미국 CIA 국장 봅 아처(Bob Archer)가 갖고 있는 의혹이기도 하다. 이 소설의 편집자와의 인터뷰에서 아처는 중국 정부가 좀비를 은밀히 소탕하기 위해 “건강과 안전”(47)을 위한 청소라는 명분을 내세우며 군대를 동원한 것이 바로 그 증거라고 암시한다. “그들이 왜 청소하고 있는 것인지에 대해 거짓말한 것뿐이요”(47).

중국 공산주의 정권의 몰락과 민주국가로의 탄생

중국 공산주의 정부의 폐쇄성은 좀비 바이러스 문제에 국한되지 않는다. 다창이라는 마을을 수몰시켰던 삼협댐의 붕괴로 중국 공산주의 정권의 부도덕성과 폐쇄성은 정점을 맞이한다. 활동 중인 단층선 위에 세워진 삼협댐은 완성되기도 전에 댐 기초 부분에 금이 갔고, 저수지의 수압 때문에 그 전에도 지진이 일어난 적이 있었기 때문이다. 즉 삼협댐의 붕괴는 예견된 인재(人災)였던 것이다. 하지만 결국 수압을 이기지 못한 삼협댐이 붕괴되면서 한꺼번에 흘러나온 10조 갤런의 물이 후안, 난징과 상하이를 휩쓸어 엄청난 인명 피해를 냈지만, 중국 정부는 이를 "예견치 못한 비극"(261), "피할 수 없는 사고"(261)라고 규정하면서 자신들의 잘못을 은폐하는데 급급하였던 것이다.

좀비 바이러스의 은폐와 삼협댐 붕괴를 통해 드러난 중국 공산주의 정권의 부패는 결국 군부대의 반란을 야기하고, 이는 내전으로 이어진다. 이에 좀비 바이러스 확산을 은폐하는 데에만 급급하였던 중국 정부에 절망하였던 핵 잠수함 함장 첸(Chen) 제독이 반란 세력과 뜻을 같이하여 대륙간 탄도미사일로 중국 정치국의 지휘 벙커를 파괴하여 내전을 종식시킨다.

내전의 종식으로 탄생한 새 중국 정부가 좀비에 대처하는 방법의 특징은 기존의 공산정권과는 달리 투명성이다. 만리장성 북쪽에 안전지대를 설정하고, 국민들에게 안전지대 바깥인 남쪽에 남은 사람들은 구할 수 없다는 사실을 솔직히 알리자, 안전지대 밖의 중국인들은 자신은 희생되더라도 후손을 지키겠다는 생각에 죽는 순간까지 만리장성을 공고히 하는데 최선을 다한다. 이를 계기로 후에 중국은 폐쇄성에서 벗어나 국민들과 소통하는, 중국 통합 연방(United Federation of China)이라는 자본주의 민주주의 국가로 재탄생하게 된다. 좀비와의 전쟁은 부도덕하고 폐쇄적인 중국 공산주의 정권의 치명적 문제점을 드러냄으로써 중국을 민주국가로 재탄생하게 하였던 것이다.

2. 관료주의의 한계와 비효율성

많은 국가들은 공포가 확산되는 것을 방지하기 위해 좀비 바이러스를 숨기려하였지만, 정작 해결책은 마련하지 못해 좀비 바이러스의 확산은 가속화되었다. 이는 실질적인 측면은 도외시한 채, 책상에 앉아 이론적으로만 정책결정을 하는 관료주의의 한계와 비효율성을 드러내는데, 관료주의의 이런 문제점은 좀비라는 재앙에 적절히 대처하지 못하는 많은 나라에서 엿보인다.

좀비가 언제 처음 발생하였는가는 알아내기 쉽지 않다. 하지만 남아프리카 케이프타운(Cape Town)에서 좀비의 출몰이 공개적으로 인정되었던 때보다 이전이었다는 것은 분명하다. 맥도날드가 키르기스스탄에서 좀비를 목격한 때도 이 시기보다 이전이었기 때문이다. 하지만 캐나다 정부 또한 좀비에 대한 맥도날드의 보고를 의도적으로 묵살하며, 맥도날드가 "알려지지 않는 화학약품"(21)에 노출되어 정신 착란을 일으켜 헛것을 보았다는 결론을 내린다.

좀비와 좀비 바이러스에 대한 은폐는 브라질에서도 벌어진다. 중국에서 들여온 오염된 심장을 이식받은 뮐러(Muller)라는 사람이 사망 후 좀비로 되살아나, 자신의 심장이식 수술을 한 실바 박사(Silva)를 죽이고, 살을 뜯어 먹는 것을 목격한 올리베이라는 실바 박사의 조수는 총으로 뮐러를 죽이고 이 사실을 보고하지만, 병원을 찾아온 정부 당국은 어떤 광인이 병원으로 들어와 뮐러와 실바 박사를 죽인 것으로 조서를 꾸민 뒤, 병원 스태프들에게 이를 부인하는 말을 하지 말도록 엄중 경고를 한다. 브라질 당국도 좀비에 대해 이미 알고 있었지만 문제를 해결할 방안을 모색하는 대신 이를 은폐하는 데에만 급급했던 것이다.

좀비 바이러스의 은폐는 미국에서 보다 더 조직적으로 이루어진다. 공식적으로 좀비의 존재가 세계에 알려지지 않던 시기에, 미국은 중국이 좀비의 존재를 은폐하면서 좀비를 소탕하려는 노력을 기울이고 있다는 것을 알면서도 이를 묵과한다. 과거 좀비의 존재에 대해 어렴풋이 알게 되었던 현 CIA국장 아처는 좀비에 대해 수차례 동료들에게 이야기를 꺼냈지만 동료들은 좀비를 거론하는 자체가 해임될 수 사유라며 더 이상 이야기를 하지 못하게 한다. 하지만 답답함을 느끼던 아처가 "권한을 가진 누군가"(49)에게 자신의 의구심을 전하자, 바로 다음날 부에노스아이레스로 전보발령난다. 좀비에 관해 미국 CIA은 이미 알고 있었고 조직적으로 이를 은폐하려 했던 것이다.

좀비에 대한 미국의 조직적인 은폐는 다방면에서 드러난다. 좀비들이 처음으로 출몰했다고 공식적으로 보고된 지역이 남아프리카의 케이프타운이란 점과 좀비들이 미친 짐승처럼 행동한다는 사실을 근거로, 좀비 바이러스에 의한 병을 "아프리카 광견병"(African rabies)으로 많은 사람들이 오인하지만, 좀비 바이러스의 진원지는 중국이며, 좀비 바이러스는 광견병과 무관하다는 사실을 알고 있던 미국 정부는 좀비 바이러스의 실체가 불러올 공포 때문에 이를 바로잡지 않는다.

여기서 더 나아가 브레킨리지 브렉 스콧(Brekenridge "Breck" Scott)이란 인물이 자신이 만든 광견병 백신 팔랭스(Phalanx)가 좀비 바이러스에 의한 감염을 예방할 수 있는 것처럼 허위 사실을 퍼트렸지만, 미 식약청은 그것이 광견병이 아니란 사실을 알면서도 백신 제조허가를 내

주어, 스콧이 엄청난 이윤을 챙기는 것을 방조한다. 스콧의 이러한 거짓말에 미국 정부도 가세한다. 전직 백악관 스태프 글로버 칼슨(Grover Carlson)의 고백처럼, 팔랭스가 "사람들을 진정시켜 우리들이 일을 하도록 했다"(60)는 이유에서, 스콧의 팔랭스가 좀비 바이러스의 확산을 저지하거나 막는데 아무 효과 없다는 사실을 밝히지 않았던 것이다.

좀비 바이러스의 은폐는 미국 정부만이 주도한 것이 아니었다. 대기업이 소유하고 있던 미국 언론기관도 좀비의 정체가 드러날 경우 경제공항이 일어나 자신들이 소유한 기업의 주가가 떨어질 것을 염려해, 좀비 바이러스에 대한 공식적 발표가 있기 1 년 전에 이미 좀비에 대해 알고 있었지만 이를 은폐하였던 것이다, 이렇듯 좀비에 관한 은폐는 이해관계에 따라 전 세계적으로 또한 사회 각 분야에서 자행되고 있었으며, 이로 인해 좀비 바이러스는 아무런 제지를 받지 않고 확산될 수 있었던 것이다. 관료주의의 한계와 이해관계, 그리고 비효율성이 좀비 바이러스가 전 세계로 확산시킨 것이다.

좀비와의 전쟁을 통해 드러난 현 사회의 문제점

1. 최첨단 무기의 비효율성과 재래식 무기의 우월성

용커스에 출몰한 좀비들을 소탕하기 위해 미 정부는 미 병력의 반을 투입한다. 군인들은 좀비를 살상하기 위해 "강철 비"(steel rain, 96)를 쏟아내는 로켓을 발사하여 좀비들의 내장과 살점을 파괴하였고, 팔라딘(Paladin, 97)이란 고성능 폭탄을 사용하여 좀비 몸속에 흐르는 액체를 터지게 하였지만 아무 소용이 없었다. 좀비의 몸속에 있는 것은 피가 아니라 젤 형태의 액체이기 때문에 팔라딘은 아무 소용없었던 것이다. “까맣게 불에 탔고 여전히 연기가 나지만 여전히 물려고 하는 머리 달린 (좀비의) 상체”(102)가 증명하듯, 살점이 다 떨어져나가도 두뇌만 온전하면 좀비는 공격을 멈추지 않았기 때문이다.

최첨단 무기가 소용없자, 과학자들은 급기야 “노란 재킷 프로젝트”(Project Yellow Jacket)에 따라, 위성으로 조종하여 좀비의 두뇌를 공격하는 최신식 무기 “마이크로 미사일”(micro missile)을 개발했지만, 이 또한 아무 효과가 없었다. 결국 좀비와의 싸움에 가장 효율적인 무기로 판명된 것은 재래식 AK 소총을 개조하여 만든, 생산이 용이하고 고장이 나지 않으며 정확도가 높은 “표준 분대 소총”(Standard Infantry Rifle)과 병사들이 “로보토마이저”(Lobotomizer) 혹은 “로보”(Lobo)라고 부르는, 삽과 양날이 달인 전쟁용 도끼를 결합하여 만든 원시적인 무기였다. 더욱 흥미로운 사실은 로보를 만든 사람은 해병 대원이었다는 점이다. 실리콘 밸리의 과학자들이 만든 이론적인 무기보다 실전에 참여하는 병사들이 원시적으로 보일지 모르지만, 더 효율적이며 실용적인 무기를 만들 수 있었던 것이다.

2. 현대 전술의 무력함과 재래식 전술의 효율성

용커스에서의 좀비 진압에 미군이 실패한 데에는 전술적인 문제도 있었다. 당시 사건을 증언한 토드 와이니오는 당시 미군이 사용했던 전술은 좀비에게 충격과 공포를 주어 싸움을 포기하게 하는 것이었다고 한다. 하지만 이러한 전략은 2차 걸프 전쟁과 같은 일반 전쟁에서는 효과가 있는 것으로 입증되었지만, 좀비와의 전쟁에서는 전혀 통하지 않았다고 한다. 좀비는 생물학적으로 충격을 받지도 공포를 느낄 수도 없기 때문이라는 것이다. 오히려 충격과 공포를 느낀 쪽은 좀비와 전쟁을 벌인 군인들이었다고 한다. "우리가 잭(좀비를 지칭)에게 충격과 공포를 줄 수 없었단 사실이 바로 부메랑이 되어 우리에게 돌아와, 실제로 잭이 우리에게 충격과 공포를 느끼게 하였소! 그들은 두려워하지 않았소! 우리가 무엇을 하던, 우리가 아무리 많이 죽이든, 그들은 결코 두려워하지 않았소!"(104). 처음부터 비효율적인 무기와 잘못된 전략을 세운 용커스 전투에서 미군은 패배할 수밖에 없었던 것이다.

재래식 전술이 좀비와의 전쟁에서 오히려 효율적이라는 사실은 용커스 전투에서 실패를 맛본 미군이 새로이 채택한 재래식 전술과 다른 여러 나라에서 진가가 발휘된 재래식 전투 전략이 입증했다. 미군은 과거에 전쟁할 때처럼 실전군과 예비군으로 나누어 일렬로 집결한 뒤, 앞 행렬의 부대가 무기를 재장전할 동안 사격이 중단되지 않도록 뒤에 있는 예비군이 총을 쏘는 방식을 선택하여 많은 효과를 본다. 이런 재래식 전략의 효율성은 보병방진 (Infantry Square)에서도 나타난다. 좀비를 킬존(kill zones)으로 유인한 뒤 보병방진을 이루어 좀비를 공격하면 효율적이었기 때문이다.

미국은 이런 전술을 통해 3년 만에 미전역을 되찾는데 성공하였고, 이 전술을 사용하여 캐나다와 멕시코가 그들의 영토를 되찾는 것을 도와준다. 재래식 무기와 전술이 좀비와의 전쟁에 효율적이라는 사실은 다른 나라의 전쟁 사례에서도 나타난다. 남아메리카 인디언, 남아프리카의 줄루(Zulu)족, 뉴질랜드의 마오리(Māori)족들은 원시적 전략을 사용하여 좀비와의 전쟁을 성공적으로 수행할 수 있었다. 실례로 500명의 뉴질랜드 마오리 족은 원 트리 힐(One tree hill)이라는 오클랜드(Auckland) 외곽지대에서 오클랜드에 출몰한 좀비의 반 이상을 전통적인 종족 무기와 전술을 사용해 제압하였기 때문이다.

좀비 전쟁을 통해 드러난 국가, 사회 체제의 문제

1. 자본주의의 문제점

비실용성

좀비 출몰 후, 미국에 신설된 전략적 자원부(Dept of Strategic Resources) 국장 아서 싱클레어 주니어(Arthur Sinclair Junior)는 국가가 필요로 하는 사람들은 "현재 위기 상황에 전적으로 부적합한"(138) 중역, 분석가, 고문 같은 사람들이 아니라, 실질적으로 무엇을 만들고 활용할 수 있는 기술을 가진 "목수, 벽돌공, 기계제작 기술자, 총기 제작자"(138)들이라고 말한다. 여기서 더 나아가 싱클레어는 회사 중역이나 대표 같은 사람은 생존에 필요한 기술이 없다며, 목수나 기계공들로 하여금 이들을 재훈련시킨다. 아마드(Ahmad)의 지적처럼 좀비와의 전쟁 후 "제작기술이 가장 중요시됨에 따라 계급이 역전된 것이다"(Ahmad, *Generation Zombie* 136).

실용성을 기반으로 한 계급의 역전은 인적 자원으로서의 가치가 부상한 미국 이민 1세대들의 사회적 신분상승으로 이어진다. 싱클레어에 따르면 이민 1세대들은 "스스로를 돌보는 법을 알고 있는 사람들이며, 아주 적은 것을 가지고 살아남는 법과 가진 것을 가지고 일하는 법을 아는 사람들이다. 이들은 뒷마당에 작은 정원을 가꾸고, 자신의 집을 수리하며, 가전제품을 기계적으로 가능한 한 오래 작동시킬 수 있는 사람들이다"(140). 따라서 생존기술이 없는 과거의 상류층들은 과거에 자신들이 고용하였던 날품팔이 노동자들로부터 생존에 필요한 실용적인 기술을 배워야 하는 상황에 이른 것이다. 싱클레어의 말처럼, "갑자기 그 날품팔이 노동자들이 당신들 선생이며, 심지어 당신들의 보스가 될 수 있는 것이다"(140).

이처럼 뒤바뀐 신분에 분노하는 과거 화이트칼라 계층이나 상류층 사람들도 있지만, 대부분의 사람들은 노동을 통해 얻게 된 기쁨에 만족하게 되었다고 싱클레어는 말한다. 좀비와의 전쟁 후, 굴뚝 청소부가 된 과거 광고회사 직원은 자신이 사람들을 따뜻하게 해 준 것에 대해 자부심을 느꼈고, 신발 만드는 일을 하게 된 사람들은 자신이 만든 신발을 자랑스럽게 생각하게 되었다는 것이다. 싱클레어는 노동의 가치를 깨닫게 한 재앙에 대해 이렇게 평가한다. "그것은 사람들에게 자신들의 노동의 결실을 볼 기회를 주었소. 자신들이 [좀비와의 전쟁에 대한] 승리에 명확하고 구체적인 공헌을 했다는 것을 아는 것은, 그들에게 개인적인 자부심을 심어 주었소"(141). 이런 점에서 이 소설은 비실용적이며 위기 상황에서 아무런 역할을 하지 못하는 화이트칼라 계층의 문제점을 드러내며, 실질적이고 생산적인 노동의 가치를 역설함으로써 자본주의 사회의 한계를 말하고 있는 것이다.

자본주의의 탐욕

자본주의의 문제점은 단순히 비실용적이고 비생산적이라는 점에만 그치지 않는다. 자본에 대한 욕망을 부추기는 자본주의가 좀비 바이러스에 대한 실질적인 대처를 막았고, 더 나아가 사람들을 기만하여 자신의 이득을 챙기도록 하였기 때문이다. 그것은 좀비 바이러스를 자신의 상업적 이익에 활용한 브렉 스콧의 경우에 잘 드러난다.

돈 벌이에만 관심 있는 전형적인 자본가 스콧은 두려움이 "세상에서 가장 가치 있는 상품"(55)이라는 자신의 철학을 이렇게 역설한다. "나이 드는 것에 대한 두려움, 외로움에 대한 두려움, 가난에 대한 두려움, 실패에 대한 두려움. 두려움은 우리가 갖고 있는 가장 기본적 감정이요. 두려움은 근본적인 것이요. 두려움은 팔린단 말이요"(55). 따라서 좀비 바이러스가 아프리카 광견병으로 호도되자, 스콧은 그것이 광견병이 아니라는 것을 알면서도 이를 "평생의 기회"(55)로 여기며, 광견병 백신을 만들어 아프리카 광견병, 정확히 말해, 좀비 바이러스에 감염되는 것을 예방할 수 있다고 광고한다. 좀비 바이러스에 대한 치료약이 있다면 사람들은 감염되었을 때에만 약을 사겠지만, 치료약이 없기 때문에 병을 예방해 줄 백신을 모두 살 거라는 생각에서였다.

그의 예상대로 많은 사람들이 좀비 바이러스와는 아무 상관없는 광견병 백신을 사 엄청난 돈을 벌었지만, 그는 사람들의 두려움에 편승해 아무 효과 없는 백신을 판 것에 대해 아무런 양심의 가책도 느끼지 않는다. 재앙을 이윤 추구의 기회로 삼는 건 현명한 것이지 비난받을 일은 아니라고 생각하기 때문이다. "나는 내 꿈을 쫓았고 내 몫을 얻은 것이요"(58). 여기서 더 나아가 스콧은 재앙, 보다 구체적으로 재앙에 대한 공포를 이용해, 돈벌이를 한 사람은 자신만이 아니라고 주장한다. 자신이 만든 가짜 백신 팔랭스를 이용해 많은 사람들이 이권을 챙겼다는 것이다. "우리는 그것[팔랭스]이 처방약이 되도록 하여 [처방약이 안 되면] 의사들도 우리처럼 잃을 것이 많도록 하였소. 누가 또 있지? 이걸 통과시킨 식약청? 식약청의 승인을 받도록 투표한 의원들? 공중 위생국장? 백악관? 이것은 쌍방이 이기는 게임이었소! 모두 영웅이 되었고, 모두 돈을 벌었소." (57)

스콧의 말은 자신이 만든 가짜 백신을 유통시킬 수 있었던 데에는,

이 재앙을 통해 자신의 이득을 챙기려는 사람들의 탐욕 덕분이었다는 것이다. 이런 점에서 좀비는 자본주의 하의 인간의 탐욕을 드러내는 매개체이며, 좀비 서사는 탐욕스런 "대규모 세계 자본주의"(Tenga, *Written Dead* 11)의 비판 서사인 것이다.

2. 국가 간의 내재된 균열

좀비 바이러스가 확산되기 시작했던 초기 단계에 산으로 둘러싸인 지형 덕분에 이란은 상대적으로 좀비 바이러스로부터 안전했다. 하지만 감염된 수천 명의 인도와 파키스탄 피난민들이 파키스탄과 국경을 하고 있는 발루치스탄(Baluchistan)으로 넘어와 이란의 국경 방어에 문제가 생기게 된다. 다급해진 이란은 파키스탄에 자국민들과 감염된 인도인들이 이란으로 넘어오지 못하게 막아달라는 요청을 했으나, 그 요청은 파키스탄 지도부에 제대로 전달되지 않는다. 결국 이란은 파키스탄인과 인도인들의 자국 유입을 막기 위해, 파키스탄과 이란 국경을 잇는 다리를 폭파하였고, 파키스탄은 이에 대한 보복으로 이란의 국경 초소를 파괴한다.

하지만 상황은 여기서 끝나지 않는다. 핫라인도 없고, "외교 채널"(91)도 없는 상태에서 파키스탄은 이란이 서 파키스탄과 연합하여 파키스탄을 점령하기 위해 이런 행동을 저질렀다고 오해하여, 급기야 두 나라는 서로에게 핵공격을 퍼부어, 서로에게 엄청난 사상자를 낳게 한다. 아이러니컬한 것은 이란이 핵을 개발하도록 파키스탄이 재료와 기술을 전수하였단 사실이며, 이슬람 국가인 파키스탄이 핵무기를 사용하게 된다면, 그것은 파키스탄과 늘 갈등을 겪어 왔던 힌두교 국가인 인도가 될 거라고 모두 생각하였단 사실이다. 파키스탄과 이란은 "무슬림 형제국"(92)으로서 남다른 동맹을 과시하였지만, 좀비의 출몰과 소통의 부재로 인해 서로를 핵무기로 파멸시켰던 것이다. 무슬림 국가로서의 양국 관계의 취약성과 두 나라 사이의 보이지 않던 내재된 균열이 좀비로 인해 드러났던 것이다.

3. 사회에 내재한 차별과 불평등

좀비와의 전쟁에서 각 나라가 선택한 전략은 좀비와의 전쟁에서 나라를 구한 "구원자"(105)로 존경받기도 하고, "괴물"이라고 비난받기도 하는 폴 레데커(Paul Redeker)가 만든 소위 "레데커 플랜"(Redeker plan)이다. 레데커는 과거 남아프리카의 반인종격리 정책을 추진하던 아파르트헤이트(Apartheid) 정부로부터 아프리카 원주민을 효율적으로 통치하고, 그들의 폭동을 막을 수 있는 계획안을 수립해달라는 요청에 따라, 기존의 인종차별주의 플랜이었던 "오렌지 플랜"(Plan Orange 106)을 수정해 새로운 안을 마련해 준 바 있다. 그가 만든 계획안은 아프리카 원주민을 통치하는데 효율적이었지만 너무나도 차별적이고 비인간적이어서, 아파르트헤이트 정권의 붕괴 이후 그는 많은 사람들의 증오의 대상이 되었다.

하지만 좀비의 전 세계적인 확산으로 대공포가 시작되자, 아파르트헤이트 이후 세워진 새 남아프리카 정부는 레데커를 찾아가 생존 계획을 만들어 달라고 요청한다. 이에 정부에서 자신을 찾아올 것이라고 예견했던 레데커는 미리 준비한 플랜의 초안을 대통령 각의에 제출한다.

레데커 플랜은 인간적인 요소, 특히 인산에 대한 동정심 같은 것은 철저히 배격하고 오직 실용적인 면만을 고려한 계획안이다. "모든 사람들을 구할 방법은 없다"는 냉혹한 사실에서 출발하는 레데커 플랜의 골자는 구할 사람을 선별한 다음, 산이나 강 혹은 바다와 같은 천연 장애물의 도움을 받을 수 있는 지역에 설정한 "안전지대"(safe zones) 안에 이들을 머물게 한 뒤, 이들의 안전을 확보하기 위해 안전구역 밖에 있는 사람들은 좀비들에게 의도적으로 노출시킨다는 것이다. 즉 안전지대 밖에 있는 사람들을 "인간 미끼"(109)로 삼아 좀비들이 안전지대 안에 있는 사람들에게 관심 갖지 못하게 함으로써, 안전지대 사람들만 보호한다는 것이 레데커 플랜의 골자였던 것이다. 심지어 이 계획안에는 가짜 안전지대를 설정하고 이곳에 있는 사람들의 안전을 보장하는 척하면서 실제로는 좀비를 유인하는 미끼로 이용하는 안도 포함되어 있었다.

레데커 플랜의 잔인성에 남아프리카 대통령을 위시한 많은 각료들이 이 계획안에 반대한다. 하지만 레데커를 호출했던 넬슨 만델라(Nelson Mandela)는 레데커 플랜이 국가와 국민을 구할 유일한 방법이라며 레데커의 안을 지지하여, 결국 남아프리카 정부는 레데커 플랜을 좀비와의 전쟁에 채택하기로 결정하였고, 대다수의 다른 나라들도 레데커 플랜이 실제적이며 효율적이라는 점을 인정하여 약간의 변형을 거쳐 이 안을 채택한다.

레데커 플랜의 잔인성은 이를 실행에 옮기는 과정에서 여실히 드러난다. 함부르크(Hamburg)에서 민간인들을 공격하는 좀비와 전쟁을 벌였던 독일군 장교 필립 아들러(Philip Adler)는 민간인들에게 알리지 않은 채, 군인들을 다른 곳으로 철수시키라는 명령을 받는다. 독일 정부는 함부르크에 있는 민간인들을 좀비의 미끼로 삼으려 하였던 것이다. 철수 명령과 양심사이에서 고민하던 아들러는 결국 겁에 질린 부하 장병들을 보고 은밀하게 철수하였고, 아들러에게 철수 명령을 내린 랑(Lang) 장군은 권총 자살을 한다. 레데커 플랜에 따라 어쩔 수 없이 민간인들을 좀비의 희생물로 삼아야 했지만 양심의 가책으로 견딜 수 없었던 것이다.

레데커 플랜의 냉혹함은 우크라이나(Ukraine)의 군 장교로 좀비 전쟁에 참여했던 보흐단 콘드라티욱(Bohdan Taras Kondratiuk)의 증언을 통해 보다 생생하게 전해진다. 콘드라티욱은 군 당국의 명령에 따라 새로운 안전지대, 정확히 말해 가짜 안전지대인 우크라이나의 수도 키예프(Kiev)로 병력을 이동한다. 이곳에서 그의 부대가 맡은 임무는 패토나 다리(patona bridge)를 건너려는 사람들을 감염자와 비감염자로 구분해 감염자는 제거하고 비감염자는 통과시키는 것이었다. 하지만 군 당국은 감염자를 구분할 수 있는 군견을 제공하지도 않아 사실상 이 임무는 수행이 불가능한 것이었다. 군 당국이 이런 불가능한 임무를 맡긴 이유는 이곳에 있는 민간인들을 포함하여 군인들 모두를 제거하기 위해서였던 것이다.

이는 군 당국이 패토나 다리를 건너려는 사람들과 이곳에 대기하고 있는 군인들을 모두 살상할 수 있는 포탄을 투하하고 패토나 다리 자체도 폭파하려 하였다는 사실을 통해 드러난다. 군 당국이 패토나 다리에 터트린 RVX 라는 살상 무기는 눈과 폐와 같은 인체의 기공에 침투하여 신체를 손상시키고 신경조직을 망가뜨리기 때문에 사람에게만 살상효과가 있을 뿐, 좀비에게는 아무런 영향을 미치지 못하는 것이기 때문이었다. 군 당국은 레데커 플랜에 따라 키예프에 있는 민간인과 군인들 모두를, 감염되었건 아니건 간에, 죽이려하였던 것이다. 감염자와 비감염자를 구분하기 불가능하였고, 전선에 피난민들이 세균을 퍼트릴 가능성을 원천적으로 차단하기 위해서였던 것이다. 콘드라티욱도 후에 이런 사실을 깨닫게 된다. "어떻게 효율적으로 감염자와 다른 사람들을 분류할 수 있겠소? 어떻게 피난민들이 전선에 세균을 퍼트리는 것을 막을 수 있겠소?"(120).

레데커 플랜의 효율성과 실용성은 그 안이 내포하고 있는 차별성과 잔인성에 의해 확보된다. 이런 점에서 좀비와의 전쟁이 끝난 뒤, 레데커는 나라를 구한 영웅으로 칭송받기도 하지만, 죄 없는 사람들을 희생시킨 "악마"라고 비난받게 되는 것이다. 이러한 사실은 사회 혹은 국가를 유지하는데 있어 선택받는 자, 즉 특권층이 존재할 수밖에 없고, 나머지 사람들은 특권층을 위해 희생될 수밖에 없다는 현실을 보여준다. 즉 모든 나라들이 레데커 플랜을 채택하였고, 이 계획안이 궁극적으로 성공하였다는 것은 사회는 특권층을 위해, 혹은 특권층을 중심으로 구조화 될 수밖에 없다는 사실을 보여주는 것이다. 아포칼립스 서사로서의 좀비 서사는 바로 사회의 이러한 근원적 구조를 드러내고 있는 것이다.

좀비와의 전쟁을 통해 드러난 국가의 본질

레데커 플랜은 좀비와의 전쟁에서 대부분의 국가들이 채택한 전략이지만, 좀비와의 전쟁 중 혹은 전쟁이 끝난 뒤, 자국민을 통제하는 방식은 국가마다 다르다. 위기 상황에서 사람의 본 모습이 드러나듯, 좀비와의 전쟁은 전쟁에 임하는 각 나라의 본 모습을 드러낸다. 특히 감추어져왔던, 혹은 잠재되어있던 전체주의 국가로서의 러시아의 모습은 좀비 대전을 통해 확연하게 드러난다.

러시아의 전체주의

대공포가 시작되자 러시아 당국은 좀비의 존재에 대해 알리지 않은 채, 군인들을 러시아 변방에 투입하여 좀비 제거 작전을 수행하도록 한다. 하지만 자신들이 좀비 제거 작전에 투입되었다는 사실을 나중에 알게 된 군인들이 고향으로 돌아가 자신의 가족을 지키겠다며 반란을 일으키려 하자, 러시아 군 당국은 특수부대(Spetznaz)를 투입하여 이들을 진압한다. 하지만 연이어 군인들의 반란이 여기저기서 이어지자 러시아 당국은 극약 처방을 내린다. 고대 로마에서 반란죄에 대한 처벌로 10명 중 1명을 골라 처형했던 데시메이션(decimation)을 군인들에게 시행했던 것이다.

군 당국은 군인들을 10명씩 짝을 지어 그 중 누구를 처형할지 투표를 하여 정한 뒤, 나머지 군인들이 돌로 직접 처형하도록 하였다. 죽음에 대한 공포와 동료를 죽였다는 죄의식을 통해 러시아 정부는 군인들을 통제하고 일사불란한 집단으로 만든 것이다. 군인들은 더 이상 선택권과 자유를 가진 인간이 아니라, 명령에 무조건 복종하는 것 이외에는 아무런 생각이나 사고를 하지 못하는 좀비와 같이 된 것이다. 좀비와의 싸움에선 아무런 사고도 하지 못하는 좀비가 되어야 전쟁에서 이길 수 있다고 러시아 당국은 생각했던 것이다.

러시아의 자국민에 대한 통제는 군인에게만 해당되는 것은 아니었다. 세르게이 리즈코프(Sergei Ryzhkov) 신부의 증언에 따르면 좀비에게 물렸을 경우 서구세계처럼 자살약이 없던 러시아 병사들은 총으로 자신의 머리를 쏘아 자살하는 것 밖에는 달리 방법이 없었다고 한다. 뇌가 파괴되면 좀비로 부활하지 않기 때문이다. 하지만 기독교에서 자살은 죄악이기 때문에, 리즈코프 신부는 감염된 병사의 목숨을 대신 거두는 일, 즉 안락사를 행하게 된다. 신의 종복으로서 사신은 "감염된 신체에 갇힌 영혼을 해방시켜 주는 십자가를 짊어지어야 하는 유일한 사람"(297)이라고 믿었기 때문이다. 러시아 정부는 리즈코프 신부의 안락사를 "마지막 정화"(297)라고 미화하며 다른 신부들의 동참을 이끌어, 러시아 신부들은 좀비 바이러스에 감염된 사람들을 제거하는데 앞장서게 된다.

리즈코프 신부는 이 일을 계기로 러시아가 "신앙의 나라"(297)가 되었다며 만족해 하지만 신부를 인터뷰한 화자는 러시아 대통령이 스스로를 러시아 종교의 수장이라고 선언하였다는 사실을 상기시키면서, 러시아 정부가 감염자들을 정화시킨다는 명분하에 신부들에게 병사들을 죽이는 일을 맡긴 것은 아닌지 되묻는다. 러시아 정부가 종교를 정치적으로 이용하여 신부들을 일종의 "처형단"(297)으로 만들었음을 지적한 것이다.

좀비와의 전쟁을 통해 드러난 러시아의 이러한 전제적 지배 방식은 좀비와의 전쟁이 끝난 뒤에도 드러난다. 좀비와의 전쟁으로 인구가 급속도로 감소한 러시아는 인구 부양 정책을 써야 했다. 하지만 전쟁의 여파로 임신 가능한 여성이 많지 않자, 러시아 정부는 아이를 많이 낳는 것은 애국하는 길이란 논리를 피며, 임신 가능한 여성을 국가적 차원의 임신 프로그램에 참여시킨다. 즉, 프로그램에 참여한 여성들을 일종의 "번식용 암말"로 삼았던 것이다.

이 프로그램에 참여한 마리아 쥬가노바(Maria Zhuganova)라는 러시아 여성은 여덟 번째 출산을 앞두고 있었는데, 그녀는 자신의 아이의 아버지가 누군지 모르며 누구인지 알 필요도 없다고 말해 자신이 강간당했음을 시사한다. 러시아 정부는 애국이란 미명하에 여성들이 자발적으로 자신의 신체를 유린당하도록 유도하였던 것이다. 화자와 인터뷰를 갖고 있던 쥬가노바 역시 이러한 사실을 알고 있다. 화자와 갖고 있는 인터뷰도 감시당하고 있다는 것을 알고 있던 그녀는 이 인터뷰 자체도 러시아 정부가 의도한 것이라며, 한쪽 방향에서만 보이는 거울을 향해 손가락으로 외설적인 제스처를 한 뒤 좀비와의 전쟁으로 러시아가 본래의 모습, 즉 전체주의 국가로 돌아가게 되었다고 말한다. "전쟁은 우리를 우리의 뿌리로 가게 했어요. 러시아인이 된다는 것이 어떤 의미인지 상기하게 해 주었어요"(331). 좀비가 사회의 본질을 깨닫게 해주듯이, 좀비와의 전쟁으로 러시아도 본래의 모습으로 돌아간 것이다.

인간의 죄악에 대한 징벌로서의 상징과 죄악 그 자체의 상징으로서의 좀비

역병 서사로서의 좀비는 인간에 대한 징벌의 서사이기도 한다. 역병이 인간의 잘못을 심판하는 중세 시대의 메타포라면 좀비는 인간의 잘못을 벌하는 현대의 메타포다. 이는 좀비 바이러스의 출현과 확산이 근원적으로 인간 혹은 인간 사회의 잘못에 기인한다는 사실을 말해주고 있다. 동시에 좀비의 출현으로 야기된 현상 또한 인간이 저지른 죄악의 산물이다. 즉 좀비는 인간의 죄악이 낳은 결과물이며, 동시에 인간의 죄악 그 자체를 보여주는 체현인 것이다.

좀비와의 전쟁이 일으킨 치명적인 결과는 환경의 파괴다. 대공포가 벌어지는 동안 우주에서 지구를 바라본 "국제 우주 정거장의 호주 사령관"(Australian commander of the International Space Station) 테리 녹스(Terry Knox)는 지구에서 벌어지는 "거대한 환경 파괴"(260)의 현장을 이렇게 증언한다. "매일, 매일 밤, 전 지구가 불타고 있는 것처럼 보였다. 우리는 재의 수치를 계산하기 시작할 수조차 없었다. 하지만 미국과 전 소비엣 연방과의 낮은 단계의 핵전쟁에 상응하는 수치일 거라고 예측했다. 이것은 이란과 파키스탄 간에 실제로 벌어진 핵전쟁을 포함하지 않은 것이었다"(260).

지구를 덮은 재가 태양빛을 막아 지구의 일부분은 급격하게 식었고, 많은 자원이 재에 의해 오염되었으며, 지상의 "공기는 오물, 화학약품, 썩어가는 살로 독성을 띠었다"(311). 하지만 지구를 오염시키는 것은 재나 먼지, 오물, 화학 약품 뿐만이 아니었다. 사람들이 마구 버린 쓰레기가 지상뿐만 아니라 바다까지도 오염시켰던 것이다. 특히 좀비를 피해 달아나는 사람들을 더 많이 싣기 위해, 배 위에 있던 온갖 짐들을 바다로 버리는 바람에, 바다는 소파, 토스터기, 수많은 옷, 티브이, 에어컨뿐만 아니라, 심지어 "가라앉은 배와 차, 비행기, 그리고 상상할 수 있는 온갖 쓰레기"(305) 등으로 뒤덮인다.

하지만 이런 것보다 더 공포스러운 오염원은 바로 이러한 오염을 불러온 좀비 자체다. 바다 속에는 익사한 엄청난 수의 사람들이 좀비로 변했고, 심지어 가라앉은 배 안에서 사망한 사람들도 좀비로 변해, 대략 2천 5백 명의 좀비가 해저를 걸어 다니고 있다고 추정된다. 하지만 오염원으로서의 좀비는 바다 속에만 있는 것은 아니었다. 파리 지하의 좀비를 소탕하는 일에 투입되었던 프랑스 병사의 증언에 따르면, 좀비를 피해 지하 카타콤에 숨었던 사람들도 결국 좀비가 되었고, 이런 좀비를 제거하려고 지하로 내려간 군인들 상당수도 좀비가 되었기 때문이다. 즉 밖으로 나오지 못하여 보이진 않지만, 지하에도 엄청난 수의 좀비가 여전히 살아 움직이고 있는 것이다.

좀비로 인한 환경의 파괴는 생태계의 파괴로 이어진다. 마이클 최(Michael Choi)에 따르면 소리 에너지 전달력이 좋은 바다에 터트린 폭탄으로 인해 고래들은 청력을 상실하였고, 이로 인해 온갖 종류의 고래들이 멸종했다고 한다. 거대한 몸의 캘리포니아 귀신고래(Gray whale)와 대왕고래(blue), 긴 수염고래(finback), 혹등고래(humpback), 긴 수염고래(right)는 모두 멸종했다고 한다. 벨루가(beluga)와 일각(一角)고래(narwhal)는 아직 생존한 것들이 있지만 개체 수가 워낙 적어 종의 생존은 위태롭다고 한다. 범고래(orcas)도 아직 살아남은 것들이 있지만 바다가 너무 많이 오염되어 앞으로도 살아남을 수 있을지는 미지수라고 한다. 이는 고래들만의 문제가 아니었다. 많은 사람들이 좀비를 피해 섬으로 달아나는 바람에 상당수 어종들이 사라지게 되었고, 천천히 움직이는 바다거북 같은 종은 완전히 사라졌다고 한다.

이런 점에서 좀비는 "생태학적인 보복자"(Lauro, *Better Off Dead* 235)이자 "환경을 파괴한 인간에 대한 보복"(Lauro, *Generation Zombie* 55)이다. 하지만 인간이 변하여 된 좀비가 인간 죄악 그 자체를 보여준다는 점에서 볼 때, 재앙을 불러온 좀비는 바로 인간이 일으킨 재앙 그 자체의 상징으로 볼 수 있다. 즉 재앙의 원인과 결과를 동시에 체현하는 좀비는 죄악에 대한 징벌이자 죄악 그 자체의 상징인 것이다. 이런 점에서 인간이 저지른 죄악에 대한 징벌로서의 좀비는 징벌을 받은 인간의 모습의 상징이다. 좀비 서사가 종말서사이면서 "사회 풍자의 완벽한 매개체"(Poole 216)가 되는 것은 이 때문이다.

언데드의 영원한 귀환

좀비와의 전쟁이 끝났다고 선포되었지만 좀비와의 전쟁은 영원히 끝날 수 없는 전쟁이다. 보이지 않는 곳에서 여전히 존재하고 있는 좀비는 언제든 수면위로 떠오를 수 있기 때문이다. 미국의 부통령이 인정했듯이 “산맥, 설선이 있는 섬, 해저, 아이슬란드”(32) 뿐만 아니라, 캐나다 북부와 파리의 카타콤 같은 지하에는 아직도 좀비들이 많이 남아 있고, 이들은 지하나 바다 속에서 나와 언제든 지상으로 올라올 수 있기 때문이다. 좀비와의 전쟁은 잠시 소강상태이지만 전쟁은 여전히 계속되고 있고, 또 언제 강력하게 좀비가 득세하게 될지 아무도 모른다. 숨겨진 진실로서 혹은 숨겨진 우리의 자화상으로서의 좀비는 언제든지 지상으로 회귀할 수 있기 때문이다.

좀비를 영원히 제거할 수 없는 이유는 여기에 있다. 우리를 위협하는 좀비는 바로 우리가 변한 괴물, 즉 우리 자신이며, 사회가 만든 것이기 때문이다. 밀러 부인(Mrs. Miller)의 진술은 이런 점에서 의미심장하다. “당신은 정치인들, 사업가들, 장군들, 기계를 비난할 수 있습니다. 하지만 당신이 누군가 비난할 사람을 진정으로 찾는다면, 나를 비난하세요. 내가 바로 미국사회고, 기계이니까요... 그것은 나의 잘못이며, 내 세대에 속한 모든 사람들의 잘못입니다”(334). 밀러 부인은 좀비가 결국은 사회 시스템 자체이며, 시스템의 산물로서의 인간 자체라고 한다. 따라서 사회 속에서 살아가는 인간은 좀비로서의 운명을 피할 수 없는 것이다.

밀러 부인이 좀비와의 전쟁을 치른 자신들을 Z 세대라고 부른 이유도 여기에 있다. Z는 좀비(zombie)라는 용어의 첫 철자이며, 좀비를 지칭하는데 사용되었다는 점을 고려해 볼 때, Z 세대로서의 우리는 바로 좀비 그 자체인 것이다. 따라서 좀비와의 전쟁을 그린 이 소설은 좀비로서의 인간이 자신과 벌이는 전쟁에 관한 이야기가 되는 것이다. 우리가 싸웠던 적은 바로 우리 자신이었던 것이다.

인용문헌

Ahmad, Aalya. "Gray is the New Black." *Generation Zombie: Essays on the Living Dead in Modern Culture.* Eds. Boluk, Stephanie and Lenz, Wylie. McFarland & Company, Inc., 2011. 130-146.

Bishop, Kyle. "Dead man still walking." *Journal of Popular Film and Television* 37.1 (2009): 17-25.

..... "Raising the Dead". *Journal of Popular Film and Television* 33.4 (2006): 196-205.

Boluk, Stephanie and Lenz, Wylie. "Introduction: Generation Z, the Age of Apocalypse." *Generation Zombie: Essays on the Living Dead in Modern Culture.* ds. Boluk, Stephanie and Lenz, Wylie. McFarland & Company, Inc., 2011. 1-17.

Botting, Fred. "Globalzombie: From White Zombie to World War Z." *Globalgothic.* Manchester UP, 2013. pp. 188-201.

Brooks, Max. *World War Z.* Broadway Paperbacks, 2006.

Degoul, Franck. "'We are the Mirror of your Fears': Haitian Identity and Zombification." *Better off Dead.* Eds. Christie, Deborah and Lauro, Sarah Juliet. Fordham UP, 2011. 9-23.

Lauro, Sarah. "Afterword: Zombie (R)evolution." *Better off Dead.* Eds. Christie, Deborah and Lauro, Sarah Juliet. Fordham UP, 2011. 205-31.

...... "The Eco-Zombie: Environmental Critique in Zombie Fiction." *Generation Zombie: Essays on the Living Dead in Modern Culture.* Eds. Boluk, Stephanie and Lenz, Wylie. McFarland & Company, Inc., 2011. 54-66.

Paffenroth, Kim. "Zombies as Internal Fear or Threat". *Generation Zombie: Essays on the Living Dead in Modern Culture.* Eds. Boluk, Stephanie and Lenz, Wylie. McFarland & Company, Inc., 2011. 18-26.

Poole, W. Scott. *Monsters in America: Our Historical Obsession with the Hideous and the Haunting.* Texas: Baylor UP, 2011.

Tenga, Angela and Bishop, Kyle. "Introduction: The Rise of the Written Dead". *The Written Dead.* Eds. Bishop, Kyle and Tenga, Angela. McFarland & Company, Inc. 2017. 2-14.

Vermeulen, Pieter. "Future Readers: narrating the human in the Anthropocene." *Texture Practice* 31.5 (2017): 867-85.

Zani, Steven and Meaux, Kevin. "Lucio Fulci and the Decaying Definition of Zombie Narratives." *Better off Dead.* Eds. Christie, Deborah and Lauro, Sarah Juliet. Fordham UP, 2011. 98-115.

12장

영화에 나타난 좀비와 철학적 좀비

영화에 나타난 좀비와 철학적 좀비

영화에 나타난 인간의 상징으로서의 좀비

인간을 위협하는 좀비가 사실 인간 자신이라는 것, 우리가 싸우는 좀비가 바로 인간 자신이라는 사실은 좀비 소설과의 경계를 넘나드는 좀비 영화에서도 나타나는 주제다. 좀비 구울을 창조하고 현대 좀비 영화의 모델을 제시한 로메로 감독은 좀비에 대한 공포는 "알려지지 않은 타자에 대한 두려움이 아니라, 우리 삶에서 가장 친근하게 알려진, 믿는 사람에 대한 두려움"(*Generation Zombie* 20 재인용)이라고 말한다. 좀비는 외부에서 온 것이 아니라, 살아 있던 사람이 변해서 된 것이며, 더 나아가 가장 가까운 가족이 좀비로 변하여 우리를 공격하기도 하기 때문이다.

이러한 예는 로메로의 첫 번째 좀비 영화인「살아있는 시체들의 밤」에 등장하는 어느 가족의 경우에서도 나타난다. 좀비들의 공격을 피해 어느 농가 지하실에 숨어 있던 해리(Harry)와 그의 아내 헬렌(Helen)은 모두 좀비에게 물려 결국 좀비가 된 그들의 딸 카렌(Karen)에 의해 희생당하기 때문이다. 카렌은 아버지 해리의 살점을 뜯어 먹으며 어머니 헬렌까지 먹기 위해 모종삽으로 살해하기까지 한다. 이 영화에 등장하는 가장 위협적인 좀비는 바로 가족이었던 것이다.

가장 가까운 사람이 좀비가 되어 위협하는 상황을 그린 로메로 감독이 강조하고자 한 것은 인간과 좀비는 다르지 않다는 것이다. 즉 좀비는 사람이 변하여 된 것이라는 사실을 넘어, 좀비는 인간과 차이가 없는, 인간의 어두운 자화상이라는 것이다. 이러한 사실은 1978년에 개봉된 로메로 감독의 「시체들의 새벽」(*Dawn of the Dead*)에서 보다 분명하게 제시된다.

알 수 없는 이유로 미국 전역이 좀비로 들끓는 상황에서 두 명의 티브이 방송국 스태프와 특수기동대(SWAT) 장교 로저(Roger)와 피터(Peter)는 방송국 헬기를 타고 건물에서 빠져나와 어느 쇼핑 몰로 들어간다. 하지만 쇼핑 몰에는 이미 좀비들이 들어섰고 좀비들은 상점 곳곳을 배회한다. 이곳에 들어온 이들 네 명의 생존자는 좀비들이 보지 못하도록 벽을 세운 뒤 몰에 있는 물품으로 거처를 꾸미며, 음식을 먹고 마시면서 나름대로의 생활을 즐긴다. 이런 점에서 이들은 쇼핑몰로 몰려온 좀비들과 차이가 없다. 인육만을 필요로 하는 좀비들이 이곳 쇼핑몰에 온 이유는 좀비가 되기 전에 하던 쇼핑을 습관적으로 계속하기 위해서이기 때문이다. 인간 생존자와 좀비들 모두 쇼핑몰에 관심을 갖고 있다는 점에서 인간과 좀비는 근본적으로 다르지 않다. 특수 기동대원 피터도 이런 사실을 인식하고 있다. "그들은[좀비] 우리야, 그게 다야. 그게 다야".

1985년에 개봉된 로메로 감독의 「시체들의 낮」에서도 이와 비슷한 메시지를 발견할 수 있다. 수술이나 트레이닝을 통해 좀비를 유순하게 만들 수 있다고 믿으며 지하 벙커에서 좀비들을 대상으로 실험을 하던 로간 박사(Dr. Logan)는 자신의 실험이 어느 정도 성공을 거두고 있다며, 자신이 길들인 법(Bub)이란 좀비를 자랑스러워한다. 법은 인간이었던 시절을 부분적으로 기억하여 말을 할 줄 알고, 음악을 감상할 줄도 아는 지적인 좀비다. 그는 면도도 하며, 총을 쏠 줄도, 사람들에게 인사를 건넬 줄도 아는 인간과 매우 유사한 좀비다. 그가 인간과 다를 바 없다는 사실은 지하 벙커를 지휘하는 로데스(Rhodes) 대위가 로간 박사를 살해하였을 때 확연히 드러난다. 박사의 죽음을 슬퍼하던 법은 로간 박사의 복수를 위해 로데스 대위를 찾아 총으로 쏜다. 좀비를 훈련시키면 인간과 똑같이 될 수 있다고 믿었던 로간 박사의 평소 말처럼 "그들[좀비들]은 우리인 것이다".

인간과 더욱 유사한, 보다 정확히 말해 인간으로서의 좀비는 2005년에 개봉된 로메로의 영화「랜드 오브 데드」(*Land of the Dead*)에 등장한다. 좀비들이 저지할 수 없을 정도로 확산되자, 카우프만(Paul Kaufman)이란 인물은 피츠버그(Pittsburgh)에 도시를 만들고, 이곳으로 통하는 강위에 놓인 다리를 모두 파괴한 뒤, 나머지 경계면에는 전기펜스를 설치하여 좀비들이 들어오지 못하게 한다. 또한 그는 자신이 설계한 이 도시에 "피들러스 그린"(Fiddler's Green)이라는 초호화 주상복합 빌딩을 만들어 특권층을 거주하게 하고, 군대를 통해 확보한 물품을 거의 다 이들에게만 공급하게 하여, 피들러스 그린 주변에 사는 일반 사람들은 궁핍한 삶을 영위할 수밖에 없게 된다.

도시 밖에서 이곳으로 들어오지도 못하는 좀비들은 이보다 더 못한 핍박의 삶을 산다. 허나 흥미로운 점은 이들 좀비들은 아무런 생각도 하지 못하는 영혼 없는 존재들이 아니란 사실이다. 특히 좀비들을 이끄는 "빅 대디"(Big Daddy)란 좀비는 지적이며, 계략을 짤 줄 아는, 보통의 인간보다도 명석한 두뇌를 가지고 있다. 그는 그룹을 결성하여 도시의 경계를 지키는 경비병들을 급습한 뒤 도시 안으로 들어가 그들을 핍박한 카우프만을 제거한다. 이들은 인육 때문이 아니라, 자신들을 학대하고 핍박한 독재자에 대해 복수를 하기 위해 도시 안으로 들어왔던 것이다.

이런 점에서 이 영화의 좀비는 하나의 사회 계층을 상징한다. 피들러스 그린에서 호화롭게 사는 사람들이 상류층 사람들이라면, 그 아래에서 핍박한 생활을 하는 사람들은 하층 계급의 사람들이며, 군대를 배치하고 전기 담장을 쳐 도시로 못 들어오게 하였던 좀비들은 이 사회에 속할 수조차 없는 이방인인 것이다. 카일 비숍(Kyle Bishop)은 이러한 사실에 주목하며, "외국인 혐오의 극단적 사례"(Bishop, "Dead Man Still Walking" 24)를 보여주는 이 영화는 미국과 멕시코 국경에 펜스를 치고 경비대를 설치하는 문제를 검토했던 미국 부시 정부를 떠올리게 한다고 말한다.

로메로 감독의 좀비가 인간의 모습, 혹은 인간 자체를 상징한다는 사실은 그의 영향을 받아 쓴 브룩스의 소설『세계대전 Z』에서도 찾아볼 수 있다. 이 소설에서 좀비들이 전 세계에 출몰하여 인간을 위협했던 대공포가 시작되자 벌어진 현상 중 하나는 퀴즐링(quisling)의 출몰이었다. 이들은 좀비를 모방하여, "좀비처럼 움직이기 시작하고, 그들처럼 소리를 내며, 심지어 다른 사람들을 먹으려한다."[18] 따라서 이웃 안전 팀 일원으로서 이들을 목격하였던 조 무하마드는 "이런 사람들은 좀비였다. 육체적으로는 아닐지 모르지만 정신적으로, 이들과 좀비를 구분할 수 없다"(157-58)고 말하였던 것이다. 무하마드에 따르면, 심지어 퀴즐링들은 죽어가면서도 좀비처럼 행동하였다고 한다. 좀비가 물어뜯어도 퀴즐링은 비명을 지르지도, 싸우려하지도 않았고 "그들이 되고자 하는 바로 그 존재에 의해 산채로 먹혔다"(159)는 것이다.

좀비와 사람의 경계가 불분명하다는 사실은 프랑스 파리에서 지하 카타콤에 있는 좀비를 제거하기 위해 투입된 군인들의 증언에서도 드러난다. 지하에 있는 좀비를 처치하는 과정에서 군인들 자신들도 잔인

18) Max Brooks. *World War Z* (Broadway Paperbacks, 2006), p. 156. 앞으로 이 책의 인용문은 괄호 안에 쪽수만 표기하겠음.

한 좀비처럼 될 수밖에 없었으며, 좀비 제거에 공을 세운 영웅적인 군인들도 좀비에 물려 실제로 좀비가 되었기 때문이다. 그럴 경우 이들도 자신들이 좀비를 해치울 때 그러하듯, 지하에 갇히거나 동료 군인들에게 살해당한다. 좀비를 해치우는 영웅도 언제든 좀비가 되어 제거의 대상이 될 수 있다는 이러한 사실은 좀비와 인간 사이엔 명확한 경계가 없다는 반증인 것이다.

좀비를 재거하는 일에 고용된 션 콜린즈도 좀비와 인간의 근원적 차이에 대해 의구심을 가진다. 좀비가 출몰하기 전에 용병으로 일했던 그는 사람 죽이는 것과 좀비를 죽이는 데에는 차이가 없음을 실토하면서, 사람을 만나게 되면 좀비를 죽일 때처럼 어떻게 죽일까를 생각하며 상대의 목을 보게 된다고 고백한다. 또한 그는 자신이 좀비와 다를 바 없다는 사실을 인정하며, 사람들에게 달려드는 좀비처럼 사람 죽이는 일 밖에는 아무 생각도 하지 못하게 되었다고 실토한다. "난 죽었을 뿐만 아니라, 죽이는 것 이외에는 아무것도 생각할 수 없소"(332).

영화에 나타난 바이러스(의 상징)로서의 좀비

로메로의 영화에 나오는 좀비들의 희생자들은 모두 좀비가 된다는 사실은 로메로가 좀비를 바이러스 감염에 의한 것으로, 더 나아가 좀비를 바이러스의 메타포로 보고 있음을 보여준다. 로메로가 「살아있는 시체들의 밤」에서 바이러스에 감염된 좀비를 선보인 이후 나온, 수많은 좀비 영화의 좀비들도 바이러스 감염에 의한 변형된 인간, 더 나아가 바이러스 그 자체로 제시된다.

2002년에 개봉된 「레지던트 이블」(*Resident Evil*)과 후속편으로 2004

년에 개봉된 「레지던트 이블: 아포칼립스」(*Resident Evil: Apocalypse*), 2007년에 개봉된 「레지던트 이블: 소멸」(*Resident Evil: Extinction*), 2010년에 개봉된 「레지던트 이블: 사후」(*Resident Evil: Afterlife*)들 모두, "티바이러스"(T-Virus)에 감염되어 좀비처럼 되어버린 인간이 등장한다. 이는 2004년에 개봉된 잭 스나이더(Jack Snyder) 감독의 「시체들의 새벽」 (*Dawn of the Dead*)의 리메이크(remake)에서도 마찬가지다, 어느 날 아침 간호사로 일하는 애나(Ana)의 집에 좀비 바이러스에 감염된 이웃 여자 아이가 갑자기 들어와 애나의 남편을 물어 죽이고, 죽은 남편은 되살아나 애나를 공격한다. 하지만 이를 피해 집 밖으로 도망쳐 나온 애나는 집밖에도 이와 같은 일이 벌어지고 있다는 사실을 알게 된다. 바이러스에 감염된 사람이 그와 접촉한 다른 사람들도 바이러스에 감염시키듯, 좀비에게 물린 사람들 모두 좀비가 되어 또 다른 사람들을 좀비로 만들어, 도시는 좀비들에게 완전 점령당했던 것이다.

2002년에 개봉된 영국의 대니 보일(Danny Boyle) 감독의 영화 「28일 후」(*28 Days Later*) 역시 바이러스 감염에 의해 사람들이 난폭한 좀비, 정확히 말해 좀비 구울로 변하는 상황을 그리고 있다. 흥미로운 점은 이 바이러스가 런던의 실험실에 묶여있던 침팬지들로부터 시작되었다는 것이다. 침팬지의 반응을 연구하기 위해 침팬지들에게 세상에서 벌어지는 온갖 폭력적인 장면을 보여주자, 침팬지들의 몸에는 분노 바이러스가 형성되는데, 동물 권리 운동가들이 풀어준 이 침팬지들이 인간을 공격함으로써 이 분노 바이러스에 감염된 인간들이 난폭한 좀비로 변해 버린 것이다. 즉 인간을 공격적인 좀비 구울로 만든 것은 바로 "분노 바이러스"였던 것이다. 이런 점에서 카일 비숍(Kyle Bishop)의 말처럼 "이들은 기술적 의미에서 (즉 실제로) 죽은 것이 아니고 공격적이고 폭력적으로 만드는 심리적 바이러스에 감염된 불운한 사람들인 것이다"(Bishop, "Dead Man Still Walking" 23).

이는 이 영화의 후속편으로 2007년에 개봉된 「28주 후」(*28 Weeks Later*)에서도 나타난다. 영화는 「28일 후」에서 나타났던 "분노 바이러스"(Rage Virus)가 런던 전역을 덮친 후, 6개월이 지난 시점에서 시작된다. 시간이 지나자 바이러스와의 전쟁에서 인간이 승리해 가는 듯 보이고, 런던은 질서를 되찾아간다. 하지만 분노 바이러스는 죽지 않고 예전보다 더 강력해지더니 런던을 초토화시킨 뒤 전 세계로 뻗어간다. 분노 바이러스에 감염된 사람들이 에펠 탑까지 이어져 있는 모습을 보여주는 이 영화의 마지막 장면은 런던의 실험실에서 시작된 분노 바이러스가 세계적 대유행, 즉 팬데믹(pandemic)으로 발전하여 전 인류를 멸망시키고 있음을 암시하고 있다.

이런 사실은 앞서 언급한 몇 좀비 영화에만 국한되는 것은 아니다. 인류를 위협하는 바이러스의 상징으로서의 좀비는 좀비에 의한 세계의 종말을 그린 대부분의 좀비 영화에 나타나기 때문이다. 다만 「28주 후」에 나타나는 바이러스가 독특한 점은, 사람을 난폭하게 만드는 (좀비) 바이러스가 인간이 갖고 있는 분노를 상징한다는 점이다. 이런 점에서 좀비는 단순한 바이러스를 넘어 인간의 한 단면, 혹은 인간 그 자체에 대한 상징이기도 한 것이다.

철학적 좀비와 좀비로서의 인간

좀비 드론과 영화와 소설에 나오는 좀비 구울 모두, 되살아난 시체 혹은 바이러스 감염에 의해 부활한 시체로서 인간 혹은 인간의 단면을 상징한다는 점을 살펴보았다. 이런 부류의 좀비와는 달리 철학적 관점에서 본 좀비, 즉 철학적 좀비가 있다. 철학적 좀비가 앞의 두 부류의 좀비와 근본적으로 다른 점은 되살아난 시체가 아니라는 점이다. 철학적 좀비는 고통과 감정을 느낄 수 있으며 사고할 줄 알고, 언어를 사용할 수도 있다. 또한 좀비 구울처럼 인간의 살을 탐하지도 않으며, 상대방을 공격해 좀비로 만들지도 않는다. 이런 점에서 철학적 좀비는 보통의 인간과 전혀 다르지 않다. 철학에서 말하는 좀비는 사회 속에서의 인간, 사회 시스템에 종속된 인간을 말하기 때문이다.

시스템에 포획된 인간의 상징으로서의 좀비

좀비를 되살아난 시체가 아니라 철학적 관점에서 처음으로 거론한 철학자는 프랑스 철학자 들뢰즈(Gilles Deleuze)다. 『천 개의 고원』(*A Thousand Plateau*)에서 들뢰즈는 국가에 정착하는 정착민, 즉 국가의 지배 양식에 속한 사람들을 좀비에 빗댄다. 따라서 들뢰즈가 말하는 좀비가 무엇인지 이해하기 위해선 국가의 지배 양식이 무엇을 의미하는지, 또한 그것이 어떻게 국가에 귀속된 사람들을 좀비처럼 만드는지 살펴볼 필요가 있다.

들뢰즈는 자연 혹은 존재한다는 것을 "이동"(movement) 혹은 "흐름"(flow)으로 규정하는데, 이 흐름은 돈, 상품, 사람들의 이동, 바다의 흐름, 유전 암호의 흐름 등 인간의 삶 속에 나타나는 모든 흐름과 인간을 둘러싼 자연세계에 존재하는 모든 흐름을 포함한 개념이다. 그런데 이 흐름을 통제하고 구조화하여야 국가가 존속할 수 있기 때문에 국가는 흐름을 통제하기 위해 코딩(coding)한다고 한다. 즉 흐름을 통제하고 구조화 하는 방법 혹은 과정이 바로 코딩인 것이다.

코딩을 통해 국가는 "고정된 생존 방식"(fixed way of existing)을 만들어내고, 다른 유동적 방식은 부정함으로써 사람들의 삶을 구속한다. 따라서 국가 혹은 사회를 유지하는데 필요한 코딩은 근원적으로 구속적(restrictive)일 수밖에 없는 것이다. 들뢰즈의『천 개의 고원』은 각기 다른 시대의 국가 혹은 사회가 이 흐름을 어떤 방식으로 코딩하는지, 또한 코딩을 통해 국가의 구성원을 어떻게 통제하는지 보여주고 있는 것이다.

전제군주 시대의 코딩을 통한 포획

국가가 정착민을 통제, 지배하기 위해 사용하는 코딩은 국가가 사용하는 "국가 장치"(state apparatus)로서 정착민을 포획(capture)하는 기능을 갖고 있기 때문에 "포획 장치"(capture apparatus)이기도 하다. 즉, 국가는 근본으로 "포획의 메커니즘"(mechanisms of capture, Paul Patton, *Deleuze Dictionary* 41)으로서 코딩은 정착민을 포획하는 국가장치인 것이다.

전제군주 시대에서 포획이 직접적으로 이루어지는 곳은 토지와 토지에서 나오는 생산물과 노동, 돈이다. 우선 군주는 "노동의 형태로 인간의 활동을 포획"(Patton, *Deleuze Dictionary* 41)한다. "비교의 표준"(standard of comparison)을 설정/코딩함으로써, 즉 생산되어야 하는 양, 일해야 하는 시간 등의 기준을 설정함으로써 인간의 행위를 노동으로 변환시켜 이를 포획하는 것이다.

또한 군주는 토지에서 나오는 생산량과 생산물의 질을 비교함으로써 "지대"(ground rent)를 받는 것을 제도화 한다. "지대를 받는 것도 포획 장치의 모델"(Deleuze 441)인 것이다. 즉 "땅을 비교하고 땅을 전유하는 것이 영토를 포획하는 장치인 것처럼, 노동과 잉여 노동은 행위를 포획하는 장치인 것이다"(Deleuze 442). 이런 포획을 통해 전제국가의 군주는 "전유의 사법적 중심"(*Deleuze Dictionary* 42)으로서 "공공자산의 유일하고 초월적인 소유주, 잉여[노동] 혹은 스톡의 주인, 대규모 일[잉여 노동]의 조직자, 공적 기능과 관료 체계의 근원"(Deleuze 428)이 된다. 즉 전제군주는 국가의 모든 토지와 노동력을 "제국주의적 혹은 전제적(427)" 포획을 통해 손에 넣고, 이를 매개로 인간 활동을 포획하고 더 나아가 정착민 자체를 포획하였던 것이다.

자본주의에 의한 포획

중세 이후 자본주의 시대의 도래로 국가 장치이자 포획 장치는 변화를 맞이하게 된다. 토지를 매개로 한 신분제도와 신체형을 동반한 전제국가의 코딩이 부적합하고 불합리하다는 판단 하에 자본주의는 전제군주 시대의 코드를 무효화(decode), 즉 해체시킨다. 엄격한 신분제에 기반을 둔 전제군주 시대의 코드를 해체한 것은 평등과 자유를 개인에게 보장해 주는 것처럼 보이지만, 전제군주 시대의 코드에서 벗어난 자본주의는 "흐름"을 통제할 새로운 기준을 내세운다. "화폐가치의 형태로 등가(等價)의 법"(Roffe, *Deleuze Dictionary* 36)을 설정한 것이다. 모든 것을 상품화, 즉 화폐가치로 평가함으로써 새로운 코딩을 한 것이다.

따라서 이는 또 다른 전제 군주와 같은 특권층을 형성하는 계기가 된다. 전제국가의 코드를 해체하고 이를 화폐가치로 대처한 것은 자본을 소유한 사람들에게 군주와 같은 지위를 부여하였기 때문이다. 즉 국가 재산의 주인이 전제군주에서 자본가로 바뀐 것뿐인 것이다. 자본주의 체계의 자본가는 자본을 통한 코딩을 통해 전제군주처럼 여전히 국가의 정착민을 포획하고 있는 것이다. 자본주의 사회가 완벽한 탈코드의 사회가 아니며, 자본주의가 국가의 지원을 받는 혹은 국가를 유지하는 하나의 시스템이란 사실은 "국가 사회"(state society)가 "탈코드의 성장을 안정화시키는 규제 메커니즘"(Roffe, *Deleuze Dictionary* 37)이라는 점에서 드러난다. 즉 자본주의는 근대 국가가 정착민을 포획하는 하나의 방편인 것이다.

전제군주제의 억압적인 코드를 해체한 자본주의는 화폐의 가치를 중심으로 세운 새로운 코드의 합리성을 내세우고, 이에 근거한 기준을 세워 구성원들을 통제하며 선택권을 박탈한다. 하지만 합리적이란 이유로 구성원들은 자본주의 시스템에 저항하지 못한다. 전제군주 시대에 동원되었던 포획장치와는 달리 자본주의의 포획 장치는 이를 합리적으로 받아들이는 구성원의 저항을 원천적으로 봉쇄하였던 것이다. 이런 점에서 "자본주의 사회는 다른, 좀 더 음험한 비자유(unfreedom)를 낳은 것이다"(*Deleuze Dictionary* 37). 즉 전제국가에서 정착민들이 토지를 매개로한 신분제도에 의해 속박되었듯이, 자본주의 사회의 구성원 역시 자본주의에 의한 속박으로 좀비와 같은 억압된 존재가 된 것이다. 국가 장치가 어떻게 국가의 정착민들을 좀비로 만드는지, 혹은 국가의 정착민은 왜 좀비가 될 수밖에 없는지를 들뢰즈는 『천 개의 고원』에서 다음과 같이 설명한다.

> 국가 장치는 절단과 심지어 죽음을 우선으로 한다. 사람들이 불구이거나 좀비처럼 태어나도록 하기 위해, 그것은 이것들[절단과 죽음]이 미리 이루어져 있게 할 필요가 있다. 좀비, 즉 살아있는 죽은 자들의 신화는 작업 신화이지, 전쟁신화가 아니다. 절단은 전쟁의 결과다. 하지만 그것은 국가 장치와 조직적인 일에 필요한 전제 조건이다. (425)

들뢰즈는 국가 장치에 의한 포획의 결과를 (신체의) 절단과 죽음에

빗댄다. 포획의 결과 국가의 정착민은 상징적 의미에서 사지를 잘 쓰지 못하는, 혹은 몸이 절단된 상태와 같이 되며, 또한 정체성을 상실하기 때문이다. 즉 국가의 정착민은 사지가 절단된 불구자이면서 동시에 정신적 죽음을 통해 영혼을 빼앗긴 좀비와 같은 존재라는 것이다. 하지만 엄밀히 말해 이는 국가 장치에 의한 포획의 결과가 아니다. 국가의 정착민은 태어나는 순간 자신을 포획하는 국가 장치에 던져졌기 때문에, 절단된 신체와 죽은 영혼을 가진 좀비가 될 수밖에 없기 때문이다. 이런 의미에서 들뢰즈의 철학적 좀비는 국가 시스템, 더 나아가 "시스템의 존속을 확고히 하기 위한 이데올로기적 구조물에 갇힌"(Lauro 99) 존재를 말하는 것이다.

여기서 흥미로운 사실은 국가 장치에 포획된 좀비는 라캉의 상징계적 주체와 상통한다는 점이다. 좀비를 라캉의 언어로 설명하자면 상징계, 즉 사회 안에서의 주체의 모습이기 때문이다. 라캉에 따르면 주체는 상징계 안에서, 상징계에 의해 결정되고 주어지기 때문에, 라캉의 상징계, 즉 사회는 우리를 지배하는, 따라서 거부할 수 없는 영역이다. 하지만 상징계에 의해 대변되고 결정되는 정체성을 갖기 위해, 혹은 상징계적 주체(사회 안에서 주체)가 되기 위해, 우리는 상징계/사회가 허용하지 않는 우리의 일부를 포기해야만 한다. 라캉이 "거세"(castration)라고 칭하는 이 포기의 과정을 통해 우리는 상징계 안에서 주체로 태어나기 때문에, 우리는 항상 "거세된 주체"로서 존재하게 되는 것이다. 이런 의미에서 상징계/사회 안에서의 "거세된 주체"는, 국가 장치를 통해 사지가 속박된 혹은 절단된 좀비와 같다. 따라서 국가 장치에 포획되어 사지를 쓰지 못하는 좀비는 자신의 일부분이 (거세된) 라캉적 주체처럼 사회 시스템에 종속된 우리의 자화상이며, "커다란 사회적 자아의 알레고리"(Degoul, *Better Off Dead* 23)인 것이다.

자의식 부재와 좀비 인간

좀비를 단순히 되살아난 시체가 아니라 철학적 관점에서 논한 철학자는 들뢰즈뿐만이 아니다. 미국의 철학자 데니얼 데닛(Daniel Dennett)은 좀비를 이렇게 설명한다.

> 좀비는 완벽하게 자연스럽고 정신이 맑고, 수다스러운, 활달한 행동을 보이지만 사실상 전혀 의식하지 못하는, 어쩌면 일종의 로봇과 같은 사람이거나 그런 사람일 것이다. 좀비에 대한 철학자들의 개념의 요점은 외형적인 행동을 살펴봄으로써는 정상적인 사람과 좀비를 구별할 수 없다는 것이다. 이것이 우리의 친구들과 이웃에 대해 알 수 있는 모든 것이기 때문에 가장 친한 친구들 중 몇은 좀비일지도 모른다. (Žižek 121 재인용)

데닛은 좀비와 인간이 외견상 똑같다고 말한다. 좀비도 정상인처럼 행동도 자연스럽게 하며, 활달하고 말도 잘한다고 한다. 따라서 외관상 좀비와 인간을 구별하기란 매우 어려운데, 인간과 좀비의 근본적인 차이는 좀비는 의식(자각)이 없다는 것이다. 즉 인간과는 달리 좀비는 자의식이 없다는 것이다. 우리가 좀비가 되는 것을 두려워하는 근본적인 이유도 여기에 있다. 좀비가 되는 것은 자의식, 더 나아가 자아를 상실하게 되는 것이기 때문이다. 따라서 좀비에 대한 두려움은 "자아를 상실하는 원초적 두려움"(Lauro 88) 혹은 "자의식을 상실하게 되는 두려움"(Lauro 90)과 동일 선상에 있는 것이다.

하지만 지젝(Žižek)의 말처럼 자의식이라는 것은 특정한 경험론적인 속성으로서 명확하게 규정할 수 없기에 "인간과 좀비의 행동, 이 두 일련의 행동들은 실질적으로 구분이 될 수 없다"(Žižek 121). 게다가 자의

식은 좀비와 인간을 구분할 수 있는 척도가 될 수도 없다. 지젝의 말처럼 "우리는 같은 제스처를 반복하면서 거기서 만족을 찾는 폐쇄된 루프에 갇힐 때 인간이 되기 때문이다"(Žižek 127). 즉 폐쇄적인 시스템에 포획되어 반복적인 행위를 만족스럽게 하는 것이 바로 인간이기 때문이다. 역설적으로 이는 폐쇄적 시스템에 속박되어 있으면서도 이를 의식하지 못하는 좀비가 될 때 인간이 된다는 뜻이다. 따라서 좀비와 인간 모두 자의식과 자아가 없는 존재며 더 나아가 좀비는 "인간에 대한 그로테스크한 메타포"(Bishop, "Raising" 201) 혹은 "인간의 기괴한 버전"(Paffenroth, *Generation Zombie* 18)이 되는 것이고, 더 나아가 좀비는 바로 인간 자신인 것이다.

그럼에도 불구하고 좀비인 인간은 자신만의 의식과 자아를 갖고 있다고 믿으며, 어떤 결정을 내릴 때 자신의 의식에 따라 독자적으로 한 것이라고 생각한다. 하지만 지젝의 지적처럼 우리가 어떤 의식적인 결정을 내리기 전에 무의식이 이미 그런 결정을 내리도록 유도한 것이다. 즉 우리가 내리는 의식적인 결정은 무의식에 의해 이미 정해진 것이다. 의식은 드러나지 않는 무의식의 지배를 받기 때문이다.

> 우리의 의식적인 결심 이전에는 자동적인 신경회로망의 진행을 촉발시키는 무의적인 결심이 항상 있다면 어떨까? 프로이트 이전에 셸링은 우리가 내린 기본적인 자유로운 결정이 무의식적이라는 견해를 발전시켰다... 이 무의식은, 만일 그런 게 있다면, 어떤 상태로 존재하는 것일까? 그것은 순전히 상징계의 상태로 존재하는 것은 아닐까? (Žižek, 123-24)

여기서 주목해야 할 사실은 인간의 무의식을 형성하고 결정하는 것은 상징계/사회 시스템 이라는 점이다. 즉 모든 "의식적" 결정은 무의식을 지배하는 상징계/사회에 의해 이미 결정된 것이다. 즉 독립적으로 결정했다고 생각하는 우리의 의식적인 모든 행위는 사실상 상징계/사회에 의해 결정된 것들이다. 이런 의미에서 상징계에 의해 포획된 주체로서의 인간은 독자적 사고를 할 수 없을 뿐만 아니라, 지젝의 말처럼 "스스로를 자아 의식적이라고 속이면서도, 이를 인식하지 않는 좀비"(Žižek 122)에 지나지 않는 것이다.

인용문헌

Bishop, Kyle. "Dead Man Still Walking: Explaining the Zombie Renaissance." *Journal of Popular Film and Television* 37.1(2009): 16-25.

..... Raising the Dead". *Journal of Popular Film and Television* 33.4 (2006): 196-205.

Brooks, Max. *World War Z.* Broadway Paperbacks, 2006.

Degoul, Franck. "'We are the Mirror of your Fears': Haitian Identity and Zombification." *Better off Dead*. Eds. Christie, Deborah and Lauro, Sarah Juliet. Fordham UP, 2011. 9-23.

Deleuze, Gilles and Guattari, Felix. *A Thousand Plateau: Capitalism and Schizophrenia.* Trans. Brian Massumi. University of Minnesota Press, 2016.

Lauro, Sarah Juliet and Embry, Karen. "A Zombie Manifesto: The Nonhuman Condition in the Era of Advanced Capitalism." *boundary* 2 35.1 (2008): 85-108.

Paffenroth, Kim. "Zombies as Internal Fear or Threat". *Generation Zombie: Essays on the Living Dead in Modern Culture.* Eds. Boluk, Stephanie and Lenz, Wylie. McFarland & Company, Inc., 2011. 18-26.

Patton, Paul. *The Deleuze Dictionary*. Ed. Parr, Adrian. Columbia UP, 2005. 41-42.

Roffe, Jonathan. *The Deleuze Dictionary*. Ed. Parr, Adrian. Columbia UP, 2005. 35-37.

Žižek, Slavoj. *Organs without Bodies.* London and New York: Routledge, 2004.

13장

현대인의 자화상으로서의 철학적 좀비: 『웜 바디스』(*Warm Bodies*)

현대인의 자화상으로서의 철학적 좀비: 『웜 바디스』(*Warm Bodies*)

여태까지의 문학 작품이나 영화에 등장하는 좀비는 아무런 사고 능력 없고, 단지 주인의 명에 따라 기계적으로 움직이는 좀비 드론이나 『세계대전 Z』에서 보이는 것처럼 이성적 사고를 할 능력은 상실되고, 생존 본능은 극대화되어 인간을 무차별적으로 공격하는 공포의 대상으로서의 좀비 구울이었다. 하지만 최근 아주 다른 양상의 좀비가 영화나 소설에 등장하기 시작한다. 좀비 구울처럼 인간을 공격해 인육을 먹는다는 점에서는 동일하지만, 사유를 하고 말을 하며 좀비로서의 자신의 정체성에 대해 고민하는 좀비가 나타난 것이다. 대중문화 연구가 다리우스(Julian Darius)가 "포스트-포스트 9/11 좀비" (post-post 9/11 zombie)라고 명명한 이런 새로운 부류의 대표적인 좀비는 아이작 마리온(Isaac Marion)의 『웜 바디스』(*Warm Bodies*)에 등장한다.

2010년 출간되어 베스트셀러에 오른 이 작품은 여자 인간과 사랑에 빠져 다시 인간이 되는 (정확히 말해 인간의 모습을 되찾는) 좀비의 "러브스토리", 즉 좀비로맨스다. 좀비의 러브스토리라는 설정 자체도 이 작품과 기존 좀비 서사를 구분 짓는 독특한 면이지만, 이 작품의 가장 큰 특징은 좀비가 단순히 인간의 적으로만 그려지지 않는다는 점이다. 『웜 바디스』의 주인공 좀비 R은 생존을 위해 인간을 공격하여 인육을 먹어야 한다는 점에서 기존의 좀비와 다르지 않지만, 동료 좀비들뿐만 아니라 인간과 공감대를 형성할 줄 알며, 자신이 왜 사람들을 죽여야 하는지, 그리고 무엇이 자신을 좀비로 만들었는지에 대해 고민하기 때문이다.

새로운 유형의 좀비가 등장하는 새로운 좀비 서사

좀비는 본래 아무런 사고도 하지 못하고 말도 하지 못해, 늘 집단으로서의 의미만 있다. 하지만 『웜 바디스』의 주인공 좀비는 미완이지만 "R"이란 이름을 갖고 있고 (정확히 말해 자신의 과거 이름이 R로 시작한다는 것만 알고 있다), 사고를 할 줄 알며, 약간의 언어 구사를 할 줄 아는 개별화된 캐릭터다. 이런 점에서 『웜 바디스』는 "좀비들의 새로운 개별화된 성격 묘사"(Szanter, *Romancing the Zombie*, 100)를 시도한 좀비 서사인 것이다.

새로운 좀비 서사로서 이 소설이 갖고 있는 창의적인 면은 서사의 초점이 좀비와 사투를 벌이는 인간이 아니라 좀비 자체에 있으며, 좀비의 관점에서 기술하였다는 점이다. 블랜턴(Blanton)의 지적처럼 이 소설은 "살인기계로서의 좀비를 바라보는 관점에서 사회에 통합될 필요가 있는, 어느 정도 억압된 집단으로 바라보는 관점으로 바꾼 것이다"(Blanton 9). 즉 이 소설은 인간을 위협하는 타자로서가 좀비가 아니라 주체로서, 더 나아가 일인칭 화자로서의 좀비가 주인공이 된 최초의 좀비 서사다.

인간의 자화상으로서의 철학적 좀비

전통적인 좀비와는 달리 소설의 주인공 좀비 R은 "논리적 사고와 감정, 욕망, 양심"(Szanter, *Romancing the Zombie* 102)을 갖고 있다. 따라서 R은 기존의 좀비 서사에서처럼 관찰의 대상이 아니라 관찰의 주체로서 서사를 이끌어 가는데, 그의 서사는 자신의 "과거 인간으로서의 존재"에 대한 회고와 좀비로서의 "새로운 삶(죽음)과 그 상황에 대한 생각"(Holmes, *Written Dead* 34)에 초점이 맞추어져 있다.

우선 R은 좀비로서의 현재 자신의 모습이 과거 인간이었을 당시 자신의 모습과 어떤 관련이 있는지 자문해 본다.

> 내가 어디서 왔는지 궁금해지기 시작했다... 나는 내 과거의 삶을 기반으로 만들어진 것인가? 아니면 백지 상태에서 무덤에서 나온 것인가? 내 부분의 얼마만큼이 이어받은 것이고 얼마만큼이 내 스스로 만들어 낸 것일까?... 난 전에 있었던 것에 확고히 뿌리를 내린 것인가? 아니면 (거기서) 벗어날 수 있는 것인가?[19]

R은 과거 인간으로서의 자신의 모습과 현재 좀비로서의 자신의 모습이 얼마나 같고 혹은 얼마나 다른지, 좀비로서의 현재의 모습이 인간으로서의 자신의 과거 모습에 근거하고 있는지 등, 자신의 정체성에 대해 고민하는데, 이는 좀비로서의 현재 자신의 모습이 과거 인간으로서의 자신의 모습과 근본적으로 다르지 않을 수도 있다는 사실과 현재 좀비로서의 모습이 과거 인간으로서의 그의 모습의 연장선, 즉 좀

19) Issac Marion, *Warm Bodies* (Vintage Books: London, 2013), p. 58. 앞으로 이 책에 대한 인용은 괄호 안에 쪽수만 표기하겠음.

비는 인간의 자화상일 수 있음을 시사하는 것이다.

이 작품의 좀비가 전통적 좀비처럼 되살아난 시체가 아니라 인간의 자화상이란 사실은, R이 인육을 먹기 위해 인간을 공격하다가 만나 결국 자신이 거처하는 비행기로 데려온 줄리(Julie)와의 대화에서 드러난다. 줄리가 자신의 아버지가 자신이 이곳에 있는 줄 알게 되면 이곳으로 찾아와 R을 죽일 거라며 이곳을 떠나겠다고 하자, R은 자신은 이미 죽었기 때문에 개의치 않는다고 대답한다. 이 말에 줄리는 R은 분명코 죽지 않았으며, 인간들이 쳐들어오면 이곳에 있는 다른 "사람들"(people)이 어떻게 되겠느냐고 이렇게 반문한다. "나머지 다른 사람들은 어떻게 되겠어요? 당신 아이들은요? 그들은 어떻게 되겠어요?"(73). 줄리의 이 질문은 그녀가 좀비를 되살아난 시체가 아니라 다른 부류의 인간으로 보고 있음을 시사하는 데, 줄리의 이 말에 R도 줄리의 생각이 옳다며, 비록 "줄어들고 무력한"(73) 영혼이지만, 영혼을 갖고 있는 자신처럼 이곳에 있는 다른 좀비들도 자신과 같은 존재, 즉, 줄리가 말하는 사람일 수도 있을 거라는 생각을 하게 된다.

좀비가 실제로 부활한 시체가 아니라면, 좀비는 어떠한 존재인가 혹은 R이 말하는 죽음은 어떤 죽음을 의미하는가가 좀비의 의미를 논하는데 중요한 문제일 것이다. "사실은 나도 내가 언제 죽었는지 모른다"(52)는 R의 고백은, 홈즈(Holmes)의 지적처럼, "그[R]는 (정신적으로) 죽기 전에 좀비가 될 많은 조건"(Holmes, *Written Dead* 146)을 이미 충족하고 있었다는 사실을 시사한다. 즉 R이 말하는 죽음은 특정 사건으로 인해 벌어진 육체적 죽음이 아니라, 서서히 진행된 정신적 죽음일 수 있는 것이다. R이 자신과 자신의 동료들 즉 다른 좀비를 지칭할 때, 죽음에서 부활한 시체라는 의미의 "언데드"(undead)란 용어를 사용하지 않고, "살아있는 자"(the living)와 대비되는 개념으로 "죽은 자"

(the dead)라고 부르는 것도 이런 맥락에서 살펴볼 수 있다. 즉 이 작품의 좀비는 실제로 육체적으로 죽었다 되살아난 시체가 아니라 정신적으로 죽은 자들을 의미하는 것이다.

삶 속의 죽음: 정신적 죽음의 체현으로서의 좀비

R은 좀비가 "자신들의 일상의 일을 반복하는"(12) "살아있지만 비어 있는"(12) 존재라며 자신들의 삶을 이렇게 표현한다. "우리들은[좀비들] 단지 이곳에 있고, 하는 일을 하며, 시간을 보낸다. 그리고 아무도 질문하지 않는다"(4). 이처럼 아무런 생각도 하지 못하는, 영혼 없는 빈 껍데기로서의 좀비는 정신적 죽음을 맞이한 인간의 모습과 유사하다. "좀비로서의 언데드적 경험은 현대 주체의 경험과 그리 다르지 않다" (Holmes, *Written Dead* 146)는 홈즈의 말도 이런 맥락에서 살펴볼 수 있다. 현대 사회의 인간의 경험이 좀비가 하는 경험과 차이가 없다는 이 말은 좀비는 정신적 죽음을 맞이한 현대인의 모습, 즉 정신적 죽음을 맞이한 인간의 모습이 바로 좀비라는 의미이기 때문이다. 하지만 정신적 죽음의 의미를 이해하기 위해선 보다 구체적으로 좀비의 특성을 살펴볼 필요가 있다.

작품에 등장하는 좀비는 실제로 되살아난 시체가 아니란 점을 제외하고는 기존 좀비 서사에 등장하는 좀비와 외형적으로 유사한 점이 많다. 우선 일반적인 좀비처럼 이 작품에 나오는 좀비의 신체도 부패한다. R은 자신이 죽은 지 얼마 되지 않아 부패 정도가 미미한 것 같다고 하지만, 곧이어 부패의 정도와 속도는 "데드"(이 작품에서는 좀비를 죽은 자를 의미하는 "dead"(데드)라고 종종 지칭한다) 마다 다르다고 말한다. 어떤 좀비는 죽는 순간과 같은 상태로 오래 머물지만, 몇 개월 만에 완전히 부패해 해골만 남게 되는 좀비도 있다고 하는데, 그 이유로 R은 "우리의 몸은 우리의 마음을 따르기 때문인 것 같다"(52)고 나름대로의 이유를 댄다. 즉 좀비가 되는 것은 정신적인 문제와 연관이 있으며, 좀비의 신체적 부패는 정신적 죽음 즉 정신적 부패를 나타내는 지표임을 R은 암시하고 있는 것이다.

정체성 상실

정신적 부패로서의 정신적 죽음은 정체성의 문제와 결부된다. R이 좀비가 되기 이전의 삶에 대해 기억해내려 하고, 자신이 무슨 일을 하였던 사람이지를 자신이 현재 입고 있는 의상을 통해 유추하고자 하는 것은, 그의 "정체성과 자아에 대한 관심"(Szanter, *Romancing the Zombie* 100)을 보여준다. 하지만 이미 좀비가 되어버린 그가 이를 기억해 내는 것은 사실상 불가능하다. 정신적 죽음은 곧 정체성의 상실을 의미하기 때문이다.

좀비가 정체성을 상실한 인간의 메타포란 사실은 R이 "아무도 아닌 사람"(4)이라고 부르는 좀비들이 과거를 기억하지 못하며, 이름도 없다는 점에서 드러난다. 여기서 주목할 점은 좀비가 본래부터 이름이 없던 것이 아니라, 좀비가 되어버린 순간 자신의 이름을 더 이상 기억하지 못하게 되었다는 사실이다. 라캉의 관점에서 볼 때 이름은 정체성을 대변한다는 점에서 이름이 없거나 이름을 기억하지 못한다는 것은 정체성의 상실을 의미한다. 이름을 기억하지 못하는 것이 가장 비극적이라는 R의 말도 이런 맥락에서 이해할 수 있다. "우리가 우리의 이름을 잊었다는 것은 날 슬프게 한다. 무엇보다도 이것이 나에겐 가장 비극적으로 보인다" (4).

목적의식의 부재

좀비가 되기 이전의 인간으로서의 삶을 약간이나마 기억하는 R은 인간과 좀비의 근본적인 차이의 하나로 목적의식을 둔다. "나[R]는 노력을 기억한다. 목표와 데드라인, 목적과 야망을 기억한다. 나는 어디에서나 항상 목적을 갖고 있었던 것을 기억한다. 하지만 지금 나는 남들 따라 컨베이어에 단지 서있다. 끝에 도착하면 다시 돌아 반대쪽으로 간다. 세상은 증류되었다. 죽어있는 것은 쉬운 일이다"(9). R은 하루에도 몇 번씩, 공항에 있는 컨베이어를 타고 갔다 왔다를 반복한다. 어딘가로 가기 위해서가 아니라 다른 좀비들처럼 그냥 컨베이어를 타고 왕복하는 것이다. 아무 목표의식 없이 그냥 살아가는 좀비들의 모습은 그들의 걸음걸이에도 나타난다. 뚜렷한 목적지 없이 어슬렁거리듯 발을 질질 끌며 걷는 그들의 걸음걸이는 목적의식의 부재를 상징적으로 보여주는 것이다.

욕망의 부재와 감정과 열정의 상실

목적의식이 없다는 것은 곧 욕망이 없다는 의미이며, 욕망이 없는 것은 좀비가 되는 것이다. "돈키호테의 느릿느릿한 죽음. 추구를 그만두고 욕망을 포기하는 것... 그것이 죽은 자의 피할 수 없는 운명"(53)이기 때문이다. 따라서 R의 고백처럼 "욕망이 없는 존재는 빨리 움직이지 않기 때문에"(17) 좀비는 빨리 움직이지 못하는 것이다. 따라서 인육을 먹고자하는 욕망이외에는 그 어떠한 욕망도 없는 "우리는[좀비] 하루 종일 서서 신음소리만 내는 것이다"(5). 좀비는 인육을 제공할 인간이외에는 그 어떠한 관심도 없기 때문이다.

욕망의 부재는 감정과 열정의 상실로 이어진다. "나[R]는 그 어떠한 것에 대해서도 관심을 둘 수 없다"(5)는 R의 고백처럼 좀비는 매사에 무관심하며 감정도 느끼지 못하기 때문에 얼굴 표정에 변화가 없으며 눈물도 흘리지 못한다. 이미 죽은 좀비는 어떠한 일을 겪어도 슬픔을 느낄 수 없기 때문이다. 인간을 살육하는 방법을 가르치는 좀비 학교에서 자식이 학습 도중 죽어도 부모 좀비가 전혀 슬퍼하지 않는 이유도 여기에 있다. 감정조차 죽어버린 "그들은 곧 (자식을 잃은 것) 상실을 잊을 것이기 때문이다"(36).

감정의 상실은 곧 열정의 상실을 의미한다. 좀비들의 심장은 더 이상 뛰지 않고 "열정은 솟구치지 않는다"(25). R은 열정의 상실이 "다른 모든 것들에 대한 상실"과 같으며, 바로 "이것이 우리[좀비]가 죽었다는 확실한 표식이 된다"(25)고 말한다. 열정의 상실 그것은 바로 정신적 죽음을 맞이한 좀비의 표상인 것이다.

사랑의 부재

감정과 욕망, 그리고 열정까지 상실한 좀비는 당연히 사랑을 할 수가 없다. 좀비가 된 후, R은 완전히 부패하여 살점 하나도 남아있지 않은 보니(Boney)의 주선으로, 여자 좀비를 아내로 맞이하게 된다. 하지만 R의 아내는 다른 남자 좀비와, R이 보는 앞에서도, 육체관계를 맺는다. 놀라운 것은 R이 이를 무심하게 바라보면서 개의치 않는다는 사실이다. 이들의 육체관계는 사랑이 전혀 개입되지 않은 단순한 기계적 행위이기 때문이다. 이는 R의 아내와 상대방 좀비 남자도 자신들이 왜 이런 행위를 했는지 의아해 한다는 사실에서도 드러난다. "마치 알 수 없는 힘이 그들의 몸을 축축하게 뒤섞게 하였다는 듯이, 그들은[R의 아내와 상대방 남자 좀비] 어리둥절한 표정으로 서로를 바라보았다"(58-59). 이런 점에서 감정이나 애정이 없는 좀비의 결혼과 사랑은 "결혼과 사랑의 종말"(Holmes, *Written Dead* 145) 그 자체를 나타내는 것이다.

인간으로서의 정체성 회복의 주제

이 소설이 기존의 좀비 서사와 뚜렷하게 다른 점은 자아의식적인 좀비의 등장뿐만 아니라, 작품의 주제 면에서도 나타난다. 기존 좀비 서사는 좀비에 의한 인류의 멸망을 다루거나, 혹은 좀비가 제거되고 인류가 승리를 거둔다든지(『세계 대전 Z』에서는 좀비가 여전히 존재하지만 어느 정도 인류가 좀비에 대해 제한적인 승리를 거둔다), 둘 중 하나의 결말을 가진다. 하지만 이 소설에는 좀비의 박멸도 인류의 멸망도 나타나지 않는다. 결국 R을 포함한 일단의 좀비들이 다시 인간으로 변하여 인간 세계에 편입되기 때문이다. 이는 기존의 좀비 서사와는 달리 이 소설에서는 "좀비를 인간의 문화에 동화시킬 수단으로서의 치유책"(Szanter, *Romancing the Zombie* 113)이 존재하며, 이 치유책을 통해 "R이 (인간으로) 되살아나는 것이 소설 플롯의 핵심"(Holmes, *Written Dead* 148)이기 때문이다. 좀비들의 인간으로서의 회복의 가능성을 알아보기 위해선 이 소설에 등장하는 좀비들의 유형을 살펴볼 필요가 있다.

이 소설에서 좀비 즉 "죽은 자"들은 크게 두 유형으로 나누어진다. 부패가 완전히 이루어져 살점이 전혀 없이 뼈만 남은 "보니"(Boney) 혹은 "해골"(skeleton)이라 불리는 집단과 부패가 얼마 되지 않아 살이 붙어 있는 "플레쉬"(Fleshy) 혹은 살이 덮여 있다는 의미의 "플레쉬 클래드"(flesh-clad)라고 불리는 집단이 그것이다. 이들 모두 "죽은 자"로서의 좀비의 특징을 갖고 있지만, 살이 온전히 붙어 있는 플레쉬는 과거 인간으로서의 기억을 희미하게나 갖고 있다. 이 소설의 주인공 R은 플레쉬 중에서도 부패가 거의 진행되지 않아, 누구보다도 인간의 속성을 미약하게나마 유지하고 있는 좀비다.

우선 R은 자신의 이름을 전혀 기억하지 못하는, 혹은 이름이 있었다는 것조차 의식하지 못하는 다른 좀비들과는 달리, 자신의 이름이 R로 시작한다는 사실은 기억한다. 또한 목적의식과 목표 없어 어슬렁거리는 걷는 좀비와는 달리, R은 민첩하게 움직이며 달릴 수 있는 능력을 갖고 있다. 또한 자아 의식적이며 사고 능력도 갖고 있어, 보통의 좀비보다 말을 잘한다. 줄리의 말처럼 "인간을 먹는 것을 넘어 인간에 대해 관심"(45)을 가지고 있는 R은 불완전하지만 정신적, 신체적인 측면에서 인간의 면모를 어느 정도 유지하고 있는 것이다.

R은 다른 좀비들과 마찬가지로 인육을 먹어야 하지만, 인육 먹는 것 자체를 증오하며 사람을 해치는 것도 싫어한다. "먹는 것은 기분 좋은 일이 아니다. 사람의 팔을 씹지만 난 그게 싫다. 나는 그의 비명이 싫다. 고통을 좋아하지 않기 때문이다. 난 사람들을 해치고 싶지 않다. 하지만 이것이 지금 이 세상의 모습이다"(7). R이 이처럼 좀비로서의 자신의 정체성과 좀비로서의 삶의 방식에 회의를 느끼고 있다는 점은 그가 좀비 (상태)에서 벗어날 가능성이 있음을 시사한다. 하지만 R이 좀비(상태)에서 벗어나, 즉 정신적 죽음에서 벗어나 정체성을 지닌 인간으로 재탄생하려면, 무엇보다도 그를 좀비로 만든 요인부터 알아야 한다.

좀비 탄생의 요인

R은 자신이 어떻게 좀비가 되었는지에 대한 의문을 품으며, 기존 좀비 서사에서 전형적으로 거론되는 좀비 탄생의 여러 요인을 언급한다. "우리는 어떻게 지금의 우리가 된 것인가? 알 수 없는 바이러스였나? 감마선이었나? 오래된 저주 때문이었나?"(8). R은 자신이 좀비가 된 것이 『세계 대전 Z』에서처럼 바이러스 감염 때문이었는지, 혹은 로메로

감독의 영화 『살아있는 죽은 자의 밤』에서처럼 방사능과 같은 감마선 때문이었는지, 혹은 부두교 사제들의 흑마술과 같은 저주 때문이었는지 등, 자신이 좀비가 된 원인에 대해 의문을 갖는다. 원인을 안다면 좀비로서의 자신의 정체성에 대해 알 수 있을 거라는 생각에서이다.

R은 또한 세상이 황폐화되고 모든 것이 파멸되어 가는 종말의 세계가 도래한 이유가 무엇인지에 대해서도 의문을 가진다. “질병, 전쟁, 사회의 붕괴? 아니면 산 자를 대신하는 죽은 자인 우리 때문에?”(6). R은 기존 좀비 서사에서 제시되는 것처럼 세상이 파멸되어가는 이유가 질병, 전쟁, 혹은 사회 붕괴와 같은 재앙에 기인한 것인지, 혹은 자신과 같은 좀비가 출몰하여 세상이 종말을 향해가는 것인지 고민하는 것이다.

줄리도 좀비의 출몰과 세상이 황폐화된 원인이 무엇인지에 대해 R 못지않게 고민한다. 이 문제에 대해 R과 이야기를 나누던 중 줄리는 현재 벌어지는 대재앙이 좀비 때문이 아니라며 이렇게 말한다. “모든 정치적 사회적 붕괴를 말하는 거예요? 전 세계에 걸친 홍수? 전쟁과 폭동 그리고 끊임없는 포탄투하? 당신 같은 사람들이 나타나기 전부터 이 세상은 훨씬 더 나빴어요”(70). 인류를 파멸로 이끄는 재앙이 좀비가 출현하기 전에 이미 시작되었다는 줄리의 말은 좀비는 재앙의 원인이 아니라 결과이기 때문에, 현재 벌어지고 있는 재앙은 “수백만의 좀비를 죽이는 것으로 해결할 수 없다”(70)는 의미다.

줄리는 대재앙의 근본적인 원인이 전통적 좀비 서사에서 제시되는 부두교 사제의 흑마술이나, 세균감염 혹은 핵전쟁이 아니라, 명확하게 규정할 수 없는 어떤 것이라고 말한다 “나는 그것이 주문이나 바이러스 혹은 핵 광선에서 온 것이라고 생각지 않아요. 난 그것이 보다 깊은 어떤 곳에서 왔다고 생각해요. 우리가 그것을 이곳으로 불러온 것이라 생각해요”(221). 대재앙이 인간이 초래한 것이라는 사실과 표면적으로 드러나지 않는 "더 깊은 곳"에 있다는 사실에서 대재앙의 근원적인 원인은 인간이 만든 사회 시스템임을 짐작할 수 있다. 현재 "모든 사람들이 심오한, 알 수 없는 방식으로 자꾸자꾸 죽어가고 있다" (134)는 줄리의 또 다른 진술은 표면적으로 드러나지 않는 사회 시스템 하의 인간들이 "죽은 자", 즉 좀비가 되고 있다는 의미로 해석될 수 있기 때문이다.

현 세계가 종말로 치닫는 것은 좀비가 아니라, 좀비를 만들어낸 사회 시스템 때문이며 좀비는 정신적 죽음을 야기하는 시스템의 결과라는 사실은 자신이 좀비가 되어버린 과정을 "우리의 야생의 몸이 마침내 길들여졌다"(7)라고 표현한 R의 진술을 통해서도 짐작할 수 있다. 몸이 길들여졌단 말은 들뢰즈가 말하는 국가 장치 혹은 사회 시스템에 포획되어, 상징적인 의미에서 신체가 훼손되고, 영혼을 빼앗긴 철학적 좀비가 되었다는 의미로 해석될 수 있기 때문이다. 이런 점에서 작품에 나타난 (사회) 시스템이 어떻게 사람들을 "죽은 자" 즉 좀비로 만드는 지 살펴볼 필요가 있다.

폐쇄적 사회 시스템과 좀비화(Zombification)

인간 사회의 상징으로서의 스타디움

이 작품에는 두 부류의 사회가 나타나는데, 인간이 모여 사는 사회와 공항에 모여 집단을 이루어 살고 있는 좀비 사회가 있다. 이 두 사회는 폐쇄적이어서 서로의 왕래가 불가능하며, 서로 침범하게 되면 서로가 생명을 잃을 수 있다. 산 사람 즉 인간은 시티 스타디움(City Stadium)이라고 불리는 "과거 미국이었던 곳에 있는 가장 큰 인간 거주지"(145)에 살고 있는데, 이 도시는 "죽은 자", 즉 좀비의 침입을 막기 위해, 높다란 벽으로 둘러 싸여있고, 이 도시로 들어가는 입구엔 무기를 든 경비원들이 삼엄한 경계를 한다.

시티 스타디움은 엄격한 질서와 통제로 유지되는 사회로 좀비의 공격으로부터 살아남는데 모든 것을 집중한다. 따라서 시티 스타디움은 "긴요하지 않은 것"들은 버리고, 유약한 것은 제거함으로써, 강하게 "달련된 틀"(122), 즉 강하고 경직된 사회 시스템을 구축한다. 그 결과 벽으로 둘러싸인 폐쇄된 공간인 시티 스타디움은 정신적으로도 폐쇄된 공간이 된다. 따라서 줄리의 말처럼 시티 스타디움에 사는 "우리[인간]는 모두 스타디움에 둘러싸인 채 하루가 끝날 때까지 살아남는 것 이외에는 생각할 것이 없다. 아무도 글을 쓰지 않고, 아무도 읽지를 않으며, 심지어는 아무도 진실로 말을 하지 않는다"(69).

"햇빛에 번쩍이는 골이진 금속 박판, 호르몬을 잔뜩 투여한 신음소리를 내는 가축들이 들어있는, 파리가 윙윙거리는 우리, 빌딩 사이에 걸린 줄 위에 항복 깃발처럼 바람에 펄럭이는 더러운 세탁물"(145)로 대변되는 시티 스타디움은 삶의 활력을 잃은 황폐한 도시로 "환경의 붕괴로 더 이상 생산이 가능하지 않아 문명의 잔여물을 회수함으로써만이 생명이 지속되는 곳이다"(Holmes, *Written Dead* 146).

줄리가 12세 때 세상을 떠난 줄리의 어머니는 "그녀를 살아있게 하였던 모든 것이 사라진"(150), 이런 황폐화된 도시를 견딜 수 없어 삶을 포기하였던 것이다. 모든 것이 부족하고 새로이 생산되는 것이 거의 없는, 이 황폐한 도시는 죽음의 도시와 같았기 때문이다. 줄리가 시티 스타디움의 고층건물들을 묘석, 이 도시를 "거대한 묘지"(202)에 비유하며 "말라버린 시체 같은 세계"(221)라고 부른 이유다.

따라서 스타디움에 사는 사람들은 궁극적으로 죽음의 도시에 거주하는 "죽은 자"들, 즉 좀비와 다를 바 없다. 생존하는 데에만 집중하는 이곳 인간들도 글을 읽고 쓰는 행위를 사치스럽다고 생각하여, 좀비처럼 거의 글을 읽거나 쓰지도 않기 때문이다. "R 안 깊숙이 있는 목소리"가 스타디움의 거리를 "이름 없는 사람들로 채워진 바둑판 모양의 이름 없는 거리들"(145)이라고 칭한 사실에서도 짐작할 수 있듯이, 시티 스타디움에 거주하는 인간들도 좀비처럼, 상징적 의미에서 이름 없는, 즉 정체성을 상실한 존재들이다. 줄리가 스타디움에 모여 사는 수만 명의 사람들이 사실상 "하나의 거대한 영혼 없는 아메바"(146)라고 말한 것도 같은 맥락에서다. 아무런 사고 능력이 없고, 영혼을 상실한 시티 스타디움의 거주민들은 그들이 "죽은 자"라고 부르며 적대시하는 좀비와 다를 바 없다.

보니/해골의 지배를 받는 좀비 사회

공항에 모여 사는 좀비들의 사회도 명확하게 드러내지 않는 특정 집단에 의해 통제를 받는다. 좀비들, 보다 정확히 말해 "플레쉬" 혹은 "플레쉬 클래드"를 통제하는 집단은 보니(해골) 집단이다. 그런 의미에서 보니(해골)와 좀비는 구분할 필요가 있다. 보니(해골)는 좀비가 아니라, "죽은 자", 즉 좀비를 만드는 시스템의 상징이기 때문이다. 이러한 사실은 보니(해골)가 아무런 목적의식이나 목표가 없는 좀비와는 달리 목적달성을 위해 설계된 시스템처럼 분명한 목적의식을 갖고 있다는 점에서 드러난다.

동료 좀비인 M의 도움을 받아 R이 줄리를 사람이 사는 곳으로 데려가기 위해, 공항의 "출발 문"(departure gate)을 통해 빠져나가려는 순간, 이를 알아챈 보니(해골)들은 R 앞에 줄지어 서서, 동시에 줄리를 가리키며, 줄리가 이곳을 빠져나가서는 안 된다는 의사 표현을 분명히 하며 막으려 한다. 이 순간 R은 특정 목적을 갖고 일사불란하게 행동하는 보니들은 좀비와는 근본적으로 다르다는 사실을 깨닫게 된다.

> 영원히 한 가지 정적인 상태에 갇혀, 저 특정한 상태로 존재하는 것, 이것이 보니의 세계다. 그들은 그들이 인간이기를 포기한 바로 그 순간에 얼어붙은, 죽은 눈을 가진 신분증 사진이다... 이제 남은 것은 아무 것도 없다. 아무런 생각도, 아무런 느낌도, 과거도, 미래도 없다. 상황을 현재로 유지하는 것, 항상 그래왔던 상황을 유지하고자 하는 급박한 필요 이외에는 아무것도 존재하지 않는다. (168)

보니(해골)는 좀비가 아니라, 그 자체로 죽음의 상징이다. 보니(해골)는 한 손에 목숨을 거두어들이는 낫을 들고 있는, 검은 망토를 둘러쓴 해골로 묘사되는 죽음의 신, 그림(Grim) "리퍼"(Reaper 213)인 것이다. 이런 점에서 보니(해골)는 죽은 자의 신분증과도 같으며, 동시에 "죽은 자"로서의 좀비의 특성을 그대로 가지고 있다. 따라서 좀비처럼 보니도 감정과 영혼이 없으며, 변화가 없는 정적인 세계에 갇혀 아무

죽음의 신

희망도 가질 수 없는 존재다. 하지만 보니는, 여기서 더 나아가 "죽은 자", 즉 좀비를 만드는 감정 없는 죽음의 시스템 그 자체다.

죽음의 시스템 그 자체로서 혹은 시스템의 옹호자로서의 보니(해골)는 좀비 사회에서 사제의 역할을 한다. 활주로에 만든 일종의 교회 같은 곳에서, 해골만 남아 혀가 없는 보니는 그곳에 모인 좀비 신도들에게 말없는 설교를 한다.

> 죽은 자들은 활주로에 성역을 지었다. 그리고 먼 과거 어느 시점에 누군가가 일종의 계단식 관람석처럼 둥그렇게 탑승용 트럭을 모아놓았다. 우리는 [좀비] 이곳에 모여 서서 팔을 들고 신음 소리를 낸다. 나이 많은 보니들은 가운데에서 뼈만 남은 손을 흔들며, 이빨을 보이는 미소를 지으며, 메마르고 말없는 설교를 내뱉는다... 저 거대한 입이... 우리를 삼키기 위해, 크게 벌려진다. 우리를 우리가 속한 곳으로 삼켜 버리기 위해서. (11)

간이 교회와 같은 곳에서 보니가 불러 모은 좀비 신도들에게 설교를 하는 이 장면은 보니가 좀비를 만드는 시스템을 "죽은 자"들에게 주입하는 역할을 하고 있음을 보여준다. 즉, 보니는 자신이 대변하고 옹호하는 시스템에 구성원들을 함몰시켜 그들을 죽음의 세계, 즉 좀비의 세계로 이끄는 것이다. 여기서 더 나아가 보니는 좀비들을 보다 확고히 통제하기 위해 좀비 구성원들 간의 결혼도 주관한다. 그들이 R과 여자 좀비와의 결혼을 주관하고 6살가량의 남자아이와 여자아이 좀비를 그들의 자식으로 제공한 것도 좀비들을 가족 단위로 통제하기 위한 시도인 것이다.

보니들은 좀비들의 정신적 지도자, 즉 구성원들을 좀비로 만들기 위한 명확한 목적을 가진 시스템으로서, 구성원들 즉 좀비들이 시스템에 대해 그 어떠한 이의제기를 하는 것도 원치 않고, 이를 받아들이지도 않는다. 줄리를 공항에서 탈출시키려던 R이 줄리가 이곳을 떠나야만 하는 이유를 설명하려 하자, 보니들은 R의 말을 들으려 조차 하지 않으며, "지옥의 저녁기도를 외치는 악마 수사처럼"(9), "굴하지 않는 확신"(79)으로 줄리를 처단하겠다는 판결을 내린다. "말할 필요도 들을 필요도 없다. 모든 것이 이미 알려졌다. 그녀[줄리]는 떠나지 못할 것이다. 우리는 그녀를 죽일 것이다. 그것이 일의 순리다. 항상 그래왔고 앞으로도 그럴 것처럼" (79). 보니(해골)는 모든 것이 정해진 폐쇄된 시스템의 옹호자이자 시스템 그 자체이기 때문에 타자의 목소리를 들으려 하지 않고, 타자가 말을 허용하지도 않는 것이다.

"죽은 자"들을 만드는 폐쇄적 시스템으로서의 보니는 인간에 대한 적대감을 구성원 즉 좀비들에게 심어줌으로써 자신들의 폐쇄적 시스템을 정당화하고 유지하려 한다. 이를 위해 보니는 좀비 아이들에게 좀비를 살해하는 인간의 사진, 가령 군인들이 좀비들에게 로켓을 쏘고 총으로 사살하는 사진이나, 인간들이 칼과 톱으로 좀비들을 난도질하는 사진, 석유를 뿌려 좀비들을 불태우는 사진들을 보여줌으로써 인간에 대한 적개심을 부추기며, 인간에 대한 좀비의 적개심을 정당화한다. 또한 좀비들이 인간 사냥을 할 때, 카메라를 들고 따라가 좀비들이 인간을 살육하는 현장을 사진에 담아, 좀비들의 미팅 룸 전체를 이런 종류의 사진들로 도배해, 이를 젊은 좀비들이 몇 시간 혹은 며칠 동안 보게 한다.

이를 통해서 보니가 전달하고자 하는 메시지는 분명하다. "사진이 말하고 있다. 오늘의 설교의 메시지는 분명하다. 불가피함. 산 자와 우리간의, 이분법적인 불변의 결과. 그들이 죽는다/우리가 죽는다"(67). 보니가 좀비들에게 궁극적으로 전하고자 하는 메시지는 좀비와 인간은 공존할 수 없는 관계이기 때문에 둘 중 하나는 반드시 죽어야 한다는 것이다. 따라서 스타디움에서 인간들이 10살 이상 된 아이들에게 좀비를 죽이는 방법을 가르치듯이, 보니는 공항 내에 있는 푸드 코드(food court)에 마련한 교실에서 어린 좀비들에게 인간을 공격하는 방법을 가르치는 것이다.

폐쇄적 시스템으로부터의 해방

좀비가 폐쇄적 사회 시스템의 결과라는 사실은 좀비가 사회 시스템의 문제점을 그대로 체현하고 있다는 의미다. 즉 인간의 적은 좀비가 아니라 바로 사회 시스템이며, 좀비는 시스템이 만들어 낸 산물로서 시스템의 피해자일 뿐이다. 이에 작가 마리온은 R을 통해서, 인간을 "죽은 자", 즉 좀비로 만드는 폐쇄적 시스템이 갖고 있는 문제점인 이분법적 논리에 근거한 적대감의 조성과 현상 유지에 대한 맹목적 집착, 그리고 소통의 부재를 지적하고 이를 해결하기 위한 방법을 모색한다.

인간과 좀비의 소통

인간을 좀비로 만드는 보니(해골)로 상징되는 폐쇄적 시스템의 문제점을 해결하기 위해 우선적으로 필요한 것은 서로 양립할 수 없는 존재로 교육받아온 좀비와 인간과의 소통이다. 하지만 좀비는 글을 읽을 수도 쓸 수도 없으며, 또한 인간들도 비실용적이라는 생각에 글에 별다른 관심이 없기 때문에, 인간과 좀비가 소통할 수 있는 유일한 매개체는 역설적으로 좀비가 먹는 인간의 뇌다. 즉 좀비는 자신이 먹는 뇌의 주인의 기억을 잠시 동안 공유함으로써 뇌의 주인과 소통할 수 있는 것이다.

R이 인간과 본격적으로 소통할 수 있었던 것도 바로 인간의 뇌를 먹음으로써였다. 하지만 아이러니컬하게도 그 뇌는 줄리의 남자친구 페리 켈빈(Perry Kelvin)의 것이었다. 그리지오(Grigio) 장군의 지시에 따라 동료들과 함께 인간이 살던 도시에 버려진 물건을 회수하러 시티 스타디움 밖으로 나갔던 페리를 죽인 뒤, R은 페리의 뇌를 조금씩 뜯어 먹음으로써 페리의 기억을 공유한다. 하지만 수차례에 걸쳐 페리의 기억 속으로 들어감에 따라 R은 떠오르는 기억이 자신의 것인지, 아니면 페리의 것인지 혼란을 겪는다. “이것들은 나[R]의 기억이다... 나는 내가 소화시킨 바로 그 마음과 대화를 나누고 있는 중인가? 이것 중 얼마가 실제로 페리이고 얼마가 나인지 모르겠다”(60-61).

여기서 더 나아가 페리가 과거에 겪었던 일, 특히 지금 R 자신이 호감을 느끼게 된 줄리와 관련하여 페리가 과거에 겪었던 일을, 페리의 뇌를 먹음으로써 회상하게 되자, R은 페리의 영혼이 자신에게 들어와 자신이 “페리 켈빈의 내세”(63)가 된 듯한 느낌, 심지어 이런 생각을 하는 자신이 바로 페리일 수 있다는 생각까지 하게 된다. “이것은 실제로 그[페리]인가?”(89).

R의 이런 생각을 알기라도 하듯, 자신의 뇌를 먹은 R과 대화를 하던 페리는 자신과 R은 서로 적이 아니며, 자신과 R은 하나가 되었다고 말한다.

> 너[R]와 난[페리] 같은 질병의 희생자들이야. 다른 무대에서 다른 전투를 하지만 결국 같은 전쟁을 하는 중이지. 내가 널 미워하기에는 너무 늦었어. 우린 똑같이 저주받는 사람들이니까. 내 영혼, 네 양심, 나에게 남은 것들은 너한테 남은 것들과 모두 뒤엉키고 합쳐졌어. (160-61)

페리와 R사이의 상상적 대화에서 페리가 R에게 하는 이 말은 언뜻 이해하기 어렵다. 페리와 R은 각각 인간과 좀비로서 서로 양립할 수 없는 적대적 관계에 있는 데에도 불구하고 페리는 R에게 자신들은 같은 질병의 희생자이며, 무대만 다를 뿐 같은 전쟁을 치루고 있다고 말하기 때문이다. 하지만 페리가 말하는 질병이 대재앙의 근원인 사회 시스템을 지칭하는 것이라면 그의 진술은 쉽게 이해될 수 있다. 인간으로서, 좀비로서 이들은 각각 자신이 속한 폐쇄된 시스템에 종속되었기 때문이다. 따라서 이들이 각기 다른 무대에서 다른 전투를 치르지만 결국 같은 전쟁을 하고 있다는 페리의 말은 각자가 속한 시스템에 대해 각자가 싸움을 벌이지만, 결국 이들의 싸움은 시스템을 벗어나려는 것이기에 같은 전쟁이라는 의미다.

페리의 말에 함축되어 있는 또 하나 중요한 사실은 R과 페리는 서로 적이 아니라, 하나라는 것이다. 이는 페리의 뇌를 통해 R이 페리의 기억을 공유함으로써 둘이 하나가 되었다는 것보다는 좀비와 인간이 근본적으로 다르지 않다는 의미다. 스타디움에서 아이들이 받는 기본 교육은 좀비를 위협의 대상으로 보게 하는 것이다. 아이들에게 좀비를 살상하는 법을 가르치는 이유도 거기에 있다. 이는 좀비 세계에서도 마찬가지다. 보니(해골)의 세뇌를 통해 좀비들은 인간과 자신들은 양립할 수 없는 존재, 따라서 살아남기 위해선 인간은 제거되어야 하는 대상으로 생각하고 있기 때문이다. 상호간의 이런 적대감은 사실 인간과 좀비가 각각 속한 사회 시스템에 의해 주입된 것으로, 이 폐쇄적인 시스템에서 벗어나야만 인간과 좀비는 근본적으로 다르지 않다는 것을 알 수 있게 되는 것이다. 그런 의미에서 페리와 R이 뇌를 통해 서로 소통하고 대화하며, 자신들은 서로 양립할 수 있는, 더 나아가 하나임을 깨닫는 것은, 이들 공동의 질병이자 적인 폐쇄적 시스템을 극복할 수 있는 시발점이 되는 것이다.

인간과 좀비 간의 사랑을 통한 좀비이즘(Zombiism)의 극복

이 작품의 궁극적인 주제는 시스템에 의한 좀비화(zombification)를 극복하여 "좀비를 (인간으로) 회복"하고, 그럼으로써 종말을 맞은 인간의 "문명을 재건"(Holmes, *Written Dead* 149)하는 것이다. 아무런 감정이나 욕망, 고통도 느끼지 못하며, 아무 목적의식 없이 살아가는 "죽은 자", 즉 좀비 상태에서 벗어나는 길은 타자와의 소통을 전제로 한 사랑이다. 즉 "사랑을 통해 좀비화를 이겨낼 수 있는 것이다"(Szanter, *Romancing the Zombie*, 106). 페리의 뇌를 몸 안에 소화함으로써 페리와 대화를 나누고, 심지어 페리의 줄리에 대한 기억까지 공유하게 된 R은 줄리가 전혀 낯설게 느껴지지 않으며, 마치 자신이 실제로 페리가 된 듯 줄리에게 점차 사랑하는 마음까지 갖게 된다.

줄리와의 사랑을 통해 R이 점차 인간이 되어가는 과정은 R이 꿈을 꾸기 시작하는 것으로 시작된다. "오래된 영화처럼"(58) 분명하지는 않지만, R은 꿈을 통해서 "꿈의 공간에 있는 나[R]의 과거의 삶의 장면들"(58)을 본다. 이는 과거 기억이 전혀 없는 좀비에게는 상상할 수 없는 일이며, 동시에 그가 점차 인간으로 변화하고 있다는 사실을 의미한다. 꿈을 꾼다는 것은 과거에 대한 기억을 떠올린다는 의미며, 이는 잃어버린 정체성의 회복으로 이어질 수 있기 때문이다.

줄리와 같이 시간을 보내면서 R은 부분적으로 기억을 회복하며, 감정이 되살아나기 시작한다. 보통의 좀비와는 다르게 생각할 줄 알고 배려심 있는 R에게 호감을 느끼기 시작한 줄리가 감사의 마음으로 R을 포옹하자, R은 심장이 뛰는 것을 느낀다. "나는 내 심장이 두근거리는 것을 느낄 수 있다고 거의 맹세할 수 있다. 하지만 그건 내 가슴에 세게 밀착한 그녀의 심장 소리인 게 분명하다"(69). R은 심장이 뛰는 것을 느꼈지만, 자신은 심장이 뛸 수 없는 "죽은 자"이기 때문에 지금 느껴지는 심장의 고동은 줄리의 것일 거라고 말한다. 하지만 줄리를 만나 변화하기 시작한 R이 느끼는 심장의 박동이 누구의 것인지는 분명하지 않다. 설령 그것이 R의 심장박동이 아니더라도 그가 자신의 심장박동으로 오인하였다면, 이는 R이 줄리에게 강한 감정을 느끼고 있다는 증거다.

이러한 사실은 자기 옆에서 자고 있는 줄리를 바라볼 때 어떤 충동을 느꼈다는 R의 고백에서도 드러난다. "이렇게 가까이 있으니, 죽여서 먹겠다는 본능보다는 내 안의 어떤 충동이 불붙었다는 사실을 부인하지 않겠다"(88). 좀비는 아무런 감정이나 욕망을 느끼지 못한다는 사실에 비추어 볼 때, R의 이 진술은 믿기 힘든 것이다. 자고 있는 줄리에게 R이 느꼈다는 충동은 분명 성적 충동이기 때문이다. 성적 충동을 느낄 수 있을 정도로 R의 인간으로서의 변화는 본격적으로 시작된 것이다.

R만이 사랑을 통해 인간으로 변화하는 것은 아니다. R과 줄리를 공항에서 탈출하도록 도와준 M은 스타디움 밖 도시에서 만난 R에게 "지난 밤 꿈을 꾸었다"며, 자신도 자신의 과거에 대한 "기억"을 하게 되었다고 말한다. 그러면서 "이런 것들이... 사랑"(103)이냐고 R에게 되묻는다. R과 줄리의 사랑, 즉 좀비와 인간의 사랑이 다른 좀비들까지도 점차 인간으로 변화시키기 시작한 것이다.

좀비들이 점차 인간으로 변하기 시작하였다는 사실은 시티 스타디움에 있는 줄리를 만나기 위해 R이 스타디움 안으로 들어갈 계획을 실행하는 데서도 엿보인다. 스타디움 입구에 경비병들이 총을 들고 지키고 있자, M과 M을 따라온 동료 좀비들은 인육을 먹으려는 좀비처럼 R의 뒤를 쫓는 시늉을 하고, R은 경비병들에게 자신이 좀비에게 쫓기고 있다고 거짓말을 하며 스타디움 안으로 뛰어 들어간다. R이 달려

들어오는 바람에 좀비들을 뛰지 못하는 것으로 알고 있던 경비병들은 R이 인간이라고 생각하여 저지하지 않았던 것이다. 하지만 R이 일단 스타디움 안으로 들어가자, R을 뒤쫓는 척하던 M과 다른 좀비들은 돌아서서 달리기 시작한다. 이들도 R처럼, 보다 정확히 말해 "살아있는 존재들"(116)처럼 달릴 수 있게 된 것이다.

스타디움으로 들어간 R이 줄리의 집에 머무는 동안, "버려진 바깥 지역"(190)에 있는 전화선을 통해 M에게 전화가 걸려온다. 전화를 받은 R에게 M은 R처럼 변하기 시작한 좀비들이 공항을 나와 현재 자신이 있는 도시로 왔다며, 앞으로 자신들은 어떻게 할지 R에게 묻는다. 이 말을 들은 R의 내면의 목소리는 "너[R]와 줄리가 시작한 것이 무엇이든 간에 그것이 지금 움직이고 있어. 그건 좋은 질병이야, 생명을 불러오는 바이러스야!"(91-92)라고 말하면서, R에게 스타디움에서 나와 그 좋은 바이러스를 퍼트리라고 한다. 이에 자신과 줄리의 사랑이 좀비를 치유할 수 있다는 확신이 선 R은 도시에 모인 좀비들을 찾아가자고 줄리에게 제안하고, 줄리는 그 제안을 받아들인다.

하지만 이때 집으로 돌아온 그리지오 장군은 R이 좀비라는 사실을 직감하고, R 모르게 R의 어깨를 칼로 깊이 찌른다. 하지만 고통을 느끼지 못하는 R이 이를 눈치 채지 못하고, 찔린 상처에서 피도 나지 않자, 그리지오는 R의 머리에 총을 겨누며, 줄리에게 어떻게 집에 좀비를 들일 수 있느냐며 호되게 질책한다. 이에 줄리는 R은 좀비와는 다르며 자신과 R이 좀비들을 변화시키고 있어, 현재의 역병을 치유할 수 있을 거라며 그리지오를 설득하려 한다. "우리는 무엇인가에 불을 당겼어요. 그리고 그게 뭐든 간에 지금 퍼지고 있어요. 죽은 자들이 살아나고 있어요. 그들은 자신들의 군거지에서 나와 자신의 모습을 바꾸려 하고 있어요. 우린 도울 방법을 찾아야 해요. 우리가 이 역병을 치유할 수도 있다는 걸 상상해 보세요"(199).

하지만 그리지오는 세상은 치유될 수도, 구원받을 수도 없다며, R의 머리에 총구를 밀어댄다. 바로 이 순간 줄리는 칼로 그리지오의 손을 찔러 총을 떨어뜨리게 한 뒤, R과 함께 스타디움의 비상 출구를 이용해 인간이 살던 도시로 달려간다. 이에 그리지오의 명령을 받은 로소(Rosso) 대령과 군인들이 차량과 트럭을 타고 이들의 뒤를 쫓는다. R은 자신들 뒤에서 "규칙 제정자들의 강철 턱을 가진 입들"이 "생명을 불러오는 바이러스"가 확산되는 것이 두려운 듯이, "저 작은 잉걸불을 찾아내 밟아서 꺼라?"(203)라고 외치는 듯한 느낌을 받으며 이들을 피해 언덕 위로 올라가는데, 그곳에서 저 아래 잔디 위에, M이 이끄는 수백만 명의 좀비들이 자신들을 위해 모여 있는 것을 목격하게 된다.

차량을 타고 R과 줄리를 쫓아 이곳까지 온 로소 대령은 수많은 좀비들이 몰려있는 것을 보고는 뭔가 심상치 않다는 생각에 다시 스타디움으로 되돌아간다. 하지만 R과 줄리에게 닥친 위험은 여기서 끝나지 않는다. 공항을 빠져 나와 이곳에 모인 좀비들과 R처럼 변화하기 시작하여 공항을 빠져나가려는 좀비들을 죽이기 위해 수많은 보니들이 이곳으로 몰려와 좀비들의 머리를 부수며, 무차별적으로 죽이기 시작하였기 때문이다.

이를 지켜본 R은 보니들의 궁극적 목표는 자신과 줄리라는 것을 깨달으며 줄리에게 "그 멍청한 유령의 집 같은 공항에서 우리들이 우연히 벌인 자그마한 실랑이 때문에 그들이 우리를 사냥할 거야"(212)라고 말하자, 줄리는 원한 때문에 보니들이 이러는 것이냐고 묻고, 이에 R안에 있는 페리는 이렇게 대답한다. "이건 원한이 아니야. 이들[보니]은 너무 현실적이어서 복수에 대해선 신경 쓰지도 않아. 그들의 목표는 너야. 네가 이 실랑이를 시작해서가 아니라 네가 실랑이를 끝날 거라는 것을 그들은 알고 있기 때문이야"(212).

R의 말대로 보니들이 R과 줄리를 죽이려는 이유는 그들이 두렵기 때문이며, 그들이 두려운 이유는 R과 줄리의 사랑이 "죽은 자", 즉 좀비들을 변화시켜 보니의 시스템이 붕괴될 수 있기 때문이다. 적대감과 대립을 근간으로 형성된 폐쇄적인 죽음의 시스템에 서로 적대적이어야 할 인간과 좀비의 사랑은 그 무엇보다도 위협적이기 때문이다.

R과 줄리는 보니(해골)들을 스타디움 안으로 유인해, 인간들의 공격을 받도록 하기 위해 스타디움 안으로 들어간다. 하지만 보니(해골)들은 스타디움 안으로도 이미 들어와 인간과 좀비들 모두를 무차별적으로 살육하고 있었고, R과 줄리가 스타디움 안으로 들어온 것을 눈치 챈 그리지오는 R과 줄리를 뒤쫓는다. 보니와 그리지오를 피해 스타디움 지붕으로 올라간 R과 줄리는 보니(해골)들이 사람들을 죽이고 먹는 끔찍한 광경을 목격하게 되는데, 이때 줄리가 R에게 앞으로 어떻게 할 것이냐 묻자, 이 순간 자신이 줄리를 사랑한다는 사실을 깨달은 R은 줄리에게 키스를 한다.

이 순간, 원수 집안 자녀들의 사랑을 다룬 셰익스피어(Shakespeare)의 『로미오와 줄리엣』(*Romeo and Juliet*) 이야기를 넘어, 동화에서나 일어날 법한 마법이 벌어진다. R과 줄리가 키스를 하자마자, 스타디운 안에서 진격하던 "해골 군대가 전진을 멈추더니, 완전히 미동도 하지 않고 선 것이다"(223). "그들[R과 줄리]의 마법과 같은 생명을 되살리는 키스"(Holmes, *Written Dead* 153)에 의해, 마치 기계의 작동이 멈추듯 보니/해골의 시스템이 정지된 것이다.

R과 줄리의 사랑의 클라이맥스인 키스로 죽음의 시스템이 중단되기는 했지만 완전히 해체된 것은 아니며, 문제가 완전히 해결된 것도 아니있다. 보니/해골 군대뿐만 아니라 보니/해골 사제들을 동원하여

좀비 시스템을 운영하고 있는 미지의 존재는 여전히 남아있고, 스타디움 안의 사람들을 "영혼 없는 아메바", 즉 좀비와 다를 바 없게 만드는 폐쇄적 시스템을 운영하는 그리지오 총사령관도 전혀 바뀌지 않았기 때문이다.

하지만 문제는 극적으로 해결된다. R과 줄리가 키스를 한 뒤, 이들이 있는 스타디움 지붕위로 따라 올라온 그리지오는 줄리와 R을 보자마자 분노로 이를 갈면서, 뒤따라 올라온 로소 대령에게 R과 줄리에게 총을 쏘라고, R이 여태까지 들어본 것 중에서, 아무 감정 없는, "가장 건조한 목소리로"(224) 명령한다. 이에 로소 대령이 R과 줄리의 눈을 보니 모두 좀비 바이러스에 감염된 것 같지 않다며 총을 쏘지 않겠다고 하자, 그리지오는 직접 총을 꺼내 줄리를 겨냥한다. 총을 겨눌 당시, 그리지오는 "단지 해골 위에 덮인 피부처럼 이제 그의 얼굴은 아무 표정 없는 빈 상태였다"(224)라는 R의 말에서 짐작할 수 있듯이, 사람이기보다는 아무 감정 없는 좀비에 가까웠다.

그리지오가 줄리를 직접 죽이려 하는 것을 본 로소 대령은 이를 저지하려는 다급한 마음에 그리지오의 발목을 칼로 찌른다. 하지만 그리지오는 아무 고통도 느끼지 않는다는 듯이 비명을 지르지도 않고, 눈에 보이는 그 어떠한 반응도 보이지 않는다. 심지어 칼에 찔려 쓰러져 지붕의 가장자리를 잡고 매달리는 상황에서도 그리지오는 아무 감정도 드러내지 않는다. 좀비를 누구보다도 증오하고 좀비 제거에 사활을 걸었던 그리지오 자신이 시스템에 포획되어 영혼을 빼앗긴 좀비였다는 사실은 그 다음 장면에서 적나라하게 시각적으로 드러난다.

지붕 가장자리에 매달린 그리지오의 몸에서 살점이 하나도 없는 손이 나와 지붕 난간을 잡고는 그리지오를 지붕위로 끌어올렸던 것이다. "그리지오의 깡마른 손이 지붕 가장자리를 움켜잡았을 때 또 다른 일련의 손가락이 나와 그의 손을 움켜잡았다. 하지만 이 손가락들엔 살이 전혀 없었다"(225). 살점이 하나도 없는 손의 주인은 좀비 시스템 그 자체를 상징하는 보니/해골이었던 것이다. 즉 구별할 수 없을 정도로 보니/해골과 한 몸을 이룬 그리지오는 폐쇄적인 죽음의 시스템에 완전히 포획된 좀비였던 것이다. 따라서 그리지오의 몸에서 나온 해골이 그리지오를 물어뜯어도, 줄리가 해골을 밀쳐내라고 아무리 외쳐도, "표정 없는 마스크"(225)와 같은 얼굴을 한 그리지오는 아무런 저항도 하지 않고 싸우려 들지도 않는다. 그리지오는 좀비 혹은 아메바 같은 인간을 만들어내는 폐쇄적 시스템의 운영자가 아니라, 이런 시스템에 의해 만들어진 진짜 좀비였기 때문이다. 줄리가 그리지오의 몸에서 나온 해골에게 총을 쏘자, 해골과 그리지오가 한 몸이 되어 지붕에서 떨어져 죽는 것도 같은 맥락으로 설명될 수 있다.

이런 점에서 본다면 서로 적대시 하였던 스타디움의 시스템과 좀비들이 모여 사는 공항의 시스템은 결국 하나의 같은 시스템이었던 것이다. 폐쇄성과 적대감을 근간으로 세워진 두 시스템은 모든 사람을 좀비, 즉 "죽은 자"로 만드는 시스템으로서 죽음의 상징인 해골로 대변될 수 있는 시스템이기 때문이다. 따라서 좀비 사회를 지배하였던 보니(해골)와 스타디움을 폐쇄적 시스템을 통해 통제하였던 그리지오가 한 몸이 되어, 동시에 사멸한 것은 어찌 보면 당연한 것이다. "그들[그리지오와 해골]은 한데 뒤엉킨 채 떨어졌다. 그리지오의 몸은 공중에서 발작을 일으키며 떨렸다. 그의 남은 살은 바람에 벗겨졌고, 그의 마른 살 조각은, 그 아래 있는 하얀 뼈에서 나와 재처럼 하늘로 떠올랐다"(226). 떨어져 죽으면서 그리지오의 몸에 붙어있던 살이 모두 벗겨져 사라졌다는 말은 그가 바로 보니 즉 해골이며, 이는 그리지오가 시스템에 함몰되어 "죽은 자", 즉 좀비가 된지 오래되었음을 시사한다.

그리지오가 이미 오래 전에 시스템에 포획되어 죽은 자가 되었음은 이전에 여러 차례 제시된 바 있다.

이는 R과 줄리가 보니를 유인하기 위해 스타디움 안으로 다시 돌아왔을 때, 이를 눈치 챈 그리지오가 스타디움 천장에 매달린 거대한 스피커를 통해 줄리에게 포기할 것을 종용하면서 하는 말에도 드러난다. "모든 실제적인 것이 소멸하여 원칙만 남게 되었을 때, 난 그것에 매달려 모든 것을 다시 제대로 되돌려놓을 것이다"(219). 그리지오는 이 날이 마지막 날이 될 수 있을지도 모르지만, 최후의 보루인 원칙, 즉 시스템을 고수한다면 모든 것이 정상으로 되돌아갈 거라고 믿는 철저한 시스템의 노예였던 것이다.

시스템의 노예로서 그리지오가 "죽은 자", 즉 좀비라는 사실은 그리지오가 "죽은 자"는 "자아의식이나 감정적인 반응의 징후"(199)를 보이지 않는다고 말하자, 그리지오 자신도 자아의식이나 감정이 없다고 줄리가 항변하는 데서 엿보인다. 하지만 그리지오가 이미 오래전에 시스템의 노예가 되어 독자적인 생각이나, 감정이 없는 "죽은 자"가 되었다고 줄리가 믿고 있다는 사실은, 아버지를 떠나지 말라는 로소 대령에게, 줄리가 한 대답에 명확히 드러난다. "아빠는 죽었어요... 단지 아직 썩기 시작하지 않았을 뿐이에요"(202).

이처럼 이미 오래 전에 시스템에 포획되어 "죽은 자", 즉 시스템의 노예로서 시스템의 일부가 되어버린 그리지오와 이 모든 폐쇄적 시스템의 근원이자 시스템 자체인 마스터 해골이 동시에 "파괴"되자, 시스템 실행에 이용되었던 보니(해골)들은 목적과 좌표를 잃고 뿔뿔이 흩어진다. "그들[보니]은 방랑하기 시작했다. 어떤 자들은 원을 그리며 걷고, 어떤 자들은 서로 부딪쳤다. 하지만 조금씩 흩어지더니, 빌딩과 나무들 사이로 사라졌다"(227). 이들을 하나의 시스템으로 묶고, 시스템의 일환으로 통제하였던 시스템의 설계자인 마스터 해골이 사라지자, 시스템을 떠받치던 보니/해골들도 해체된 것이다. 이와 동시에 시스템을 통해 "죽은 자", 즉 좀비가 되었던 R도 완벽한 인간으로 되살아난다. 해골과 그리지오가 죽는 순간, R의 상처에선 "밝고 생생한 살아있는 사람의 붉은 피"(228)가 나기 시작했고, 맥박이 뛰기 시작하였으며, 포옹하는 줄리의 온기가 온몸으로 느껴지게 된다. 해골의 붕괴, 즉 죽음을 몰고 온 폐쇄적 시스템의 붕괴로 R은 인간으로 완벽하게 되살아난 것이다.

좀비란 실제로 죽었다 살아난 시체가 아니라, 줄리의 말처럼 "단지 우리가 이해하지 못하는 존재의 상태를 지칭하기 위해 만든 바보 같은 이름"(125), 혹은 노라의 말처럼 우리가 고치기 원하는 "인간의 상황"(171)의 산물일 뿐이란 사실은 그리지오와 해골이 사라진 후, 즉 "죽은 자"를 만드는 폐쇄적 시스템이 사라진 후의 변화를 통해 드러난다.

많은 좀비들이 점차 사람으로 되살아나 인간 세계에 편입되어, 스타디움 안으로 유입된다. 하지만 모두가 완전히 산 사람이 되는 것은 아니었다. 과거처럼 다른 사람들을 해치지는 않지만 완전한 (정신적) 죽음을 맞이한 보니는 여전히 존재하며, "반만 살아있는 사람"(half-dead) 혹은 "거의 살아있는 사람"(Nearly Living 234)도 여전히 존재하였기 때문이다. 하지만 분명한 것은 이들 모두 사람의 영혼과 정체성을 앗아가는 폐쇄적 시스템의 희생자였다는 사실이다.

이는 공항에 거주하던 (좀비) 아이들이 시스템이 붕괴되자 점차 사람으로 변하며 이름을 되찾게 되었다는 사실에서도 짐작할 수 있다. 시스템의 와해로 "쉽게 죽이는 법, 목적 없이 방황하는 법, 몸을 흔들며 신음소리를 내고 제대로 부패하는 것"(236) 등의 교육을 더 이상 받지 않게 되자. 아이들은 저절로 인간으로 되살아나, 뛰어 다니며, 다른 아이들과 자연스럽게 어울리게 된 것이다. 즉 좀비는 원래부터 태어나는 것이 아니라, 시스템에 의해 만들어진 것이라는 사실이 아이들을 통해 드러난 것이다. 좀비 교육이 사라지자, "그들[아이들] 스스로 생명을 되찾기 시작했기 때문이다"(236).

폐쇄적 시스템의 붕괴로 생명을 되찾은 사람들도 있고, 여전히 시스템에 묶여 "죽은 자", 즉 좀비로 남아있는 사람들도 있으며, "어떤 이는 여전히 이곳 공항에서, 혹은 다른 도시, 다른 나라, 다른 대륙에서, 방황하면서 기다리고 있다"(238). 좀비를 만드는 시스템이 사라진다 해도, 시스템의 영향력은 그 시스템 하에 오랫동안 놓여있던 사람들에게 여전히 막강한 영향력을 행사하기 때문이다. 시스템, 즉 국가 포획 장치에 노출되어왔던 인간은 언제든지 자신이 벗어났다고 생각하는 그 포획 장치의 포로로 복귀할 가능성은 늘 있다. 포획장치는 영원히 소멸되지 않는 언데드로서 언제든 귀환하여 "죽은 자"를 만들어낼 수 있기 때문이다.

인용 문헌

Blanton, Robert. "Zombies and International Relations: A Simple Guide for Bringing the Undead into Your Classroom." *International Studies Perspectives* 14 (2013): 1-13.

Dennett, Daniel C. *Consciousness Explained.* New York: Little Brown 1991.

Holmes, Steven. "The Psychosomatic Zombie Man: the Postmodern Subject in *Warm Bodies.*" *The Written Dead.* Eds. Bishop, Kyle and Tenga, Angela. McFarland & Company, Inc., 2017. 145-55.

Marion, Isaac. *Warm Bodies.* Vintage Books: London, 2013.

Szanter, Ashley and Richards, Jessica. "The Sexy Millennial Reinvention of the Undead in *Warm Bodies* and *iZombie.*" *Romancing the Zombie: Essays on the Undead as Significant Other*. Eds. Szanter, Ashley and Richards, Jessica. Jefferson: McFarland & Company, Inc., 2017. 100-117.

14장

괴물의 현대적 재해석과 판타지 문학

괴물의 현대적 재해석과 판타지 문학

고딕소설은 두려움을 불러일으키면서 동시에 두려움을 표현하는 문학 장르다. 따라서 고딕소설 연구는 무엇이 우리를 두렵게 하는 지에 대한, 즉 두려움의 근원에 대한 고찰을 수반한다. 우리는 생명이나 안전의 위협을 느낄 때 두려움을 느낀다. 따라서 두려움은 자신을 보호하고 방어할 준비를 하라는 일종의 신호인 셈이다. 그런 의미에서 두려움은 "잠재적인 위험에 대한 합리적인 반응"(Braudy 2)으로 볼 수 있다.

인간이 어두움을 두려워하는 것도 이런 맥락으로 설명할 수 있다. 인류학자들은 인류가 석기 시대에 동굴 생활을 하였던 때부터 어둠을 두려워하기 시작했다고 한다. 어두운 동굴 속 어딘가에 숨어있는 포식자가 자신을 공격할지 모른다는 데서 어둠에 대한 두려움이 시작되었다는 것이다. 그런 의미에서 두려움은 살아남기 위한 일종의 메커니즘(mechanism)이기도 한 것이다.

인간이 동굴 생활을 하던 석기 시대부터 규락을 이루며 살아가던 시대 이전 까지는 포식자가 인간의 생존에 가장 위협이 되는 존재, 따라서 가장 큰 두려움의 대상이었을 것이다. 하지만 인간이 사회를 이루고 더 나아가 국가를 형성함에 따라 두려움의 대상은 개인적 차원이 아니라 사회 혹은 국가적 차원으로 바뀌게 된다. 즉 원시시대이 개인으로서의 인간에게 직접적인 위협이 되었던 포식자는, 국가적 차원에서 볼 때 더 이상 커다란 위협의 대상이 되지 않게 된 것이다.

사회 혹은 국가의 구성원으로서 우리가 느끼는 두려움은 사회 안에서의 우리의 위치를 위협하거나 사회와 국가의 존립을 위협하는 대상에게 느끼는 감정이다. 따라서 두려움은 개인적인 것이면서도 동시에 보편성을 띄어, 사회적, 문화적 차원에서 살펴보아야 한다. 두려움은 개인적인 것이면서도 동시에 사회적인 것이기 때문이다. 하지만 나뿐만 아니라, 내가 속한 사회, 국가를 위협하는 어둠속의 포식자는 더 이상 단순한 동물로서의 포식자가 아니다. 우리를 위협하는 상징적 의미의 포식자는 시대마다 문화마다 다르기 때문에 이를 하나의 구체적인 명칭으로 지칭할 수 없고, 그렇기에 "모든 두려움의 정수"(Haunted 3) 혹은 "감당할 수 없거나 받아들일 수 없는 두려움의 체현"(Hogle 197)으로서 우리는 괴물이라 칭한다.

하지만 괴물이 구체적으로 무엇을 지칭하는 지는 시대마다 다르기 때문에, 괴물은 시대마다 다른 모습으로, 저승에서 온 불멸의 유령처럼 우리를 찾아온다. 이를 알아보기 위해 19세기부터 오늘날에 이르기까지 가장 많이, 또한 꾸준히 등장하는 괴물인 뱀파이어와 좀비가, 현대에 와선, 즉 현대판 뱀파이어와 현대판 좀비가, 소설 및 영화 속에서 어떻게 그려지고, 무엇을 상징하게 되었는지 간략하게 살펴보고자 한다.

선악을 넘어선 실존주의자로서의 현대판 뱀파이어

19세기 초반 폴리도리의『뱀파이어』에서 처음으로 문학상에 등장한 뱀파이어는 꾸준히 문학과 영화, 각종 미디어를 통해 대중을 사로잡았다. 하지만 시대마다 뱀파이어의 모습 역시 꾸준히 변화하였다. 시대 혹은 문화마다 뱀파이어를 통해 나타내고자 하는 두려움이 달라졌기 때문이다. 하지만 각 시대가 뱀파이어를 통해 표현하고자 하는 불안과 두려움에는 공통점이 있다. 그것은 억압된 혹은 금지된 욕망으로서 뱀파이어가 갖고 있는 양가적 속성과 긴밀한 관계가 있다.

억압된/금지된 욕망에 대해 우리는 매혹과 동시에 두려움 내지 혐오감을 느낀다. 금지되었기 때문에 유혹을 느끼지만, 또한 금지되었기 때문에 두려움을 느끼는 것이다. 따라서 금지된 욕망의 상징으로서의 뱀파이어는 서로 모순되거나 충돌하는 감정의 체현이며 동시에 양가적 감정을 불러일으키는 존재다. 뱀파이어의 희생자들이 뱀파이어의 유혹에 저항할 수 없을 정도로 매료되면서도, 뱀파이어에 대해 극도의 공포심을 느끼는 이유는 여기에 있다. 즉 시대와 상관없이 뱀파이어는 상반되는 감정이나 반응을 불러일으키는 대상을 상징할 수 있는 것이다. 뱀파이어가 폴리도리의 루스벤 경과 같이 유혹적이면서도 혐오감을 주는 옴므 파탈, 혹은 조셉 셰리단 르 파누의 카르밀라와 같이 고혹적이면서도 혐오감을 주는 팜므 파탈, 혹은 브람 스토커의 드라큘라처럼 매혹과 혐오감을 동시에 불러일으키는 여성의 섹슈얼리티 혹은 신여성, 더 나아가 성적 욕망과 연관되는 성병의 상징이 될 수 있는 것은 바로 이 때문이다.

유혹의 아이콘이기도 한 뱀파이어는 여성 뱀파이어나 남성 뱀파이어 할 것 없이, 준수한 외모에 성적 매력의 소유자로 등장한다. 이런 뱀파이어의 전통은 1976년에 출간된 미국 소설가 앤 라이스(Anne Rice)의 『뱀파이어와의 인터뷰』(*Interview with the Vampire*)에서도 이어진다. 소설에 등장하는 두 주요 뱀파이어 레스타트(Lestat)와 루이스(Louis) 모두 드라큘라처럼 세련되고 교양 있으며, 거부하기 힘든 성적 매력을 지니고 있기 때문이다.

하지만 이 둘은 서로 완전히 다른 점이 있다. 뱀파이어 레스타트는 전형적인 기존의 뱀파이어처럼 사악하고 잔인하며, 철저히 자기중심적 인물로, 피를 마시기 위해 사람 죽이는 것을 아무렇지도 않게 생각하는 인물이다. 반면 인간의 인터뷰에 응하고 있는 뱀파이어 루이스는 피를 마시기 위해 사람을 살상하는 것을 무척이나 꺼리며, 양심의 가책마저 느껴, 주로 동물의 피를 마시며 목숨을 연명한다. 게다가 루이스는 뱀파이어로서의 자신의 정체성에 의문을 갖고, 뱀파이어로서의 자신의 삶에 회의를 느끼며, 고민한다. 이런 점에서 이 소설은 뱀파이어를 바라보는 기존의 시각과는 확연한 차이를 보인다.

기존의 뱀파이어 문학에서의 뱀파이어는 적그리스도로서, 악의 상징으로 혹은 악마로 묘사되었다. 뱀파이어 카르밀라는 성가와 십자가를 두려워하고, 드라큘라 역시 기독교의 상징물인 십자가, 성수, 성체를 두려워한다. 드라큘라를 제거하려, 그를 추적하는 반 헬싱과 그의 일행이 자신들을 십자군에 비유한 것도 드라큘라를 적그리스도, 즉 악마로 간주하고 있음을 반증하는 것이다. 뱀파이어를 기독교적 관점에서 혹은 선악의 관점에서 보지 않은 최초의 소설은 매티슨의『나는 전설이다』이다. 매티슨은 뱀파이어를 악의 상징이 아니라, 단순히 박테리아에 감염된 인간으로 그리고 있기 때문이다.

앤 라이스의『뱀파이어와의 인터뷰』에 나오는 뱀파이어 루이스는 여기서 더 나아가,『웜 바디스』의 좀비 R처럼 인간 그 자체의 상징이다. 이 소설에 등장하는 뱀파이어들은 전통적으로 뱀파이어가 갖고 있다고 알려진 속성을 갖고 있지 않다. 그들은 동물이나 안개 등으로 변신하지 못하며, 마늘을 싫어하지도 않는다. 또한 적그리스도로 간주되는 전통적인 뱀파이어와는 달리 이들은 악의 자손도 아니며, 저주받아 탄생한 악마의 후손도 아니다. 따라서 이들은 십자가도 신도 두려워하지 않는다. 루이스가 자신을 악마라고 부르며 저주를 퍼붓는 신부를 성당에서 거리낌 없이 죽인다는 사실은 이를 입증한다. 즉, 이 소설은 뱀파이어를 기독교의 교리를 어긴, 적그리스도로 보던 전통적 시각을 완전히 전복함으로써 뱀파이어는 종교의 산물도 아니며, 선과 악의 이분법적인 관점에서 보아야 하는 존재가 아님을 보여주고 있는 것이다.

죽었을 때의 느낌과 뱀파이어가 되었을 때의 느낌과 생각을 솔직하게 고백하는 뱀파이어 루이스를 통해 우리는 뱀파이어가 사악한 존재가 아니라, 단지 생존 양식이 다를 뿐 인간과 같이 고통을 느끼며, 회의도 하는 존재라는 사실을 알게 된다. 루이스의 말처럼 뱀파이어는 선악의 문제가 아닌, 다른 삶의 조건을 가진 존재일 뿐인 것이다. 즉 뱀파이어는 피를 마셔야 하기 때문에 살육을 하는 것이지, 악마이기 때문에 살육을 하는 것이 아니다. 하지만 루이스는 뱀파이어로서 타인의 피를 마셔야만 하는 자신의 상황을 극도로 혐오한다. 바로 이런 점에서 뱀파이어 루이스는 적그리스도가 아니라, 자신에게 주어진 삶의 조건을 받아들이기 거부하며, 고뇌하는 인간의 모습을 보여주고 있다. 좀비가 되살아난 시체에서 시스템에 갇힌 혹은 포획된 인간을 상징하게 되었듯이, 뱀파이어도 금지된 욕망의 상징에서 인간 자체의 상징으로 변모한 것이다.

시대에 따른 좀비화의 다양성

1. 테크 좀비(Tech Zombie)

좀비와 뱀파이어는 상당한 유사성을 가지면서도 상이한 점이 있다. 둘 다 언데드, 즉 살아 돌아온 시체로서 죽음과 삶의 경계를 무너뜨린 존재다. 하지만 매혹적인 뱀파이어와는 달리 썩어가는 시체의 모습을 한 좀비는 매혹의 대상이 될 수 없으며, 두려움과 혐오만 불러일으킬 뿐이다. 또한 뱀파이어와는 달리 좀비는 억눌린 혹은 금지된 욕망의 귀환의 상징이 아니라, 억압적인 사회가 만든 결과물이며, 사회가 불러온 재앙을 상징한다.

인간이 가장 두려워하는 것 중 하나는 통제당하는 것이다. 영혼을 빼앗긴 부두교의 좀비는 부두교 사제에게 전적으로 조종당하는 노예의 삶을 살았지만, 현대에 와서도 우리는 여전히 다른 방식으로 조종당할 수 있다는 두려움을 갖고 있다. 그런 두려움은 1982년에 출판된 커트 셀비(Curt Selby)의 『나, 좀비』(*I, Zombie*)에서 잘 드러난다. 분명히 익사하였음에도 불구하고 갑자기 의식이 돌아온 여 주인공은 자신의 뇌에 삽입된 기계 장치로 인해 자신이 되살아났으며, 자신을 다른 별로 데려가 노예로 부리기 위해 자신을 살린 것이란 사실을 알고는 극도의 공포를 느낀다. 그녀는 부두교의 좀비처럼 주술이나 좀비 파우더를 통해서가 아니라, "어떤 과학 기술적 장치의 사용을 통해 의지를 상실하게 된 사람"(Boon 58), 케빈 분이 말하는, "테크 좀비"(tech zombie)가 된 것이다.

이렇듯 새로운 테크놀로지에 의해 조종당하는 현대판 "테크 좀비"는 2006년에 출판된 스티븐 킹(Stephen King)의 소설 『휴대폰』(*Cell*)에서도 등장한다. 정체가 밝혀지지 않은 테러리스트가 특정 시간에 핸드폰을 사용하는 사람들에게 기이한 핸드폰 시그널을 보내, 사람들을 난폭하게 만들어 다른 사람들을 공격하게 한 것이다. 되살아난 시체는 아니지만, 휴대폰 시그널에 조정당해 사람을 공격하는 그들은 분명 좀비 구울과 다르지 않다. 좀비란 용어를 사용하지 않았지만, 현대인이 늘 소장하고 다니는 핸드폰이란 기계에 의해 조종되는 그들은 좀비 마스터에 의해 통제당하는 좀비와 조금도 다를 바 없기 때문이다.

2. 좀비 채널(Zombie Channel)

통제를 넘어 자신이 다른 사람으로 대처되는 것에 대한 두려움은 더욱 크다. 케빈 분(Kevin Boon)은 “또 다른 의식에 의해 접수된 좀비”(Boon 58), 즉 다른 존재에 의해 육신/정체성을 점령 혹은 박탈당한 사람을 “좀비 채널”(Zombie Channel)이라고 부르는데, 이 좀비 채널은 궁극적으로 자신의 정체성을 박탈한 존재가 자신을 대신하는 상황에 처한 인간을 지칭하는 용어다. 실제로 좀비 혹은 좀비 채널이라고 지칭되지는 않지만, 이런 부류의 현대판 좀비는 여러 소설과 영화에서 쉽게 찾아볼 수 있다.

육신만이 남아 있고, 타자가 정체성을 앗아가는 상황, 역으로 말해 육신을 빼앗은 타자가 자신을 대신하는 상황을 직접적으로 그린 소설은 1955년에 출판된 미국 소설가 잭 피니(Jack Finney)의 『신체강탈자의 침입』(*Invasion of the Body Snatchers*)이다. 외계에서 날아온 씨앗이 잠들어 있는 사람의 외모뿐만 아니라, 심지어 그의 지식과 기억을 완벽하게 복제한 뒤, 복제 대상을 제거하고, 복제 대상을 대신한다. 하지만 외형적인 면과 지식적인 면에서 복제 대상의 것과 똑같지만, 복제물은 감정이 전혀 없는 로봇 혹은 영혼이 없는 좀비와 같다.

로봇과 같은 좀비가 인간을 대신하는 상황은 1972년에 출판된 미국 소설가 아이라 레빈(Ira Levin)의 소설 『스텝포드 와이브즈』(*Stepford Wives*)에서도 나타난다. 미국 코네티컷(Connecticut)에 있는 가상의 지역 스텝포드 카운티에 사는 아내들은 모두 놀라울 정도로 남편에게 순종적이고, 자신의 독자적인 생각 없이 늘 기계처럼 말하고 행동하는데, 이는 스텝포드를 지배하는 전직 디즈니 공학자와 과학자들이 이곳에 거주하는 여사들을 죽여 (상징적 의미로 정체성을 앗아가) 그들을 생명 없는 로봇 혹은 좀비와 같이 만들었기 때문이다. 갑자기 로봇처럼 변해버린 친구가 휘두르는 칼을 맞은 여주인공 조안나(Joanna)가 작품 말미에 슈퍼마켓을 아무 생각 없이, 영혼 없는 사람처럼, 미끄러지듯 걸어가는 장면은, 조안나 역시 죽임을 당한, 즉 영혼을 빼앗긴 좀비 혹은 좀비 채널이 되었음을 암시한다.

동명의 소설을 소재로 1975년에 개봉된 브라이언 포브스(Bryan Forbes) 감독의 영화는 더욱 충격적이다. 스텝포드 카운티의 순종적인 아내들이 사실 사람이 아니라, 그들과 똑같이 생긴 로봇이기 때문이다. 이곳 카운티의 아내들은 모두 죽임을 당한 뒤, 똑같이 생긴 로봇에 의해 실제로 대체되었던 것이다. 이러한 사실은 조안나의 비극적 운명에 의해 직접적으로 드러난다. 조안나와 똑같이 생긴 로봇이 조안나를 스타킹으로 목을 졸라 살해한 뒤, 작품 말미에 조안나를 대신해 슈퍼마켓을 미끄러지듯 걸어 다니는 것으로 영화는 끝이 나기 때문이다.

타자에게 몸을 빼앗겨 좀비 채널이 되는 상황은 2001년에 출판된 다니엘 케니취(Daniel Ksenych)의 소설 『이론의 다른 면』(*The Other Side of Theory*)에서도 나타난다. 다른 차원으로의 여행을 가는 실험에 참가했던 알버트 파슨(Albert Parson)이란 인물은 자신이 본래 속했던 현재의 차원으로 돌아오지만, 이미 사망한 상태였다. 하지만 그는 움직이며 말을 하기 까지 한다. 겉보기에 그는 파슨 같지만, 실제로는 다른 존재가 그의 육신을 취했기 때문에, 겉만 파슨의 모습을 한 다른 존재였던 것이다. 흥미로운 사실은 파슨의 몸을 빌린 존재가 다른 사람을 물면, 물린 사람도 똑같이 다른 존재로 대체된다는 점이다. 좀비라는 용어를 사용하지 않았지만, 다른 사람들을 감염시켜 같은 상태로 만든다는 점에서 이는 분명, 좀비의 변형된 형태인 좀비 채널이다.

좀비를 타자 혹은 악마가 취한 시신으로도 설명하는 민속학자들에게 2003년에 출판된 브라이언 킨(Brian Keene)의 소설『더 라이징』(*The Rising*)은 전형적인 좀비를 보여주는 예가 될 수 있다. 베이커(Baker)란 과학자가 입자 가속기 실험을 하다 차원간의 균열을 일으켜, 다른 차원에 속한 존재가 사람이 사는 차원으로 들어와, 죽은 자들의 기억을 가로채며 죽은 자의 육신으로 들어간다. 따라서 되살아난 시체는 겉만 같은 사람이지 실상은 타자가 점령한 시신으로서의 좀비인 것이다. 단지 21세기를 무대로 한 이 소설은, 악마에 의해 부활한 시신으로서의 좀비 대신, 과학적 재앙에 의해, 다른 차원의 존재에 의해 접수된 좀비, 즉 좀비 채널을 그린 것이다.

팬데믹 바이러스의 상징으로서의 좀비

좀비는 기존의 좀비 문학이나 영화에서 바이러스에 감염된 인간으로, 더 나아가 바이러스 자체의 상징으로 그려져 왔다. 이는 뱀파이어도 마찬가지다. 하지만 금지된 욕망의 상징으로서의 뱀파이어가 주로 매독이나 에이즈(AIDS)와 같은 성병을 일으키는 세균의 상징이었다면, 바이러스의 연쇄반응적인 확산을 시각적으로 보여주는 좀비는 "멈출 수 없는 팬데믹"(Bishop 23) 바이러스의 상징이다. 즉 좀비는 성병을 일으키는 지엽적인 세균보다는 팬데믹으로서 전 인류를 위협했던 수두, 콜레라, 탄저균, 사스(Sars), 에볼라 바이러스(Ebola virus) 뿐만 아니라, 현재 전 세계적으로 번지고 있는, 감염력이 엄청나게 높은 코로나 바이러스(Coronavirus)를 상징할 수 있다. 좀비의 확산 속도와 패턴이 팬데믹 바이러스의 확산 속도나 패턴과 일치하기 때문이다.

바이러스의 메타포로서의 좀비는 인간에게만 적용되는 것은 아니다. 가축들도 바이러스에 감염될 경우 집단으로 병에 걸릴 수 있기 때문이다. 구제역(foot-and-mouth disease) 바이러스는 코로나 바이러스처럼 전염성이 매우 강하여, 소나 돼지 무리 중 한 마리라도 구제역 바이러스에 감염되면 나머지 가축 모두 급속하게 감염된다. 이는 조류 독감도 마찬가지다. 조류독감 바이러스에 닭이나 오리가 한 마리라도 감염되면 그 무리에 있는 나머지 오리나 닭 모두 감염이 될 정도로 전염력이 강하기 때문이다. 구제역이나 조류독감이 발생하면 발생한 지역을 차단하고, 그 지역 내의 모든 가축과 조류를 살 처분하는 이유도 여기에 있다.

이는 『세계 대전 Z』에서 좀비의 확산을 막기 위해 취한 레데커 플랜과 궤를 같이 한다. 비인간적이면서도 잔인한, 하지만 가장 효율적으로 판명된 레데커 플랜은 구제역이나 조류 독감의 확산을 방지하기 위해 인간이 가축에게 행했던 살상 방법과 매우 유사하다. 이 플랜에 따라 각 나라들은 안전지대를 설정해 그 안에 비감염자들을 모아 놓고, 그 이외의 지역에 있는 사람들은 감염 여부에 상관없이 모두 살상하였기 때문이다. 이런 점에서 현대판 좀비는 사람뿐만 아니라 동물에게 병을 일으키는 전염력 강한 바이러스의 상징이 될 수 있는 것이다.

괴물과 판타지 문학

프랑켄스타인의 괴물, 하이드, 뱀파이어와 좀비 같은 괴물은 실제로 존재할 수 없기 때문에, 이런 괴물들이 나오는 소설은 공포를 불러일으키는 고딕문학임과 동시에 소위 판타지 문학으로 분류될 수 있다. 여기서 흥미로운 사실은 판타지란 용어의 어원적 의미가 "보이게 한다"는 뜻을 갖고 있다는 점이다. "판타스틱이란 말은 라틴어 phantasticus에서 유래되었으며, 이 용어는 그리스어 φανταστικός에서 왔는데, 이는 보이게 된 것을 의미"(Jackson 13)한다. 이런 점에서 "보여준다"는 의미를 갖고 있는 몬스터(monster), 즉 괴물이 등장하는 문학은 보여주는 것을 목표로 하는 판타지 문학이 될 수밖에 없는 것이다.

판타지 문학에 등장하는 괴물의 의미도, 판타지 문학이 보이도록 하려는 것이 무엇인지 알면 쉽게 이해할 수 있는데, 로즈매리 잭슨(Rosemary Jackson)은 이를 "문화의 말해지지 않는 것과 보이지 않는 것"(Jackson 4)이라고 설명한다. 즉 문화에 의해 침묵당하고 감추어진 것, 즉 억압된 것을 보여주는 것이 판타지 문학이라는 것이다. 괴물이 라캉의 상징계에 의해 억압된 실재의 상징, 혹은 문명을 형성하기 위해 억압되고 감추어져야만 하는 원초적 본능을 상징한다는 사실을 상기해 보면, 판타지 문학이 보이지 않던 것을 보이게 한 것은 바로 괴물임을 알 수 있다. 그런 점에서 인간의 억압된 욕망을 상징하는 뱀파이어나 억압적인 사회체계의 산물인 좀비는, 각각 눈에 보이지 않는 억압된 인간의 욕망과 사회의 억압을 시각적으로 보여주는 매개물인 것이다. 뱀파이어와 좀비가 처음 문학이나 영화를 통해 등장한 이래, 끊임없이 재생산되며 지속적으로 나오는 이유가 여기에 있다. 뱀파이어와 좀비는 인간과 사회의 모습을 대변하며, 더 나아가 인류에게 닥칠 수 있는 재앙을 시각적으로, 따라서 생생하게 보여주는 최상의 매체이기 때문이다.

인용문헌

Bishop, Kyle. "Dead man still walking." *Journal of Popular Film and Television* 37.1 (2009): 17-25.

Boon, Kevin. "The Zombie as Other: Mortality and the Monstrous in the Post-nuclear Age." *Better off Dead*. Eds. Christie, Deborah and Lauro, Sarah Juliet. Fordham UP, 2011. 50-60.

Braudy, Leo. *Haunted*. New Haven: Yale UP, 2016.

Hogle, Jerrold. Ed. *The Cambridge Companion to Gothic Fiction*. Cambridge: Cambridge University Press, 2002.

Jackson, Rosemary. *Fantasy: The Literature of Subversion*. London: Routledge, 1981.

김일영

University of South Carolina 영문학과에서 박사학위를 취득하였으며 현재 성균관대학교 영문학과 교수로 재직하고 있다. 한국영어영문학회 연구이사, 한국18세기영문학회 회장, 한국근대영미소설 학회 회장을 역임하였고, 현재 한국18세기영문학회 고문과 한국근대영미소설학회 고문으로 활동 중이다. 저서로는 『영미해설 총서: 트리스트람 샌디』, 『18세기 영국소설 강의』(공저), 『공포와 일탈의 상상력』(공저), 『상처와 치유의 서사』(공저), 『기억과 회복의 서사』(공저) 등이 있으며, 역서로는 『업둥이 톰 존스 이야기』, 『주석달린 드라큘라』, 『퍼레이즈 엔드』 등이 있고, 이외에 18세기 영국소설과 영미고딕 소설, 20세기 영미포스트모더니즘 소설에 관한 다수의 논문을 발표했다.

언데드의 영원한 회귀:
고딕소설에 나타난 증상으로서의 괴물/뱀파이어/좀비

초판 1쇄 발행 _ 2020년 12월 20일

저　　자 • 김 일 영
발 행 인 • 정 현 걸
발　　행 • 신 아 사
인　　쇄 • 대명프린팅
출판등록 • 1956년 1월 5일 (제9-52호)
주　　소 • 서울시 은평구 통일로 59길 4 (2F)
전　　화 • 02)382-6411 · 팩스 02)382-6401
홈페이지 • www.shinasa.co.kr
E – MAIL • shinasa@daum.net

ISBN 979-11-91158-02-1 (93840)

정가　16,000원